한시감성여행

죽간을 풀어
가슴에 담다

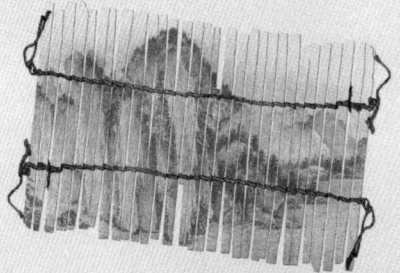

죽간을 풀어 가슴에 담다

찍은날 2019년 1월 20일
펴낸날 2019년 1월 25일

엮은이 유을록
펴낸이 조윤숙
펴낸곳 문자향
신고번호 제300-2001-48호
주소 서울 양천구 목동서로 186 성우네트빌 201호
전화 02-303-3491
팩스 02-303-3492
이메일 munjahyang@korea.com

값 18,000원
ISBN 978-89-90535-57-3 03810

※잘못된 책은 본사나 구입하신 서점에서 교환해 드립니다.

한시감성여행

죽간을 풀어 가슴에 담다

| 유을록 편역 |

문자향

머리말

학교 현장에서 사용하는 교과서를 보면 한자 용어가 많이 나온다. 그 예를 들어보면 각축, 낭패, 도탄, 미봉책, 봉기, 산통, 아류, 정곡, 천착, 편달, 형극 등 어려운 말이 많다. 학생들에게 이러한 어휘의 뜻을 물어보면 정확하게 답변하는 학생은 거의 없다. 심지어 교사들도 이러한 한자 용어를 쉽게 풀어서 설명하는 것은 용이한 일이 아니다.

우리 학생들 중에는 어려운 영어 단어는 정확하게 알고, 또 수첩에 적어가지고 다니면서 암기하면서도, 모르는 우리 어휘를 국어사전을 찾아서 공부하는 사람은 드물다. 생활용어, 시사용어, 법률용어, 의료용어 등 전문용어의 뜻을 이해하기 힘든 것은 왜일까? 그것은 용어 자체가 거의 한자로 되어 있기 때문이다.

국어사전에 보면 '사정'은 15가지, '의사'는 9가지, '감정'은 6가지, '정상'은 6가지의 동음이의어가 있다. 우리말에는 이러한 어휘가 비일비재하다. 경우에 따라서 문맥에 맞는 한자를 써야만 한다. 그렇다면 우리말 어휘의 대부분을 차지하고 있는 한자 공부를 어떻게 하면 보다 쉽고 흥미롭게 할 수 있을까? 이 책은 이러한 물음과 필요에 의해서 만들어지게 되었다.

한자 공부를 글자에 매달려 학습하다 보면 한자가 표의문자表意文字라서 그 양이 방대尨大하고, 음과 뜻의 변화가 무쌍하여 쉽게 피로감을 느끼게 된다.

한자를 공부하는 방법에는 여러 가지가 있다. 어떻게 하면 한자 공부를 상쾌하게 할 수 있을까? 그래서 착안한 것이 한시이다. 한시에도 장문의 시가 있지만, 주로 간결簡潔하고 응축凝縮된 것이 특징이다. 자연, 사랑, 이별, 애국애민, 무상, 도리, 처세 등의 주제를 감동적으로 표현하였다. 시 한 수로 몇 날 며칠을 우려내도 진한 맛이 우러나지만, 여기서 그치지 않고 그중에 한 글자를 기본자로 하여 파생되는 글자를 학습하게 된다면, 연상법이 작동하여 보다 쉽고 효과적으로 한자를 익힐 수 있는 것이다.

다음 시 두 편을 감상해보자.

오동잎桐葉　　　　정철鄭澈

세월 가는 것을 스님이 어이 알리	曆日僧何識역일승하식
산꽃을 보고 계절을 기억할 뿐	山花記四時산화기사시
때때로 푸른 구름 속에	時於碧雲裏시어벽운리
앉아서 오동잎에 시를 적네	桐葉坐題詩동엽좌제시

기와 굽는 이陶者　　　　매요신梅堯臣

문앞의 흙이 다하도록 기와를 만들어도	陶盡門前土도진문전토
자기 집 지붕에는 기와조각 하나 없네	屋上無片瓦옥상무편와
열 손가락에 진흙 한 점 묻히지 않아도	十指不沾泥십지부점니
비늘 같은 큰 기와집에 사는데	鱗鱗居大廈인린거대하

한시에서 풍기는 느낌을 그대로 느껴보자. 그리고 그 시 안으로 들어가보자. 스스로 지은이가 되어 그 시절 분위기에 젖어보자. 그리고 흥분이 가라앉고 정밀靜謐해지면, 한자 공부를 해보자. 그러면 감성感性과 지성知性이 충만해오는 것을 감지할 수 있을 것이다. 만약 한자를 잘 모른다면, 우선 우리말 해석에 젖으면 된다.

공자는 일찍이 『논어』에서 "詩三百시삼백 一言以蔽之曰일언이폐지왈 思無邪사무사(『시경』3백 편을 한마디로 포괄하면 생각에 사악함이 없음이다.)"라 갈파하고 제자들과 아들 리鯉에게도 시를 배울 것을 강조하였다.

지금으로부터 1,600여 년 전에 도연명陶淵明(365~427)이 지은 것으로 전해지는 「사시四時」를 들여다보자.

사시四時

봄 물은 사방 연못에 가득 차고	春水滿四澤춘수만사택
여름 구름엔 기이한 봉우리 많네	夏雲多奇峯하운다기봉
가을 달은 밝은 빛을 발하고	秋月揚明輝추월양명휘
겨울 고개엔 외로운 소나무 빼어나네	冬嶺秀孤松동령수고송

지금 읽어도 사계절을 느낄 수 있는 그림 같은 시이다. 한시를 읽으며 옛 시인들과 교류交流하고 공감共感하고 느낄 수 있다면 무엇을 더 바라겠는가. 거기에 덤으로 한자의 변화變化와 파생派生을 익힐 수 있다면 금상첨화錦上添花다.

사실 시간이 흐르면서 우리의 주변은 상전벽해桑田碧海가 되었지만, 우리의 가슴속에는 옛 감성에 대한 DNA가 흐르고 있다. 다만 위축萎縮되고 찌그러져 있을 뿐이다.

자, 한시를 타고 고구려·신라로, 한나라·당나라·송나라로 감성여행을 떠나보자!

2017. 03. 20
보성중학교 도서관에서 유을록柳乙錄

추천사

원시시대부터 인류와 더불어 발전, 변화를 거듭해온 시詩는 인간의 정서情緒를 다룬다. 어떤 경험, 장면, 애착 등에 의해 생겨난 집단이나 개인의 정서가 짧은 운문의 형식 속에 응축된 언어로 심도 있게 반영되어 나타나는 결과물이 시이다. 그들은 자신들이 경험했던 강렬한 정서와 감정을 표출하기 위해, 정확한 사실 전달을 위한 산문 형태의 언어를 사용하지 않았다. 오히려 상상력을 동원하여 짧은 형식의 문장으로 독자에게 호소하여 더 큰 반응을 불러일으켰다.

이런 발달과정으로 인해, 시는 의도적인 리듬을 지니고 있다는 사실을 첫 번째 특징으로 지적할 수 있다. 이렇게 리듬을 갖추기 위해서는 도치나 생략 등과 같이 문장이 변형되기도 하고, 반복법이나 점층법 같은 기교가 동원되기도 하였다. 또한 구체적인 이미지를 제고하기 위해 비유나 은유, 상징, 과장 따위의 수사적인 기법이 저절로 사용되기 시작하였다.

그런데 시는 긴 세월을 거쳐 발전해오는 동안, 각 종족들에게 문자가 개발되면서 입으로 불리던 노래들이 지면紙面에 차례로 정착하게 되었다. 이로 인해 영어로 표기된 노래들은 영시英詩, 불어로 표기된 노래들은 불시佛詩, 우리의 한글로 표기된 노래들은 국문시가國文詩歌라는 이름으로 따로 불리게 되었다. 따라서 한시는 한자漢字로 표기된 시가의 형식이라고 할 수가 있다.

그렇다면 기록으로 남아 있는 한시의 원류는 무엇일까? 한시의 원류는 황하 유역을 중심으로 한 북방의 『시경詩經』과, 양자강 유역을 중심으로 하는 『초사楚辭』로 크게 나뉜다. 여기에서 유래한 한시는 이들의 영향

아래 수많은 변화를 거치며 발전하였다. 그리고는 드디어 한자, 한문의 전래와 함께 이 땅에 들어와 우리나라 한문학에서도 운문의 대표적인 양식으로 자리를 잡았다. 그러므로 한시를 한문학 가운데 가장 탐스러운 꽃이라고 일러도 지나친 말은 아니다.

한시 역시 일반 시가 지닌 보편적인 성격은 물론이오, 한시만의 고유한 특수성을 지니고 있음 또한 명백한 사실이다.

첫째, 한시는 인간의 마음이 언어로 꽃피워진 예술이다. 다음은 한시에 관해 가장 오래된 정의 두 가지이다.

"시는 마음의 뜻을 말한 것이다.(詩言志.)"-『상서尙書』「순전舜典」

"시란 마음의 뜻이 나아간 바이다. 마음에 있으면 뜻이 되지만, 말로 나오면 시가 된다. 마음속에서 정이 움직여 말로 나타난 것이다.(詩者, 志之所之也. 在心爲志, 發言爲詩. 情動於中而形於言.)"-『시경詩經』「대서大序」

시의 기본 개념에 대한 언급으로, 시란 곧 마음에 품은 생각인 '지志'의 언어적인 표현이란 뜻이다. 요즘 말로 한다면, 어떤 사건이나 사물을 보고 마음속에 일어나는 감동이 언어라는 형식으로 표현되면 바로 시가 된다는 것이다. 이 언급은 후대에까지 널리 영향을 끼쳤는데, '지'가 성정性情으로 바뀌어 표현되기도 하였다. 다음은 『시경』을 정리하고 다듬었던 공자의 시에 대한 생각이다.

"『시경』 삼백 편의 시를 한마디로 요약한다면, 생각에 사악함이 없는 것이라고 말하겠다.(詩三百, 一言以蔽之, 曰思無邪.)"-『논어論語』「위정爲政」

공자의 지적도 사악함이 배제된 순수한 마음의 표현이 곧 『시경』에 실린 시들이라는 설명이다.

둘째, 한시는 교화敎化의 기능을 가진 문학이다.

"시는 사람들의 감동을 일으킬 수도 있고 세태를 관찰할 수도 있으며, 세상과 어울릴 수도 있고 세상을 원망할 수도 있다. 가까이는 어버이를 섬길 수 있고, 멀리는 임금을 섬길 줄을 알게 한다. 새나 짐승, 초목들의 이름도 많이 알 수 있다.(詩, 可以興, 可以觀, 可以群, 可以怨, 邇之事父, 遠之事君, 多識於鳥獸草木之名.)"-『논어論語』「양화陽貨」

문학에 관심이 많았던 공자의 언급에 따르면, 시의 효용은 바로 감동을 주기도 하며, 세상물정에 밝아지게도 한다. 이에 대중과 어울릴 수도 있고, 불우한 자신의 현실에서 세상을 원망할 수도 있다는 말이다. 그로 인해, 부모와 임금을 섬기는 인륜 도덕을 깨우치게 되며, 부수적으로 세상의 새나 짐승들, 초목의 이름까지 알 수 있다는 언급이다. 이는 다분히 시를 기능적인 측면에서 바라본 것이다.

이 기능이 바로 교화인데, 여기에서 유교적인 문학관이 마침내 성립되기에 이르렀다. 이런 교화의 기능성은 한시만이 지니고 있는 특성으로 꼽힌다.

다음에 소개하는 율곡栗谷의 말에서도 한시가 언어예술의 정화이면서 교화의 기능을 함께 지닌다고 분명하게 지적하고 있다.

"사람이 내는 소리 가운데 정련된 것이 말인데, 시는 말에서도 더욱 정련된 것이다. 시는 본래 성정에서 나왔기 때문에 억지로 해서 이루어지지 않는다. 소리가 높아지고 낮아지는 것은 자연에서 나온다.『시경』의 삼백 편은 인정에 곡진하고 사물의 이치에 널리 통한 것이다. 넉넉하고 부드럽고 충직하고 도타운 감성이 마음의 바른 곳으로 돌아가고자 하니, 이것이 시의 본원이다.(人聲之精者爲言, 詩之於言, 又其精者也. 詩本性情, 非矯爲而成. 聲音高下, 出於自然. 三百篇, 曲盡人情, 旁通物理. 優柔忠厚, 要歸於正, 此詩之本源也.)"-「정언묘선서精言妙選序」

시란 성정에서 나와 바른 도리로 돌아가는 것이 본원이라는 지적이다. 결국 시의 출발점은 다름 아닌 순수한 마음이오, 귀착점은 바른 도리라고 요약할 수 있다. 성정의 표현이자, 교화의 한 수단으로 인식되어온 한시에 대한 기본적인 논의가 우리나라에 그대로 수용되기도 한 반면, 한쪽에서는 중국과 다른 우리만의 한시 창작을 위한 이론이 차례로 정립, 축적되었다. 그 결과 조선 후기 일군의 시들 가운데에는 우리 민족 특유의 어휘나 뉘앙스, 속담 등이 스스럼없이 등장하기에 이른다. 그리하여 한국 한시는 점차 중국 한시와는 일부 다른 자기 얼굴을 만들어가게 되었다.

결국 한시는 오랜 역사를 통해 발전해온 한자로 된 시로서, 우리에게 시적 정감을 통하여 인간을 올바르게 살고 사고하도록 하는 교화의 문학인 것이다.

유을록 선생은 오랜 세월 각고의 노력으로 공부한 한시를 모아 『죽간을 풀어 가슴에 담다-한시감성여행』을 지었다. 이 책은 우리나라와 중국의 저명한 한시를 망라하였다. 이를 통하여 독자가 자신의 정서를 살지우고 삶을 바로잡는 지표로 삼을 수 있으리라 믿으며 삼가 일독을 추천하는 바이다.

무술년 12월 김병건 씀

차례

머리말 | 4
추천사 | 7

| 한국편 |

여수장우중문시與隋將于仲文詩 | 을지문덕 | 18
추야우중秋夜雨中 | 최치원 | 20
절구絶句 | 최충 | 22
송인送人 | 정지상 | 24
강촌야흥江村夜興 | 임규 | 26
석죽화石竹花 | 정습명 | 28
감로사차운甘露寺次韻 | 김부식 | 30
산장야우山莊夜雨 | 고조기 | 32
만춘晚春 | 진화 | 34
영정중월詠井中月 | 이규보 | 36
파연破硯 | 이규보 | 38
술지述志 | 길재 | 40
신설新雪 | 이숭인 | 42
여강驪江 | 이색 | 44
방김거사야거訪金居士野居 | 정도전 | 46
산거山居 | 이인로 | 48
풍악楓嶽 | 성석린 | 50
풍하風荷 | 최해 | 52
소악부小樂府 | 이제현 | 54
동교치우東郊値雨 | 김극기 | 56
자다煮茶 | 혜심 | 58
탁족濯足 | 혜심 | 60
춘흥春興 | 정몽주 | 62
수기睡起 | 서거정 | 64
몽중작夢中作 | 김시습 | 66

사청사우乍晴乍雨 | 김시습 | 68
북정가北征歌 | 남이 | 70
수형시受刑詩 | 성삼문 | 72
청산靑山 | 이언적 | 74
제노방송題路傍松 | 김정 | 76
우제偶題 | 유방선 | 78
의폐衣敝 | 최연 | 80
천왕봉天王峯 | 조식 | 82
시우인示友人 | 임억령 | 84
산중山中 | 이이 | 86
화석정花石亭 | 이이 | 88
동엽桐葉 | 정철 | 90
추일작秋日作 | 정철 | 92
한산도야음閑山島夜吟 | 이순신 | 94
금강산金剛山 | 송시열 | 96
산행山行 | 송익필 | 98
하산下山 | 송익필 | 100
우음偶吟 | 송한필 | 102
불일암증인운석佛日菴贈因雲釋 | 이달 | 104
제총요祭塚謠 | 이달 | 106
춘일한거春日閑居 | 이황 | 108
낙서재우음樂書齋偶吟 | 윤선도 | 110
무어별無語別 | 임제 | 112
패강곡浿江曲 | 임제 | 114
신거득석정新居得石井 | 백광훈 | 116
고묘古墓 | 최경창 | 118
향연香煙 | 최경창 | 120
견신월見新月 | 정온 | 122
도중途中 | 권필 | 124
화경花徑 | 이행 | 126
효음曉吟 | 강백년 | 128
유물有物 | 서경덕 | 130
월야출계상月夜出溪上 | 신흠 | 132
대설大雪 | 신흠 | 134

기가서寄家書 | 이안눌 | 136
용호龍湖 | 김득신 | 138
노방총路傍塚 | 김상헌 | 140
야작野酌 | 이식 | 142
즉사卽事 | 김류 | 144
양화석조楊花夕照 | 차운로 | 146
노마老馬 | 최전 | 148
과고인약당過故人若堂 | 백암 | 150
산거山居 | 허경윤 | 152
낙화암落花巖 | 홍춘경 | 154
치포治圃 | 윤현 | 156
쌍계방장雙溪方丈 | 휴정 | 158
유가야遊伽倻 | 휴정 | 160
관물음觀物吟 | 고상안 | 162
횡성봉조여수橫城逢趙汝修 | 홍서봉 | 164
기우騎牛 | 권만 | 166
남산국南山菊 | 이덕무 | 168
상경賞京 | 김병연 | 170
하운다기봉夏雲多奇峯 | 김병연 | 172
농가탄農家歎 | 정버표 | 174
억선형憶先兄 | 박지원 | 176
하지夏至 | 정약용 | 178
촌사村舍 | 김정희 | 180
산행山行 | 김시진 | 182
강행우박江行雨泊 | 최성대 | 184
산거山居 | 한재렴 | 186
도금강渡錦江 | 윤종억 | 188
황화黃花 | 이건창 | 190
쌍연雙燕 | 김이만 | 192
막수곡莫愁曲 | 이영보 | 194
야설野雪 | 이양연 | 196
유시遺詩 | 전봉준 | 198
상사몽相思夢 | 황진이 | 200
박연폭포朴淵瀑布 | 황진이 | 202

규정閨情 | 이옥봉 | 204
몽혼夢魂 | 이옥봉 | 206
봉별奉別 | 계월 | 208
황혼黃昏 | 죽향 | 210
추월야秋月夜 | 추향 | 212
채련곡采蓮曲 | 허난설헌 | 214
춘우春雨 | 허난설헌 | 216
자한自恨 | 이매창 | 218
증취객贈醉客 | 이매창 | 220
부용芙蓉 | 김부용 | 222
춘양春陽 | 김부용 | 224
대낭군待郎君 | 능운 | 226
야좌夜坐 | 강정일당 | 228
야음夜吟 | 박죽서 | 230
기정寄呈 | 박죽서 | 232
유대관령망친정踰大關嶺望親庭 | 신사임당 | 234
사친思親 | 신사임당 | 236
세우細雨 | 김금원 | 238
백마강白馬江 | 취선 | 240
이별離別 | 일지홍 | 242
추우秋雨 | 혜정 | 244

| 중국편 |

해하가垓下歌 | 항우 | 248
대풍가大風歌 | 유방 | 250
단가행短歌行 | 조조 | 252
칠보시七步詩 | 조식 | 256
사시四詩 | 도연명 | 258
음주飮酒 | 도연명 | 260
세모歲暮 | 사영운 | 262
장가행長歌行 | 심약 | 264
등유주대가登幽州臺歌 | 진자앙 | 266
망월회원望月懷遠 | 장구령 | 268

14

회향우서回鄕偶書 | 하지장 | 270
제노송수題老松樹 | 송지문 | 272
도한강渡漢江 | 송지문 | 274
춘효春曉 | 맹호연 | 276
구월구일억산동형제九月九日憶山東兄弟 | 왕유 | 278
녹채鹿柴 | 왕유 | 280
등관작루登觀雀樓 | 왕지환 | 282
규원閨怨 | 왕창령 | 284
제야除夜 | 고적 | 286
적중작磧中作 | 잠삼 | 288
제도성남장題都城南莊 | 최호 | 290
등황학루登黃鶴樓 | 최호 | 292
정야사靜夜思 | 이백 | 294
망여산폭포望廬山瀑布 | 이백 | 296
산중문답山中問答 | 이백 | 298
강촌江村 | 두보 | 300
춘망春望 | 두보 | 302
유자음遊子吟 | 맹교 | 304
춘설春雪 | 한유 | 306
강설江雪 | 유종원 | 308
추사秋詞 | 유우석 | 310
국화菊花 | 원진 | 312
설야雪夜 | 백거이 | 314
고분古墳 | 백거이 | 316
춘망사春望詞 | 설도 | 318
맹하孟夏 | 가엄 | 322
방은자불우訪隱者不遇 | 가도 | 324
검객劍客 | 가도 | 326
민농憫農 | 이신 | 328
몽천夢天 | 이하 | 330
산행山行 | 두목 | 332
무제無題 | 이상은 | 334
도자陶者 | 매요신 | 336
원산遠山 | 구양수 | 338

초하初夏 | 증공 | 340
매화梅花 | 왕안석 | 342
산중山中 | 왕안석 | 344
춘유春遊 | 왕령 | 346
제서림벽題西林壁 | 소식 | 348
세아희작洗兒戱作 | 소식 | 350
매화梅花 | 황정견 | 352
절구絶句 | 진사도 | 354
춘우春雨 | 육유 | 356
희청喜晴 | 범성대 | 358
춘일春日 | 주희 | 360
우성偶成 | 주희 | 362
하횡산탄두망금화산下橫山灘頭望金華山 | 양만리 | 364
수중산화영水中山花影 | 양만리 | 366
소소소묘蘇小小墓 | 임경희 | 368
매화梅花 | 조맹부 | 370
토월봉吐月峯 | 고계 | 372
어촌석조漁村夕照 | 이몽양 | 374
도중途中 | 진자룡 | 376
청산靑山 | 왕사진 | 378
우혜虞兮 | 오위업 | 380
신뢰新雷 | 장유병 | 382

부록 | 한시漢詩에서 걸어 나온 고사성어故事成語 | 384

| 일러두기 |

- 한시는 형식에 구애받지 않고 비교적 쉽고 감동을 주는 한시로 구성하였다.
- 한시에서 기본 한자를 선정하여, 그 파생 한자를 나열하고 활용 어휘를 제시하였다.
- 파생한자는 1급(3,000자) 범위 안에서 제시하였다.
- 작가의 이력을 소개하여 역사적인 배경을 참고하도록 하였다.
- 한시의 해석은 가능한 한 문어체보다는 구어체를 선택하였고, 옛 말투보다는 현대적인 감각으로 의역보다는 직역에 가까운 해석을 하였다.

한국편

與隋將于仲文詩 여수장우중문시

乙支文德

神策究天文 신책구천문
妙算窮地理 묘산궁지리
戰勝功旣高 전승공기고
知足願云止 지족원운지

※ 한자풀이

申	아홉째 지지 신	申時신시
	펼 신	申告신고, 申請신청
	말할 신	上申상신, 內申成績내신성적
신	神 귀신 신	神經신경, 神奇신기, 神通신통, 精神정신
	伸 펼 신	伸張신장, 伸縮性신축성, 伸冤신원
	呻 읊조릴, 신음할 신	呻吟신음
	紳 띠 신	紳士신사
곤	坤 땅 곤	乾坤一擲건곤일척, 坤時곤시
전	電 번개 전	電光石火전광석화, 電氣전기
뢰	雷 천둥 뢰	落雷낙뢰, 雷聲霹靂뇌성벽력
	덩달을 뢰	附和雷同부화뇌동
旣	이미 기	旣得權기득권, 旣望기망, 旣成기성
개	槪 대개 개	槪念개념, 槪略개략, 槪要개요
	절개 개	氣槪기개, 節槪절개
	경치, 풍경 개	景槪경개
	慨 슬퍼할 개	慨歎개탄, 慷慨강개, 憤慨분개
	漑 물댈 개	灌漑관개, 漑及개급, 漑田개전
구	廐 마구 구	馬廐마구, 廐吏구리

수나라 장수 우중문에게 주는 시

을지문덕

신기한 계책은 하늘 문리 다하였고
오묘한 계산 땅의 이치 다하였네
전쟁에서 이긴 공이 이미 높으니
만족함을 알고 그만두기 바라노라

을지문덕(580~?)

고구려의 명장인 을지문덕이 살수薩水(청천강)에서 수나라의 30만 대군을 맞아 싸우기 직전에 적장인 우중문에게 조롱嘲弄조로 지어 보낸 것으로, 전략적인 목적을 지닌 5언고시이다. 『삼국사기』에 실려 있으며 우리나라에서 현존하는 최고最古의 한시이다.

을지문덕은 고구려의 영양왕(재위 590~618) 때 장군이다. 수나라의 제2차 침입을 슬기롭게 물리친 장수이다. 612년 수나라 양제가 직접 대군을 이끌고 고구려를 공격했는데, 요동성에서 전과가 지지부진遲遲不進하자 별동대 30만 5천 명을 선발하여 평양성을 직공直攻하도록 명령하였다.

별동대는 평양 근처까지는 진격하였으나, 그것은 을지문덕의 유인작전이었고, 오랜 여정에 극도의 피곤과 군량 부족으로 인해 회군할 수밖에 없었다. 을지문덕은 별동대가 살수를 건널 때 강물을 막고 물을 한꺼번에 흘려보내는 수공으로 적을 궤멸潰滅시켰다.

秋夜雨中 추야우중

崔致遠

秋風唯苦吟 추풍유고음

世路少知音 세로소지음

窓外三更雨 창외삼경우

燈前萬里心 등전만리심

※ 한자풀이

今　이제 금　　　方今방금, 今昔之感금석지감, 昨今작금

금 琴　거문고 금　琴瑟금슬, 心琴심금
　　衾　이불 금　　衾枕금침
금 矜　자랑할 긍　矜持긍지, 自矜心자긍심
　　　　가여이 여길 긍　矜恤긍휼, 可矜가긍
념 念　생각 념　　想念상념, 執念집념, 無念無想무념무상
　　捻　비틀 념　　捻挫염좌
음 吟　읊을 음　　吟味음미, 吟風弄月음풍농월, 吟咏음영
탐 貪　탐할 탐　　貪慾탐욕, 貪官汚吏탐관오리
함 含　머금을 함　含蓄함축, 含有함유, 含量함량

비 오늘 가을 밤

최치원

가을바람에 괴롭게 읊조리나

세상에 날 알아주는 이 적네

창 밖에는 깊은 밤에 비 내리는데

등불 앞 내 마음 만 리 밖으로

최치원(857~?)

    유교·불교·도교에 이르기까지 종교적인 이해가 깊었던 학자이자, 뛰어난 문장가이다. 868년 12세에 당나라에 유학하여 7년 만에 빈공과에 장원으로 급제하였다. 876년 강남도 선주의 율수 현위로 임명되었고, 885년 신라로 돌아와 한림학사 서감을 지냈으나, 신라 골품제도骨品制度의 한계로 자신의 뜻을 한껏 펼칠 수가 없었다. 더욱이 당시 신라는 각처에서 민란이 일어나고 문란紊亂한 정세가 계속되어 894년 시무책時務策 10여 조를 진성여왕에게 올려 실정을 바로잡으려고 하였으나 제대로 시행되지 못하였다. 실정을 거듭하던 진성여왕이 즉위 11년 만에 책임을 지고 효공왕에게 왕권을 선양하였으나 최치원은 신라 왕실에 대한 실망과 좌절감을 느낀 나머지 40여 세의 나이로 관직을 버리고 경주의 남산, 합천 청량사, 함포현 별서 등 전국을 떠돌다가 해인사에서 여생을 마무리 하였다. 자는 고운孤雲, 또는 해운海雲이다.

    저서에는『계원필경桂苑筆耕』20권과『사륙집四六集』1권이 있다. 특히「사산비명四山碑銘」이 유명하다.

絶句 절구

崔冲

滿庭月色無烟燭 만정월색무연촉

入座山光不速賓 입좌산광불속빈

更有松絃彈譜外 갱유송현탄보외

只堪珍重未傳人 지감진중미전인

※ 한자풀이

單	홑 단		子子單身혈혈단신, 單式단식, 單純단순, 單數단수
	簞	소쿠리 단	簞食단사
	鄲	나라이름 단	邯鄲之夢한단지몽
禪	사양할 선		禪讓선양, 禪位선위
		봉선 선	封禪봉선
		참선, 선종 선	參禪참선, 禪師선사
戰	싸울 전		好戰호전, 戰鬪전투, 戰雲전운, 血戰혈전
		두려워할, 떨 전	戰慄전률, 戰戰兢兢전전긍긍
闡	밝힐 천		闡明천명, 闡揚천양
彈	탄알 탄		彈道탄도, 爆彈폭탄, 彈丸탄환
		튀길 탄	彈性탄성, 彈力탄력
		탈, 뜯을 탄	彈琴臺탄금대
		따질 탄	彈劾탄핵, 糾彈규탄, 指彈지탄
	憚	꺼릴 탄	忌憚기탄, 憚避탄피
	殫	다할 탄	殫竭心力탄갈심력, 殫誠탄성

절구

최충

뜰에 가득한 달빛은 연기 없는 촛불이요

자리에 든 산빛은 초대하지 않은 손님이라

솔바람 가락은 악보 밖 연주를 하니

보배로이 여길 뿐 남에겐 못 전하네

최충(984~1068)

고려 전기의 문신으로 '해동공자海東孔子'라 칭송받았다. 본관은 해주, 자는 호연浩然, 호는 성재惺齋·월포月圃·방회재放晦齋, 시호는 문헌文憲이다.

1005년(목종8) 과거에 장원으로 급제하여 우습유에 올랐다. 1013년(현종4)에는 거란의 침입으로 소실된 역대의 문적을 재편수하는 국사수찬관으로 『칠대실록七代實錄』을 편찬하였다. 그후 문하시랑평장사와 문하시중 등을 역임하였다.

관인으로 현달했을 뿐만 아니라 벼슬에서 물러난 후에 교육과 인재양성에도 힘썼다. 당시 개경에는 사학십이도라는 이름난 사숙私塾이 있었는데, 최충의 구재학당九齋學堂은 그 가운데서도 가장 번성하여 과거에 급제하는 생도가 많았다. 송악산 아래에 공부하는 내용에 따라 방의 이름을 낙성재樂聖齋·대중재大中齋·성명재誠明齋·경업재敬業齋·조도재造道齋·솔성재率性齋·진덕재進德齋·대화재大和齋·대빙재待聘齋 등으로 지어 구재학당을 마련하였다. 최충은 질서와 법도를 갖춘 교육사업을 전개해, 당시 이곳의 학생은 시중최공도侍中崔公徒 또는 최충도崔冲徒, 뒤에는 시호를 따서 문헌공도文憲公徒라 불렸다.

送人송인

鄭知常

雨歇長堤草色多우헐장제초색다
送君南浦動悲歌송군남포동비가
大同江水何時盡대동강수하시진
別淚年年添綠波별루연년첨록파

※ 한자풀이

非	아닐 비	非理비리, 非夢似夢비몽사몽, 非一非再비일비재
	어긋날 비	是非시비
	꾸짖을 비	非難비난
비	悲 슬플 비	悲劇비극, 悲觀비관, 悲運비운
	蜚 날 비	流言蜚語유언비어
	誹 비방할 비	誹謗비방
	緋 비단 비	緋緞비단
	匪 도둑 비	匪賊비적, 共匪공비
	扉 문짝 비	柴扉시비
	翡 물총새, 비취 비	翡翠비취, 翡玉비옥
배	俳 광대 배	俳優배우
	排 물리칠 배	排斥배척, 排擊배격, 排泄배설
	輩 무리 배	先輩선배, 輩出배출, 年輩연배
	徘 어정거릴 배	徘徊배회
	裵 성, 옷 치렁거릴 배	
君	임금 군	君臣군신, 君主군주, 暴君폭군
군	群 무리 군	群像군상, 群雄割據군웅할거, 群落군락, 群衆군중
	郡 고을 군	郡守군수, 郡民군민, 郡廳군청
	窘 군색할 군	窘塞군색, 窘乏군핍, 窘窮군궁
윤	尹 다스릴, 맏 윤	卿尹경윤, 令尹영윤, 府尹부윤, 判尹판윤
이	伊 저 이	伊昔이석, 伊時이시, 伊人이인

님을 보내며

정지상

비 개인 긴 둑에는 초록빛이 완연하고
님 보내는 남포에는 슬픈 노래가 나오네
대동강 물은 언제나 다 마를까
해마다 푸른 물결에 이별 눈물 더해지나니

정지상(1094~1135)

고려 중기 인종 때 문신이자 시인이다. 본관은 서경西京, 호는 남호南湖, 초명은 지원之元이다. 묘청·윤언이 등과 함께 서경천도와 칭제건원을 주장하였으며 훗날 묘청이 주동한 묘청의 난 주요 관련자로 지목되어 숙적인 김부식에 의해 처형당했다.

고려시대를 통틀어 손꼽히는 시인으로 이름이 높은데, 묘청의 난에 동참한 역적으로 분류되어 현재 남은 작품은 20여 수 정도뿐이다.

江村夜興 강촌야흥

任奎

月黑烏飛渚 월흑오비저
煙沈江自波 연침강자파
漁舟何處宿 어주하처숙
漠漠一聲歌 막막일성가

※ 한자풀이

者 놈 자		筆者필자, 王者왕자, 近者근자
도	都 도읍, 모두 도	都市도시, 都政도정, 都鄙도비, 都合도합
	屠 죽일 도	屠殺도살, 屠畜도축, 屠戮도륙
	堵 담 도	堵牆도장, 安堵안도
	賭 노름, 내기할 도	賭博도박, 賭租도조, 賭地도지
	睹 볼 도	目睹목도, 逆睹역도
사	奢 사치할 사	奢侈사치
서	緒 실마리 서	端緒단서, 情緒정서, 緒戰서전
	暑 더울 서	避暑피서, 暴暑폭서, 耐暑내서
	署 관청 서	警察署경찰서, 署長서장
	쓸, 기록할 서	署名서명
	曙 새벽 서	曙光서광
자	煮 삶을 자	煮粥자죽
저	著 나타날 저	著名저명
	지을 저	著書저서
	뚜렷할 저	顯著현저
	붙일, 입을 착	著用착용, 附著부착
	猪 맷돼지 저	猪突저돌
	渚 물가 저	沙渚사저
	躇 주저할, 머뭇거릴 저	躊躇주저
제	諸 모두 제	諸般제반, 諸君제군, 諸位제위
	어조사 저	忽諸홀저

강촌 밤의 흥취

임규

달빛 어둑한데 까마귀 물가를 날고
연기 자욱한데 강물결 절로 이네
고깃배는 어디에서 묵고 있나
아득히 한 가락 노랫소리 들려오네

~~ **임규**(1119~1187)

고려 인종 때 문인으로 인종의 처남이기도 하다. 벼슬이 정2품인 평장사에 이르렀다.

石竹花 석죽화

鄭襲明

世愛牡丹紅 세애모란홍
栽培滿院中 재배만원중
誰知荒草野 수지황초야
亦有好花叢 역유호화총
色透村塘月 색투촌당월
香傳隴樹風 향전농수풍
地偏公子少 지편공자소
嬌態屬田翁 교태속전옹

※ 한자풀이

龍 용 룡		恐龍공룡, 龍床용상, 龍頭蛇尾용두사미, 龍顔용안
	壟 언덕, 밭두둑 롱	國政壟斷국정농단
	隴 언덕, 나라이름 롱	得隴望蜀득롱망촉
	瓏 환할 롱	玲瓏영롱
	朧 달빛 흐릿할 롱	朦朧몽롱
	籠 새장, 대바구니 롱	籠球농구, 籠城농성, 籠絡농락
	寵 사랑할 총	寵愛총애, 寵兒총아, 恩寵은총
	襲 엄습할 습	襲擊습격, 掩襲엄습, 奇襲기습
	인할 습	因襲인습, 世襲세습
	염습할 습	殮襲염습
	龐 클, 높을 방	龐大방대, 龐眉皓髮방미호발
	龕 감실, 불탑 감	龕室감실

패랭이꽃

정습명

세상 사람들 붉은 모란 좋아하여

뜰에 가득 심어 기르지만

누가 알랴 거친 들판에도

아름다운 꽃떨기가 있다는 것을

꽃빛은 마을 연못 비친 달에 스며들고

향기는 바람결에 언덕 위 나무에 풍겨오네

땅이 궁벽해 귀공자가 적으니

고운 자태는 촌 늙은이의 몫이라네

정습명(1094~1151)

    영일 정씨의 시조로서 고려 전기를 대표할 만한 충신이었다. 정습명은 이 시에서 고려 전기의 문벌 귀족 사회의 변방 향리 아들로 태어난 자기 자신을 패랭이꽃에 비유하여 노래하였는데, 임금이 우연히 대궐 문지기가 읊조리고 있는 이 빼어난 시를 보고 깜짝 놀라서 곧바로 그를 옥당의 벼슬에 임명하였고 그때부터 출세가도出世街道를 달리기 시작했다.

    그러나 의종에게 거침없는 충언을 퍼붓다가 끝내 의견이 수용되지 않자 절망한 나머지 독배毒杯를 들고 자결하였다.

    본관은 영일, 인종 때 신임을 얻어 국자사업, 기거주, 지제고를 역임하였다.

甘露寺次韻 감로사차운

金富軾

俗客不到處 속객부도처
登臨意思淸 등임의사청
山形秋更好 산형추갱호
江色夜猶明 강색야유명
白鳥孤飛盡 백조고비진
孤帆獨去輕 고범독거경
自慚蝸角上 자참와각상
半世覓功名 반세멱공명

※ 한자풀이

工 장인 공	工巧공교, 工場공장, 工具공구
강 江 강 강	江山강산, 江邊강변, 江湖강호, 渡江도강
腔 구강, 속빌 강	口腔구강, 腹腔鏡복강경
공 攻 칠 공	攻擊공격, 專攻전공, 侵攻침공, 攻略공략
功 공 공	功過공과, 功勞공로, 功績공적, 功勳공훈
空 빌 공	空白공백, 空間공간, 空虛공허, 空砲彈공포탄
貢 바칠 공	貢物공물, 貢獻공헌, 朝貢조공
控 당길, 덜 공	控除공제
교 巧 공교로울 교	巧妙교묘, 巧言令色교언영색, 工巧공교
좌 左 왼쪽, 증거, 내릴 좌	左派좌파, 左右좌우, 證左증좌, 左遷좌천
佐 도울 좌	輔佐官보좌관
항 項 목 항	項目항목, 問項문항, 事項사항
肛 똥구멍 항	肛門항문
홍 紅 붉을 홍	紅潮홍조, 紅柿홍시
鴻 기러기 홍	鴻鵠之志홍곡지지
訌 어지러울 홍	內訌내홍
虹 무지개 홍	虹蜺門홍예문

감로사에서 차운한 시

김부식

속된 사람 이르지 못하는 곳

올라오니 생각이 맑아진다

산은 가을이라 형세가 더욱 좋고

강은 밤에도 물빛이 여전히 밝네

흰 새는 외로이 아득히 날아가고

돛단배 홀로 빠르게도 떠가네

부끄럽구나 달팽이 뿔같이 좁은 세상에서

반평생을 공명 찾아 헤매었다니

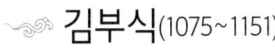

김부식(1075~1151)

    고려 때 문신, 자는 입지立之, 호는 뇌천雷川이다. 우리나라 고문의 대가로 송나라 사신 서긍은 "박학강지博學剛志하여 글을 잘 짓고 고금을 잘 알아 학사의 신복을 입으니 능히 그보다 위에 설 사람이 없다."고 평하였다. 박승중, 정극영 등과『예종실록』을 수찬하였고, 1134년 묘청의 난 때에는 원수가 되어 이를 토벌하였다. 1145년『삼국사기』50권을 편찬하였고『인종실록』편찬에도 참여하였다.

    김부식은 묘청의 난을 평정하여 자기 세력을 굳혔고, 왕의 신임도 더욱 두터워져 정국공신靖國功臣의 칭호를 받았다. 이어 감수국사 상주국이 되어『삼국사기』저술을 맡았다.

    그는 영화로운 삶을 누리다가 말년에는 무신들에게 시달린 끝에 77세로 세상을 떠났다.

山莊夜雨 산장야우

高兆基

昨夜松堂雨 작야송당우
溪聲一枕西 계성일침서
平明看庭樹 평명간정수
宿鳥未離棲 숙조미리서

※ 한자풀이

白	흰 백	白衣從軍 백의종군, 蒼白 창백
	아뢸 백	告白 고백, 獨白 독백
	빌 백	空白 공백, 餘白 여백
금 錦	비단 금	錦繡江山 금수강산
면 綿	솜, 연이을 면	綿絲 면사, 周到綿密 주도면밀, 綿綿 면면
백 百	일백 백	百姓 백성
伯	맏, 우두머리 백	伯仲 백중, 畫伯 화백
柏	측백나무 백	松柏 송백
帛	비단 백	帛書 백서
	폐백 백	幣帛 폐백
숙 宿	잘 숙	宿所 숙소, 投宿 투숙, 宿食 숙식, 宿題 숙제
	오랠 숙	宿命 숙명, 宿患 숙환, 宿願 숙원, 宿便 숙변
	번들 숙	宿直 숙직
	별자리 수	星宿 성수, 二十八宿 이십팔수
적 的	과녁, 적실할 적	的中 적중, 標的 표적, 的確 적확, 公的 공적
축 縮	오므라들 축	伸縮 신축, 縮小 축소, 縮地法 축지법, 濃縮 농축

산장의 밤비

고조기

지난밤 송당에 내린 비에
냇물소리 베개로 들려오네
새벽에 뜨락 나무 바라보니
자던 새가 둥지를 떠나지 않았네

고조기(?~1157)

본명은 당유唐愈, 고려 예종 때 과거에 급제, 벼슬이 정당문학에 이르렀다. 청백리로 이름이 높았고 이자겸 일파를 반대하는 데 앞장섰다. 농촌 생활을 노래한 작품을 많이 남겼고 특히 5언시에 능하다는 명성을 얻었다. 호는 계림 鷄林이며, 우복야 고유高維의 아들이다.

1147년(의종1) 수사공상주국, 1148년 정당문학 판호부사가 되어 지공거로서 유정견 등 25인의 급제자를 선발하였다. 1149년 중서시랑평장사·판이부사, 1150년 판병부사, 1151년 중군병마판사 겸 서북면병마판사를 역임하였다. 그러나 폐신 김존중에게 아부하던 끝에 탄핵을 받아 상서좌복야로 전직되었다가 다시 중서시랑평장사가 되었다.

晩春만춘

陳澕

雨餘庭院簇苺苔우여정원족매태

人靜雙扉晝不開인정쌍비주불개

碧砌落花深一寸벽체낙화심일촌

東風吹去又吹來동풍취거우취래

※ 한자풀이

青	푸를 청	靑年청년, 靑史청사, 靑春청춘
시 猜	시기할, 의심할 시	猜忌시기, 猜疑시의
정 靜	고요할 정	靜物畵정물화, 靜寂정적, 靜謐정밀
情	뜻 정	愛情애정, 情事정사
	형편, 사실 정	事情사정, 情報정보
精	쓿은쌀 정	精米정미
	정할, 정성 정	精誠정성, 精選정선, 精氣정기, 精液정액, 精髓정수
	날랠 정	精銳정예
睛	눈동자 정	畵龍點睛화룡점정, 眼睛안정
靖	편안할 정	靖難정난
淸	서늘할 정	冬溫夏淸동온하정
청 淸	맑을 청	淸凉청량, 百年河淸백년하청, 淸純청순, 淸潔청결
請	청할 청	招請초청, 下請하청, 請牒狀청첩장, 請負청부
晴	개일, 맑을 청	快晴쾌청, 晴曇청담
鯖	고등어 청	鯖魚청어
族	겨레 족	民族민족, 親族친족, 族譜족보, 族屬족속
정 旌	기 정	旌旗정기, 旌賞정상, 旌門정문
족 簇	조릿대, 모일 족	簇子족자, 簇葉족엽
주 嗾	부추길 주	使嗾사주, 嗾囑주촉, 指嗾지주

늦봄

진화

비가 갠 정원에는 이끼가 돋아나고
인적 없는 사립문은 낮에도 열리질 않네
푸른 섬돌에 진 꽃잎이 한 치나 쌓였는데
봄바람에 날려 갔다가 다시 날려 오는구나

진화(1182?~1220?)

고려 중기의 문신이다. 호는 매호梅湖이고 본관은 홍주 여양이다. 1200년(신종3) 문과에 급제하여 직한림원으로 뽑혔고, 1213년(강종2)에 언사에 연루되어 파면되었다가 1215년(고종2) 한림원에 복직되었다. 최충헌이 관각 제공에게 40여 운의 시를 짓게 했을 때, 이규보가 장원, 진화가 그 다음을 차지했다. 시에 능하고 사어詞語가 청려하여 묘경에 달하였으며 변태백출變態百出한 표현으로 이규보와 더불어 이름을 떨쳤다.

시는 현재 59수가 전해지고 있으며, 그중 무신의 난 이후에 피폐疲弊한 농촌을 사실적으로 묘사한 「도원가桃源歌」가 유명하다. 금나라 사신으로 가면서 지은 「사금통주구일使金通州九日」, 「봉사입금奉使入金」 시가 절창이다. 진화의 시는 자연을 소재로 하여 청담淸淡하게 노래하였으며, 비판적인 자세를 굳게 지켜 굽히지 아니함으로써 청렴한 관료문인의 면모를 보여주고 있다. 정조 8년(1784) 그의 16세손 진후陳厚가 『동문선』, 『동인시화』, 『기아』 등에서 시작품을 찾아내어 『매호유고梅湖遺稿』를 간행하였다.

詠井中月 영정중월

李奎報

山僧貪月光 산승탐월광
并汲一瓶中 병급일병중
到寺方應覺 도사방응각
瓶傾月亦空 병경월역공

※ 한자풀이

曾	일찍 증	未曾有 미증유
	거듭 증	曾祖 증조, 曾孫 증손
僧	중 승	僧侶 승려, 僧規 승규, 僧舞 승무
增	더할 증	增加 증가, 增强 증강, 割增 할증
憎	미워할 증	憎惡 증오, 可憎 가증, 愛憎 애증
贈	줄 증	贈書 증서, 贈與 증여, 贈賄 증회
繒	비단 증	繒絮 증서
層	층 층	階層 계층, 層巖絶壁 층암절벽, 高層 고층, 斷層 단층
會	모을 회	會食 회식, 會議 회의, 會合 회합
	깨달을 회	會得 회득, 會心 회심
	때 회	機會 기회
	셈 회	會計 회계
	맞을 회	會戰 회전
檜	전나무 회	松檜 송회
膾	회칠 회	肉膾 육회, 膾炙 회자
繪	그림 회	繪畫 회화, 繪像 회상
獪	간교할 회	老獪 노회, 獪猾 회활

우물 속의 달을 읊다

이규보

산에 사는 스님이 달빛을 탐하여
병 속에 물과 달을 함께 길었네
절에 돌아가면 비로소 깨달으리
병 기울이면 달 또한 비는 것을

이규보(1168~1241)

9세 때부터 중국 고전을 두루 읽기 시작했고, 글재주가 남다르게 뛰어나 신동이라 불렸다. 천재라고 불렸지만, 15세와 19세에 과거에 응시하였으나 낙방하였으니, 그것은 이규보가 자라면서 술과 시를 좋아하고 친구들과 어울려 다니면서 딱딱한 과거시험에 맞는 문장을 익히는 데 게을렀기 때문이다. 22세 때 과거에 급제하였으나 바로 관직에 등용되지 못하였다. 무신정권의 최고 권력자인 최충헌에게 등용되어 엇갈린 평가를 받기도 하였다. 저서에는 아들이 간행한 시문집 『동국이상국집東國李相國集』 등이 있다. 미신과 관념론을 비판하고, 한국의 유물론적 기반을 닦은 인물이다.

본관은 황려黃驪, 초명은 인저仁氐, 자는 춘경春卿, 호는 백운거사白雲居士이다. 강직한 성품으로 당시 조정에서 인중룡人中龍이라는 평이 있었다. 이인로 등 이른바 죽고칠현竹高七賢과 더불어 망년忘年의 사귐을 나누었다. 시호는 문순文順이다.

破硯파연

李奎報

墮落已無及타락이무급
提携未遽損제휴미거손
詩腸如未破시장여미파
何石不堪研하석불감연

깨진 벼루

이규보

떨어뜨려 어쩔 수 없게 된 것을
선뜻 버리지 못해 가지고 있네
시 짓는 마음 깨지지 않았다면
무슨 돌인들 먹을 갈지 못하랴

述志술지

吉再

臨溪茅屋獨閒居임계모옥독한거
月白風淸興有餘월백풍청흥유여
外客不來山鳥語외객불래산조어
移床竹塢臥看書이상죽오와간서

※ 한자풀이

山 메 산 　　　山頂산정, 山嶽산악, 山莊산장, 山寺산사
　島 섬 도 　　孤島고도, 島嶼僻地도서벽지, 半島반도
　仙 신선 선 　神仙신선, 仙風道骨선풍도골, 仙境선경
　癌 암 암 　　肝癌간암, 抗癌劑항암제, 胃癌위암

뜻을 말하다

길재

시냇가 초가집에 한가롭게 홀로 사니
밝은 달 맑은 바람 흥취가 여유롭다
손님은 오지 않고 산새만 지저귀니
대숲으로 상을 옮겨 책을 읽는다

길재(1353~1419)

고려 말 조선 초의 학자. 호는 야은治隱. 이색·정몽주의 제자로 성리학에 조예가 있었다. 이색·정몽주와 함께 고려의 삼은三隱이라 불린다. 이성계·조준·정도전이 새로운 왕조를 세우려는 움직임을 보이자 이듬해 늙은 어머니를 모셔야 한다는 이유로 벼슬에서 물러나 고향인 선산 봉계로 돌아왔다. 1391년 (공양왕3) 계림부와 안변 등의 경사교수로 임명되었으나 나아가지 않았다. 그 해 우왕이 강화도에 유배되어 있다가 살해되자 전에 모시던 왕을 위하여 과일과 젓갈 등을 먹지 않고 3년상을 지냈다. 새로운 왕조에 참여할 뜻이 없었던 그는 고향에 머물면서 늙으신 어머니를 봉양하고 후진 양성에 힘썼다. 가르치는 학생들과 더불어 경전을 토론하고 성리학의 연구에 힘썼다.

길재의 시조
오백 년 도읍지를 필마로 돌아드니
산천은 의구하되 인걸은 간 데 없네
어즈버 태평연월이 꿈이런가 하노라

新雪 신설

李崇仁

蒼茫歲暮天 창망세모천
新雪遍山川 신설편산천
鳥失山中木 조실산중목
僧尋石上川 승심석상천
飢烏啼野外 기오제야외
凍柳臥溪邊 동류와계변
何處人家在 하처인가재
遠林生白煙 원림생백연

※ 한자풀이

扁	작을 편	扁桃腺편도선, 扁舟편주
	액자, 현판 편	扁額편액
	넓적할 편	扁平편평
편	篇 책, 글 편	短篇단편, 千篇一律천편일률, 掌篇장편, 玉篇옥편
	偏 치우칠 편	偏見편견, 偏愛편애, 偏重편중
	褊 좁을 편	褊狹편협
	遍 두루 편	普遍妥當性보편타당성, 遍歷편력, 遍在편재
	編 엮을 편	編纂편찬, 編輯편집, 編成편성, 再編재편
	騙 속일 편	騙取편취, 騙馬편마

첫 눈

이숭인

푸르고 아득한 세모 하늘에

첫 눈이 산천에 두루 내렸네

새는 산속의 나무 찾아 헤매고

스님은 돌 위 샘물을 찾네

굶주린 까마귀는 들녘에서 울고

차가운 버드나무 시냇가에 누웠구나

어느 곳에 인가가 있는지

먼 숲에서 흰 연기 피어나네

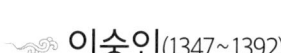

이숭인(1347~1392)

고려말의 문신, 호는 도은陶隱. 성균사성이 되어 정몽주와 함께 『고려실록』을 편수하였다. 우왕 때, 이인임의 숙청에 연루되어 유배되었고, 공양왕 때는 옥사를 만나 이색·권근과 함께 청주에 유배되었다. 친원파와 친명파에 끼어 계속 유배생활을 하다가 정적인 정도전이 보낸 자객에 의해 죽었다. 문사로서 국내외에 이름을 떨쳤고 문재로서 고려의 국익을 위해 기여했으며, 이색으로부터 성리학을 전수받아 유교의 학풍을 새롭게 하는 데도 기여했다. 도학적인 문학관을 가져 시의 효용을 교화 위주에 두었으며 "시는 억지로 생각하는 데서 나오는 것이 아니라 무심한 가운데 저절로 이루어진다."고 했다.

저서로 『도은집陶隱集』이 있다.

驪江여강

李穡

天地無涯生有涯 천지무애생유애
浩然歸志欲何之 호연귀지욕하지
驪江一曲山如畫 여강일곡산여화
半似丹靑半似詩 반사단청반사시

※ 한자풀이

谷 골 곡	溪谷계곡, 峽谷협곡, 幽谷유곡, 谷口곡구
俗 속될 속	世俗세속, 俗語속어, 風俗풍속, 俗談속담
浴 씻을 욕	沐浴목욕, 浴槽욕조, 海水浴해수욕
欲 하고자 할 욕	欲求욕구, 欲情욕정, 慾望욕망
慾 욕심, 탐낼 욕	慾心욕심, 過慾과욕, 貪慾탐욕
裕 남을, 넉넉할 유	餘裕여유, 裕福유복, 富裕부유
容 얼굴 용	容貌용모, 容態용태
넣을, 담을 용	容器용기, 容量용량
받아들일 용	包容포용, 許容허용, 容恕용서
溶 녹을 용	溶解용해, 溶液용액
熔 (불)녹일 용	鎔과 같은 글자
鎔 (쇠)녹일 용	鎔鑛爐용광로, 鎔巖용암, 鎔接용접

여강

이색

무한한 천지에 유한한 인생

호연한 뜻은 어디로 돌아가려나

여강 한 굽이 산은 그림 같은데

반은 단청 같고 반은 시 같구나

이색(1328~1396)

고려말의 성리학자. 여말 삼은三隱의 한 사람. 호는 목은牧隱, 시호는 문정 文靖. 어려서부터 총명하여 14세에 성균시에 합격하였다, 원나라에서 일을 보 던 아버지 이곡으로 인해 원나라의 국자감 생원이 되어 3년간 유학하였다.

1367년 성균대사성이 되었고 정몽주·김구용 등과 명륜당에서 학문을 강론 하고 정주程朱의 성리학을 일으켰다. 문하에 권근·김종직·변계량 등을 배출 하여 조선 성리학의 주류를 이루게 하였고 불교에도 조예造詣가 깊었다. 원나 라에서 공부하고 돌아와 주자 성리학을 바탕으로 정치사상을 전개하였다. 1388년 위화도 회군이 일어나자, 조민수曹敏修와 함께 창왕을 즉위시켜 고려 의 왕통을 지키는 데 성공하였으나, 조선의 건국을 막을 수는 없었다. 그는 조 선 건국 당시 우현보 등 56명과 함께 오지로 유배되어 1396년 여주 신륵사에 가는 도중에 죽었다. 여강은 신륵사 앞을 흐르는 남한강을 이른다.

訪金居士野居 방김거사야거

鄭道傳

秋陰漠漠四山空 추음막막사산공
落葉無聲滿地紅 낙엽무성만지홍
立馬溪橋問歸路 입마계교문귀로
不知身在畫圖中 부지신재화도중

※ 한자풀이

圖	그림, 그릴 도	略圖약도, 圖錄도록, 構圖구도
	꾀할 도	圖謀도모, 企圖기도
	책 도	圖書도서
비 鄙	더러울 비	鄙陋비루, 鄙劣비열, 野鄙야비
	시골 비	都鄙도비
	낮출 비	鄙見비견

馬	말 마	馬脚마각, 駿馬준마, 馬耳東風마이동풍
박 駁	얼룩말 박	駁馬박마
	논박할 박	論駁논박, 反駁반박
독 篤	심할 독	危篤위독
	도타울 독	敦篤돈독, 篤實독실, 篤志家독지가
매 罵	꾸짖을 매	罵倒매도, 唾罵타매
어 馭	말 부릴 어	馭馬어마, 馭下어하
치 馳	달릴 치	背馳배치, 相馳상치

김거사의 교외 거처를 찾아

정도전

가을 구름 아득하고 온 산은 비었는데

낙엽은 소리 없이 땅에 가득 붉구나

시내 다리에 말 세우고 가는 길 묻노라니

이 몸이 그림 속에 든 줄도 몰랐네

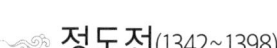
정도전(1342~1398)

고려말 조선 초의 문신, 자는 종지宗之, 호는 삼봉三峰. 문인이면서 무략武略을 겸비하였고 성격이 호방하여 혁명가적 소질을 지녔다. 조선조 개국과정에서 자신의 위치를 한나라 장량에 견주면서 한 고조가 장량을 이용한 것이 아니라 장량이 한 고조를 이용하였다고 하며 스스로 조선개국의 주역이라 믿었다. 저서로는 『삼봉집』과 『경국육전』 등이 있다. 어려서는 경상북도 영주에서 살다가 아버지를 따라 개경에 와서 유학을 배웠다. 1383년 함주 막사로 동북면도지휘사 이성계를 찾아가 세상사를 논하고 그와 인연을 맺었으며, 이성계가 조선 왕조를 열면서 조선의 여러 제도를 정비하여 조선 왕조 500년의 기틀을 다져놓았다. 왕자와 공신들이 나누어 맡고 있었던 군사 지휘권을 박탈하게 하고, 이방원을 전라도로, 이방번을 동북면으로 보내려 했으나, 1398년 8월 이방원 세력의 기습을 받아 살해되었다.

山居산거

李仁老

春去花猶在춘거화유재
天晴谷自陰천청곡자음
杜鵑啼白晝두견제백주
始覺卜居深시각복거심

※ 한자풀이

台	별이름 태	三台星삼태성
	대감 태	台鑑태감
	나 이	台德이덕
시 始	비로소 시	始發시발, 始終一貫시종일관, 始作시작
야 冶	쇠 불릴 야	冶金야금, 陶冶도야
	예쁠 야	冶郞야랑
치 治	다스릴 치	治國치국, 治山治水치산치수
	병 고칠 치	治療치료, 難治난치, 退治퇴치
태 殆	위태로울 태	危殆위태, 百戰不殆백전불태
	거의 태	殆半태반
胎	아이 밸 태	胎夢태몽, 胚胎배태, 胎氣태기
颱	태풍 태	颱風태풍
跆	발 태	跆拳道태권도
笞	볼기 칠 태	笞刑태형
怠	게으를 태	怠慢태만, 倦怠권태, 懶怠나태
書	글, 책 서	書齋서재, 淨書정서, 證書증서, 書誌서지, 良書양서
	편지 서	書簡서간, 書信서신, 書翰서한
주 晝	낮 주	白晝백주, 晝耕夜讀주경야독, 晝間주간
화 畫	그림 화	水墨畫수묵화, 畫板화판, 自畫自讚자화자찬
	그을, 꾀할 획(劃)	畫策획책, 畫順획순, 畫一획일
획 劃	그을, 꾀할 획	劃期的획기적, 劃定획정, 區劃整理구획정리

산에 살다

이인로

봄은 갔지만 꽃은 아직도 남아 있고

하늘은 맑지만 골짜기엔 그늘 드리워졌네

두견새 한낮에 지저귀니

비로소 깊은 산속에 살고 있음을 깨닫네

 이인로(1152~1220)

 본관은 인주, 호는 쌍명재雙明齋. 평장사 이오의 증손으로 문벌 귀족가문 출신이지만 일찍이 부모를 여의고, 중 요일 밑에서 자랐다. 1170년(의종24) 정중부의 난을 피해 승려가 되기도 했으나 환속하여 1180년(명종10)에 문과에 급제한 뒤 문극겸의 천거로 한림원에 보직되었다.

 그의 문학세계는 선명한 회화성을 통하여 탈속의 경지를 모색하였으며 문은 한유의 고문을, 시는 소식을 숭상하였다. 한국 최초의 시화집인『파한집破閑集』을 저술하여 한국문학사에 본격적인 비평문학의 길을 열었다.

 『고려사』「열전列傳」에서는 이인로에 대하여 "성미가 편벽偏僻하고 급하여 당시 사람들에게 거슬려서 크게 쓰이지 못하였다."라고 평하였다. 그 자신은 문학 역량에 대하여 자부自負가 컸으나 크게 쓰이지 못하여 이상과 현실 간에 거리가 있음을 보여준다.

楓嶽 풍악

成石璘

一萬二千峰 일만이천봉
高低自不同 고저자부동
君看日輪上 군간일륜상
何處最先紅 하처최선홍

※ 한자풀이

處 곳 처 　　　　處女처녀, 處所처소, 處地처지, 處身처신
　虔 정성스러울 건 　敬虔경건
　　　삼갈 건　　　虔肅건숙
　虐 사나울 학　　　殘虐잔학, 虐政학정, 虐待학대
　　　혹독할 학　　虐殺학살, 暴虐포학
　虎 범 호　　　　　虎相호상
　號 이름 호　　　　號名호명, 號令호령, 號外호외
　　　부르짖을 호
　遞 갈마들, 갈릴 체　郵遞우체, 遞減체감, 遞信체신
　戱 희롱할 희　　　遊戱유희, 戱弄희롱, 戱劇희극
　虛 빌 허　　　　　虛空허공, 虛脫허탈, 虛妄허망
　墟 터 허　　　　　廢墟폐허

금강산

성석린

일만이천봉이라
높낮이가 같지 않네
그대는 보았나 해 뜨면
어느 곳이 가장 먼저 붉어지는지

성석린(1338~1423)

    고려 말 조선 초의 문신. 본관은 창녕, 호는 독곡獨谷. 1384년 밀직제학으로 있을 때 왜구가 쳐들어오자 조전원수로서 양백연과 함께 출전하여 격퇴시켰다. 뒤에 옥사에 연좌되어 함안에 귀양 갔다가 조선 건국 후 다시 발탁되어 영의정을 지냈다. 저서로는 『독곡집』이 있다.
    이성계가 왕이 되기 전 잠저에 있을 때부터 성석린을 많이 아꼈다고 한다. 이 인연으로 나중에 이성계가 이방원에게 분노하여 고향에 가 있을 때, 태종의 명을 받들어 이성계를 설득해 도성으로 돌아오게 하는 데 큰 역할을 한다. 제1차 왕자의 난이 있은 뒤, 태조가 함흥으로 행차하여 머물렀는데 태종이 여러 사자使者를 보냈으나 감히 문안을 전달하지 못하였다. 이에 성석린이 태조의 옛 친구로서 조용히 인륜의 변고를 처리하는 도리를 진술하여 비로소 태조와 태종이 화합하게 되었다. 성석린의 동생이 성석용이고 성삼문은 성석용의 증손자이다.

風荷 풍하

崔瀣

淸晨纔罷浴 청신재파욕
臨鏡力不持 임경역부지
天然無限美 천연무한미
摠在未粧時 총재미장시

※ 한자풀이

免 면할 면　　　　　免稅 면세, 免疫 면역, 赦免 사면, 免除 면제
　 허가할 면　　　　免許 면허
　 내칠 면　　　　　罷免 파면
만 晩 늦을 만　　　　晩學 만학, 大器晩成 대기만성, 晩秋 만추
　 娩 낳을 만　　　　分娩 분만
　 挽 당길, 끌 만　　挽歌 만가, 挽回 만회
　　 말릴 만　　　　挽留 만류
　 輓 수레 끌 만　　推輓 추만
　　 애도할 만　　　輓歌 만가, 輓詞 만사
면 勉 근면할 면　　　勤勉 근면, 勉儉 면검, 勉學 면학, 勉勵 면려
　 冕 면류관 면　　　冕旒冠 면류관
　 俛 힘쓸 면　　　　俛焉 면언
　　 구부릴 부　　　俛首 부수
원 冤 원통할, 억울할 원　冤鬼 원귀, 冤痛 원통, 冤魂 원혼, 伸冤 신원
일 逸 달아날 일　　　逸走 일주, 逸脫 일탈
　　 숨을 일　　　　逸話 일화, 逸人 일인, 隱逸 은일
　　 뛰어날 일　　　逸品 일품
　　 편안할 일　　　安逸 안일
　　 허물 일　　　　逸德 일덕
재 纔 겨우, 비로소 재
참 讒 참소할 참　　　讒訴 참소, 讒言 참언
토 兎 토끼 토(兔)　　兎死狗烹 토사구팽, 兎影 토영, 狡兎 교토

바람 맞은 연꽃

최해

맑은 새벽 목욕 막 끝내고
거울 앞에 맥 빠지네
천연의 끝없는 아름다움
화장 않아 더 예쁘구나

최해 (1287~1340)

자는 언명보彦明父, 호는 졸옹拙翁. 1320년 원나라 과거에 급제하고 요양로 개주 판관을 지내다가 귀국하여 검교, 성균관 대사성이 되었다. 성격이 강직하고 타협을 몰라 조정에서 환영받지 못하고 말년에는 농사를 지으면서 저술에 힘썼다. 만년의 생활은 매우 곤궁했고 자식도 없었으므로 사후에는 친지들의 부의로 장사를 지냈다. 문집으로는 『졸고천백』이 있으며 고려 명현들의 시문을 가려 뽑은 『동인지문』은 일부만 전하고 있다. 『동문선』에 그의 시 34수가 전한다. 최치원의 후손이며 민부의랑을 지낸 최백윤의 아들이다. 40년간 교우관계를 유지했던 이제현은 최해를 자신이 평생 두렵게 여긴 상대였다고 하며 그의 문학적 탁월함을 높이 평가했다.

최해가 노년에 지은 「예산은자전猊山隱者傳」은 자서전이다. 책 속에서 "구차하게 편함을 추구하지 않고 떳떳이 우졸愚拙로 살아가겠노라"라고 한 것은 '졸옹拙翁'이라고 자호自號한 동기와 같다. 그가 남긴 문집 『졸고천백拙藁千百』 2책은 원본이 일본에 있으며 1930년 영인影印되었다.

小樂府 소악부

李齊賢

浣紗溪上傍垂楊완사계상방수양
執手論心白馬郎집수논심백마랑
縱有連簷三月雨종유연첨삼월우
指頭何忍洗餘香지두하인세여향

※ 한자풀이

元 으뜸 원   元首원수, 元氣원기
    처음, 시초 원   元年원년, 元旦원단
    근본 원   元素원소
    원나라 원

院 집 원   院長원장, 開院개원, 通院통원
完 완전할 완   完全완전, 完成완성, 完了완료
頑 완고할, 둔할 완   頑固완고, 頑強완강, 頑悖완패
莞 왕골 완   莞島완도
玩 놀, 사랑할 완   愛玩動物애완동물, 玩具완구, 玩賞완상
浣 씻을 완   上浣상완, 浣衣완의
阮 나라이름 완
    성 완

빨래터

이제현

수양버들 냇가에서 빨래를 하다가
백마 탄 도련님 손목 잡고 마음 터놓네
추녀에 퍼붓는 석 달 장맛비가 있은들
손끝에 배인 임의 내음 어찌 씻으리

이제현(1287~1367)

자는 중사(仲思), 호는 익재(益齋), 본관은 경주이다. 충선왕을 모시고 연경에서 조맹부 등 중국의 문인들과 교유하였다. 서촉에 사신으로 갔다가 돌아와 김해군에 봉하여졌다. 벼슬은 섭정승에 이르렀다. 조선 후기 남용익은 『호곡시화』에서 그의 시가 "색조의 정아(正雅)함으로는 마땅히 고려조의 으뜸"이라고 하였고, 임경은 『현호쇄담』에서 "안개비를 뱉고 삼키는 듯, 무지개가 어지럽게 변화하는 듯하다."고 그 시상의 아름다움을 높이 평가한 바 있다. 저서로는 『익재난고』와 『익재집』, 『역옹패설』 등이 전해진다.

1339년 충숙왕이 승하하자 충혜왕과 심양왕 왕고(王暠)가 왕위를 둘러싸고 경쟁하게 되었다. 당시 정승인 조적은 심양왕을 왕으로 내정한 상태였다. 충혜왕은 직접 조적의 군사를 물리치고 왕위에 올랐지만, 조적의 잔당들은 원나라에 충혜왕을 비난하는 글을 올렸고 결국 충혜왕은 원나라로 잡혀가 형부(刑部)에 갇히게 된다. 이제현은 이때 원나라로 직접 가서 사태를 수습하고 충혜왕을 복위시키는 데 큰 공을 세운다.

그는 이후 몇 년 동안 두문불출하면서 『역옹패설(櫟翁稗說)』을 저술하였다.

東郊値雨 동교치우

金克己

黃塵漠漠漲晴旻 황진막막창청민
擧扇西風厭汚人 거선서풍염오인
多謝晩雲能作雨 다사만운능작우
半途湔洗滿衣塵 반도전세만의진

※ 한자풀이

文 글월 문 　　　　文章문장, 文脈문맥, 作文작문, 文體문체
　 무늬 문 　　　　文樣문양
　 문서 문 　　　　文書문서
　 [문] 紋 무늬 문 　紋章문장, 指紋지문, 波紋파문
　 紊 문란할 문 　紊亂문란
　 汶 물이름 문
　 蚊 모기 문 　　見蚊拔劍견문발검
　 [민] 閔 성 민
　 憫 민망할 민 　憫惘민망
　 　 불쌍히 여길 민 　憐憫연민
　 旼 온화할 민 　이름자로 쓰임.
　 玟 옥돌 민(珉) 　이름자로 쓰임.
　 旻 하늘 민 　이름자로 쓰임.
　 [린] 吝 아낄 린 　吝嗇인색, 貪吝탐린, 吝惜인석

동교에서 비를 만나

김극기

누런 먼지 아득히 갠 하늘에 자욱하여
갈바람이 날 더럽히는 게 싫어 부채 드네
고마워라 늦은 구름이 비를 뿌려
도중에 찌든 먼지 깨끗이 씻어주는 게

김극기 (1150~1204?)

고려 명종 때 시인. 본관은 광주, 호는 노봉老峯. 어려서부터 문장에 뛰어나 문명이 높았다. 진사에 올랐으나 산림에서 시작詩作에 몰두하였다. 명종이 그의 재주를 아껴 한림을 시켰으나 얼마 되지 않아 죽었다. 문집이 150권이 있었다 하나 전하지 않고 『동국여지승람』에 그의 작품이 가장 많이 실려 있다. 농민 반란이 계속 일어나는 시대에 핍박받던 농민들의 모습을 꾸밈없이 노래한 농민시의 개척자이다. 그의 시는 마치 직접 농사짓는 사람이 쓴 것 같은 내용으로 가득 차 있으며, 관념이나 경치를 노래하지 않고 농민의 어려움을 생생하게 나타낸 작품을 많이 썼다.

이인로는 김극기의 문집 『김거사집金居士集』의 서문에서 김극기가 난새나 봉황 같은 인물이었다고 하면서, 벼슬을 하지 않고 고고하게 지낸 것을 칭찬했다. 도성에 나타나지 않으려 하고 세력가들에게 빌붙지 않으며, 동지와 함께 산림에 숨어 노래했으므로 문인으로서 명망은 높았으나 벼슬길은 신통치 않았다.

煮茶자다

慧諶

久坐成勞永夜中구좌성로영야중
煮茶偏感惠無窮자다편감혜무궁
一盃卷却昏雲盡일배권각혼운진
徹骨淸寒萬慮空철골청한만려공

※ 한자풀이

咸　다 함　　　　　　咸集함집, 咸告함고, 咸興差使함흥차사
㉮ 減 덜 감　　　　　加減가감, 減少감소, 減價감가, 減縮감축, 減速감속
　　感 느낄 감　　　　感動감동, 感情감정, 感銘감명, 感之德之감지덕지
　　憾 섭섭할 감　　　遺憾유감
　　撼 흔들 감　　　　撼天動地감천동지
㉯ 箴 바늘 잠　　　　箴石잠석
　　　경계할 잠　　　箴言잠언, 箴戒잠계
㉰ 鍼 침 침　　　　　鍼灸침구, 鍼術침술
㉱ 喊 소리칠 함　　　喊聲함성, 高喊고함
　　緘 봉할 함　　　　緘口令함구령, 封緘봉함, 喊秘함비
　　鹹 짤 함　　　　　海鹹河淡해함하담

차를 달이다

혜심

깊은 밤 오래도록 앉아 일하다가

차 달이며 무궁한 은혜 느끼네

한잔의 차로 어두운 생각 밀어내고

맑은 한기 뼈에 사무쳐 온갖 시름 사라지네

혜심(1178~1234)

지눌의 뒤를 이어 수선사 제2세로서 간화선看話禪을 크게 떨쳤다. 간화선은 화두를 근거로 공부하는 선풍을 말하는데, 중국 당나라 말에 시작되어 우리나라에는 지눌에 의해 처음 전해졌다. 혜심은 선교융회의 입장과는 달리 한결같이 간화선만을 주장해 "망상妄想을 버리고자 하면 간화만 한 것이 없다."라고 했다. 1201년 지눌이 입적하자 조계종의 2세가 되었다. 시에도 조예造詣가 깊어 뛰어난 많은 작품을 남겼다. 저서에 『선문강요』, 『선문염송집』, 『금강경찬』, 『심요』 등이 있다. 고종이 '진각국사眞覺國師'라는 시호를 내리고 부도浮屠의 이름을 '원소지탑圓炤之塔'이라 사액하였다. 부도가 송광사 광원암 북쪽에 있고 이규보가 찬한 진각국사비(보물 제313호)가 전라남도 강진군 성전면 월남리 월남사지에 있다.

濯足탁족

慧諶

臨溪濯我足 임계탁아족
看山淸我目 간산청아목
不夢閑榮辱 불몽한영욕
此外更何求 차외갱하구

발씻기

혜심

냇가에서 내 발을 씻고
산을 보며 내 눈 맑히네
영욕이야 꿈꾸지 않으니
이 밖에 더 무엇을 구하리

春興춘흥

鄭夢周

春雨細不滴춘우세부적

夜中微有聲야중미유성

雪盡南溪漲설진남계창

草芽多少生초아다소생

※ 한자풀이

滴	물방울 적	硯滴연적, 餘滴여적, 滴水적수
摘	딸 적	指摘지적, 摘要적요, 摘發적발
敵	대적할 적	敵手적수, 對敵대적, 匹敵필적, 敵陣적진
適	마땅할 적	適材適所적재적소, 適切적절, 適格적격
	갈 적	隨友適江南수우적강남
嫡	정실, 본마누라 적	嫡室적실, 嫡庶差別적서차별, 嫡出적출
謫	꾸짖을 적	
	귀양 보낼 적	謫所적소, 謫居적거, 謫仙적선
周	두루 주	用意周到용의주도, 周密주밀, 周旋주선, 周知주지
	둘레 주	周圍주위
調	고를 조	調律조율, 調査조사, 強調강조, 調和조화
彫	새길 조	浮彫부조, 彫刻조각, 彫琢조탁, 彫像조상
	시들 조	彫落조락
稠	빽빽할 조	奧密稠密오밀조밀, 稠人廣座조인광좌
	많을 조	粘稠점조
凋	시들 조	凋落조락, 凋謝조사, 零凋영조, 枯凋고조
週	돌 주	週期주기, 週年주년
	주일 주	週刊주간, 週末주말, 週番주번

봄날의 감흥

정몽주

봄비 가늘어 방울 짓지 못하더니
밤중에 작은 빗소리 들리네
눈이 녹아 남쪽 개울 불어나니
풀의 새싹 얼마나 돋았을까

정몽주(1337~1392)

　본관은 연일, 자는 달가達可, 호는 포은圃隱. 여말 삼은의 한 사람. 고려 말 이성계를 추대하려는 음모가 있음을 알고 그를 제거하려 하였으나, 이를 눈치챈 이방원에 의해 선죽교에서 격살당하였다. 고려 말 여진과 왜구를 물리치는 전투에 참여하였고, 외교적 사명을 띠고 명나라와 일본을 왕래하였다. 일본에 가서는 왜구에 붙잡혀 간 고려 백성 1백 명을 귀국시키기도 하였다.
　성리학에 있어서만 아니라 시문과 서화에도 능하여 많은 시문이 전해진다. 문집으로는 『포은집』이 전해진다.
　대사성 이색은 그를 높이 여겨 '동방 이학理學의 시조'라 하였다. 정치적으로도 그는 고려 말의 어려운 시기에 정승의 자리에 올라 아무리 큰 일이 나더라도 조용히 사리에 맞게 처결하였다는 평을 받고 있다.

睡起 수기

徐居正

簾影深深轉 염영심심전
荷香續續來 하향속속래
夢回高枕上 몽회고침상
桐葉雨聲催 동엽우성최

※ 한자풀이

專 오로지 전
　　　마음대로 할 전
　　　專攻전공, 專念전념, 專屬전속, 專貰전세, 專擔전담
　　　專制전제, 專橫전횡

단 團 둥글 단
　　　　모일 단
　　　　團扇단선, 團欒단란
　　　　團員단원, 團長단장, 團體단체, 團結단결

전 傳 전할 전
　　　　傳染전염, 宣傳선전, 傳達전달, 傳承전승

轉 구를, 옮길, 바꿀 전
　　　責任轉嫁책임전가, 逆轉勝역전승, 轉勤전근,
　　　轉落전락, 輾轉反側전전반측

잠 깨어

서거정

발그림자 깊고 깊이 옮겨가니
연꽃 향기 끊임없이 풍겨오네
높은 베개 위에서 잠을 깨니
오동잎에 빗소리 요란하네

서거정(1420~1488)

조선 전기의 대표적인 지식인으로 45년간 세종·문종·단종·세조·예종·성종의 여섯 임금을 모셨으며, 신흥 왕조의 기틀을 잡고 문풍을 일으키는 데 크게 기여하였다. 원만한 성품의 소유자로 단종 폐위廢位와 사육신의 희생犧牲 등의 어지러운 현실 속에서도 왕을 섬기고 자신의 직책을 지키는 것을 직분으로 삼아 조정을 떠나지 않았다. 당대의 혹독한 비평가였던 김시습과도 미묘한 친분 관계를 맺은 것으로 유명하다. 문장으로 당대에 으뜸이었다. 23년 동안 대제학의 벼슬을 지냈으며 수많은 금석문金石文을 저술하였다. 저서에 『동인시화』 등이 있고, 문집으로는 『사가집』이 있다.

당대 최고를 자랑하던 문장가였지만, 권력을 찬탈한 쿠데타 정권의 문화 정책에 공적을 세운 터라 객관적 평가를 받지 못했다. 세조의 왕위 찬탈簒奪을 비난하며 전국을 떠돌아다닌 김시습에게 종종 봉변을 당한 일화가 『명신록名臣錄』에 전해진다. 70여 년의 생애 동안 쌓은 권세와 업적이 하늘을 찌르던 그도 말년에는 은퇴하여 세상을 멀리한 채 한적한 곳에 살고 싶어 했다. 광나루를 오갈 때마다 그 아름다운 풍경을 시로 읊으며 강호를 꿈꾸곤 했다.

夢中作 몽중작

金時習

一間茅屋雨蕭蕭 일간모옥우소소
春半如秋意寂寥 춘반여추의적료
俗客不來山鳥語 속객불래산조어
箇中淸味倩誰描 개중청미청수묘

※ 한자풀이

未 아닐 미   未來미래, 未決미결, 未遂미수, 未安미안
 妹 손아래누이 매   姉妹자매
 寐 잘 매   寤寐不忘오매불망, 夙興夜寐숙흥야매
 昧 어두울 매   曖昧模糊애매모호, 三昧境삼매경
 味 맛 미   味覺미각, 妙味묘미, 眞味진미, 興味흥미

꿈속에서

김시습

한 칸 초가에 우수수 비 내리니
봄이 한창인데 가을처럼 마음 쓸쓸하고
세상 손님 오지 않고 산새만 지저귀는데
이 맑은 맛을 누구에게 부탁하여 그려낼까

김시습(1435~1493)

조선 초기 생육신 중의 한 사람, 자는 열경悅卿, 호는 매월당梅月堂이다. 5세 때 이미 신동이라는 말을 들었을 정도였으나, 수양대군의 단종 폐위 소식을 듣고는 3일을 통곡한 후에 책을 모두 불사르고 중이 되어 방랑 생활을 하였다. 사람들은 그를 절의를 지킨 생육신의 한 사람으로 꼽기도 하고, 선비 출신이면서 승려가 되어 기행을 벌인 기인奇人이라 하기도 하고, 또 남녀간의 사랑을 주제로 한 소설『금오신화』를 지은 작가라고 말한다. 그런가 하면 농민의 고통을 대변한 저항의 시인으로, 철저하게 기일원론을 주창한 성리학자로 평하기도 한다.

사육신이 처형되던 날 밤, 온 장안 사람들이 세조의 전제專制에 벌벌 떨고 있을 때에 거리에서 거열형車裂刑에 처해진 사육신의 시신을 바랑에 주섬주섬 담아다가 노량진 가에 임시 매장한 사람이 바로 김시습이었다고 전해진다.

10대에는 학업에 전념하였고, 20대는 산천과 벗하며 주유周遊하였고, 30대에는 정사수도로 고독한 영혼을 이끌었고, 40대에는 가증스러운 현실을 냉철히 비판하고 행동으로 항거하다가, 50대에 이르러서는 초연히 세상을 등지고 마지막으로 찾아든 곳이 충청도 부여의 무량사였다. 법호는 설잠雪岑이고, 무량사에서 1493년(성종24) 59세 나이로 병사하였다.

乍晴乍雨 사청사우

金時習

乍晴乍雨雨還晴 사청사우우환청
天道猶然況世情 천도유연황세정
譽我便是還毀我 예아변시환훼아
逃名却自爲求名 도명각자위구명
花開花謝春何管 화개화사춘하관
雲去雲來山不爭 운거운래산부쟁
寄語世人須記認 기어세인수기인
取歡無處得平生 취환무처득평생

맑았다 갰다

김시습

잠시 맑다가 비 내리고 비 내리다 다시 개니
하늘의 이치도 이러할진데 세상 인심이야
나를 칭찬하다가 이내 나를 헐뜯고
명예를 마다더니 도리어 명예를 구하네
꽃이 피고 지는 것에 봄이 무슨 상관을 하며
구름이 오고 가는 것을 산이 따지겠는가
세상 사람에게 말하노니 반드시 새겨둘 것은
기쁨을 취할 곳은 평생토록 어디에도 없다네

北征歌 북정가

南怡

白頭山石磨刀盡 백두산석마도진
豆滿江水飮馬無 두만강수음마무
男兒二十未平國 남아이십미평국
後世誰稱大丈夫 후세수칭대장부

※ 한자풀이

刀 칼 도		單刀直入 단도직입, 刀劍 도검, 執刀 집도
류 劉 성 류		
쇄 刷 인쇄할 쇄		印刷 인쇄
	쓸 쇄	刷新 쇄신
예 刈 풀벨 예		刈草器 예초기
인 刃 칼날 인		自刃 자인, 刃傷 인상
忍 참을 인		忍耐 인내, 忍苦 인고, 目不忍見 목불인견
認 알, 허락할 인		默認 묵인, 認定 인정, 認識 인식, 否認 부인, 認容 인용, 認可 인가, 承認 승인
靭 질길 인		靭帶 인대, 强靭 강인
仞 길 인		千仞絶壁 천인절벽
절 切 끊을 절		切斷 절단, 切開 절개, 品切 품절
	갈 절	切磋琢磨 절차탁마, 切齒腐心 절치부심
	정성스러울 절	親切 친절, 懇切 간절
	잘 맞을 절	適切 적절
	엄할, 심할 절	切迫 절박, 切實 절실
	모두 체	一切 일체
초 初 처음 초		初志一貫 초지일관, 初期 초기, 初盤 초반, 最初 최초

북정가

남이

백두산 돌은 칼을 갈아 다 없애고
두만강 물은 말을 먹여 없앤다
남아가 스물에 나라를 평정하지 못하면
후세에 누가 대장부라 부르리오

남이(1441~1468)

　본관은 의령. 세조 3년, 17세에 무과에 급제, 세조의 총애를 받았다. 의산군 남휘의 손자이고, 조모인 정선공주는 태종의 딸이며, 좌의정 권람의 사위다. 이시애의 반란이 일어나자 출전하여 용맹을 떨쳤고 북정서토北征西討의 큰 공으로 26세에 병조판서에 이르렀다.
　이 시는 이시애의 난 때 변경에서 지은 것인데, 이 시가 간접적인 원인이 되어 유자광의 모함을 받아 참형을 받았다. 당시 조정에서는 외척이 병권을 쥐어서는 안 된다는 말들이 있었고, 일설에 의하면 미평국未平國을 미득국未得國으로 고쳐서 '나라를 평정하지 못하면'을 '나라를 얻지 못하면'으로 해석하여 모함을 받았다고 한다.
　이 시의 다른 제목은 피화시被禍詩이다. 예종은 원래 남이를 좋아하지 않았다. 무예가 뛰어나고 성격이 강직할 뿐 아니라 아버지 세조의 사랑을 독차지하고 있던 그에 비하면 예종은 정사 처리도 미숙하고 세조의 신뢰도 약해서 남이를 시기하고 질투하였다. 예종이 즉위하고 어떤 자가 남이가 공주와 간음하였다고 날조하여 곤욕을 치루었는데, 그해 숙직을 서면서 혜성이 나타난 것을 보고 남이가 "묵은 것을 없애고 새 것이 들어설 징조"라고 했다. 이것을 엿들은 유자광이 그가 영의정 강순 등과 역모를 꾸민다고 모함한 것이다. 1468년 저자거리에서 효수梟首당했고, 그의 모친 역시 상중에 고기를 먹고, 아들인 그와 간통했다는 죄목으로 능지처사陵遲處死되었다.

受刑詩 수형시

成三問

擊鼓催人命 격고최인명
西風日落斜 서풍일락사
黃泉無客店 황천무객점
今夜宿誰家 금야숙수가

※ 한자풀이

各 각각 각　　　各樣各色 각양각색, 各種 각종, 各個戰鬪 각개전투
　閣 집 각　　　組閣 조각, 樓閣 누각, 閣僚 각료, 內閣 내각
　恪 삼갈 각　　　恪別 각별
　咯 토할 각　　　咯血 각혈
客 客 손, 나그네 객　　　顧客 고객, 政客 정객, 觀客 관객, 客觀的 객관적
格 格 격식, 인품 격　　　人格 인격, 格式 격식, 格調 격조, 規格 규격
　骼 골격 격　　　骨骼 골격
落 落 떨어질 락　　　落榜 낙방, 脫落 탈락, 墜落 추락, 落心 낙심
　絡 이을 락　　　連絡 연락, 脈絡 맥락, 籠絡 농락
　洛 물이름 락　　　涇洛 경락
　烙 지질 락　　　烙印 낙인
　酪 유즙 락　　　酪農業 낙농업
　　술 락　　　酪母 낙모
略 略 간략할 략　　　簡略 간략, 省略 생략, 大略 대략
　　꾀 략　　　謀略 모략, 計略 계략
　　노략질할 략　　　攻略 공략, 侵略 침략
　　다스릴 략　　　經略 경략
路 路 길 로　　　路線 노선, 路毒 노독, 經路 경로, 路程 노정, 進路 진로
　露 이슬, 드러낼 로　　　草露 초로, 露宿 노숙, 露骨 노골, 露出 노출, 綻露 탄로
　鷺 해오라기 로　　　白鷺 백로
賂 賂 뇌물 뢰　　　賂物 뇌물, 收賂 수뢰, 賄賂 회뢰
額 額 이마, 액수, 현판 액　　　額面 액면, 金額 금액, 總額 총액, 額子 액자

형벌을 받다

성삼문

북소리 나의 목숨 재촉하는데
해는 기울고 서풍이 부는구나
저승에는 여인숙도 없다는데
오늘밤은 뉘 집에서 묵어 가랴

성삼문(1418~1456)

조선 단종 때의 충신, 학자, 사육신의 한 사람. 자는 근보謹甫, 호는 매죽헌 梅竹軒. 1438년 생원으로서 문과에 급제하고, 1447년 중시에 장원으로 급제하였다.

1455년 세조가 단종을 내쫓고 왕위에 오르니 예방승지로 있다가 국새를 안고 통곡하였다. 그 이듬해 아버지 성승·박팽년 등과 같이 상왕의 복위를 꾀하다가 발각되어 가혹한 고문 끝에 박팽년·이개·하위지·유성원·유응부 등과 함께 한강 가에서 처형되었다. 그는 모진 고문을 당했으나 조금도 굴하지 않으면서 세조의 불의를 나무라고 또한 신숙주에게는 세종과 문종의 당부를 배신한 불충不忠을 크게 꾸짖었다. 격노한 세조가 무사를 시켜 달군 쇠로 그의 다리를 태우고 팔을 잘라내게 했으나, 그는 안색도 변하지 않았다. 그러면서도 그 사건에 연루되어 문초를 받고 있던 강희안을 변호해주어 죽음을 면하게 하였다.

그달 8일 아버지 성승과 이개·하위지·박중림·김문기·유응부·박쟁 등과 함께 능지처사를 당하였고, 그때 동생 삼빙·삼고·삼성과 아들 맹첨·맹종·맹년 및 갓난아이까지 모두 죽임을 당해 혈손이 끊겼다.

靑山청산

李彥迪

卜築雲泉歲月深복축운천세월심
手栽松竹摠成林수재송죽총성림
煙霞朝暮多新態연하조모다신태
唯有靑山無古今유유청산무고금

※ 한자풀이

古 옛 고		고금古今, 古宮고궁, 回古회고, 古蹟고적
	故 연고 고	緣故연고, 故鄕고향
	죽을 고	故人고인
	옛 고	竹馬故友죽마고우, 故事고사
	짐짓 고	故意고의
	일, 사고 고	事故사고, 變故변고, 無故무고
	固 굳을 고	堅固견고, 固體고체, 固有고유, 頑固완고
	苦 괴로울 고	苦悶고민, 苦痛고통, 苦煩고번, 苦杯고배, 苦戰고전
	姑 시어머니, 고모 고	姑婦고부, 姑母고모
	잠시 고	因循姑息인순고식
	枯 마를 고	枯渴고갈, 榮枯영고, 枯死고사, 枯葉劑고엽제
	痼 고질 고	痼疾病고질병
	錮 땜질할, 가둘 고	禁錮刑금고형
	個 낱 개(箇)	個性개성, 個人개인, 別個별개, 各個각개
	做 지을 주	看做간주, 做作주작
	涸 마를 학	涸渴학갈
	祜 복 호	祜休호휴
	怙 믿을 호	怙勢호세

푸른 산

이언적

아름다운 산수에 집을 짓고 세월이 깊어가니

손수 심은 솔과 대가 온통 숲을 이뤘구나

아침저녁 안개노을 새 자태 다양한데

다만 저 푸른 산은 예나 지금이나 다름없네

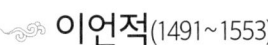
이언적(1491~1553)

조선 중기 문신·학자. 본관은 여주. 자는 복고復古, 호는 회재晦齋. 1531년 사간으로 있으면서 김안로의 중임을 반대하다 파직되어 경주 자옥산에 들어가 성리학 연구에 전념했다. 1547년 양재역 벽서 사건에 무고하게 연루되어 강계로 유배되어 그곳에서 죽었다.

조선조 유학, 곧 성리학의 정립에 선구적인 인물로서 유학의 방향과 성격을 밝히는 데 중요한 구실을 하였다. 저서에 『회재집』이 있다. 그는 주희가 『대학』과 『중용』을 표출시킨 의도를 계승하면서도 『대학』과 『중용』의 정신을 수기修己와 치인治人의 양면으로 파악함으로써 도학의 통치원리를 선명하게 제시하는 창의적 견해를 가지고 있었다.

그가 왕에게 올렸던 「일강십목소一綱十目疏」와 「진수팔규進修八規」는 군주사회의 통치원리를 제시한 것이다. 여기에서는 하늘의 도리에 순응하고 백성의 마음을 바로잡으며 나라의 근본을 배양해야 한다는 왕도정치의 기본 이념을 추구했으며, 도학적 경세론의 압축된 체계를 제시하였다.

또한 1517년 저술한 「오잠五箴」에서도 하늘을 두려워함(畏天), 마음을 배양함(養心), 공경하는 마음(敬心), 허물을 고침(改過), 의지를 독실하게 함(篤志)을 강조하였다.

題路傍松제노방송

金淨

海風吹去悲聲壯해풍취거비성장
山月高來瘦影疏산월고래수영소
賴有直根泉下到뇌유직근천하도
雪霜標格未全除설상표격미전제

※ 한자풀이

風　바람 풍　　　　風前燈火풍전등화, 風速풍속
　　풍속 풍　　　　風俗풍속, 風紀풍기
　　경치, 모습 풍　風致풍치, 威風위풍
　　병이름 풍　　　中風중풍
람 嵐 산기운 람　　青嵐청람
삽 颯 바람소리 삽　颯爽삽상
풍 楓 단풍 풍　　　丹楓단풍, 楓嶽山풍악산, 楓葉풍엽
　　諷 욀, 빗대어 말할 풍　諷刺풍자, 諷諭풍유, 諷諫풍간
　　瘋 두풍 풍　　　瘋癲풍전

길가 소나무

김정

바닷바람 불면 슬픈 소리 거세지고
산 달 높이 뜨자 야윈 그림자 성글구나
곧은 뿌리 샘 아래로 뿌리 박은 덕분에
눈서리도 높은 기상 어쩌지 못하네

김정(1468~1521)

조선 전기의 문신, 자는 원충元冲, 호는 충암冲菴이다. 왕도정치를 실현하기 위해 미신타파와 향약의 실시, 정국공신의 위훈 삭제 등과 같은 개혁을 시도하다가 기묘사화로 제주도에 귀양 갔을 때『제주풍토록』을 썼는데, 각 지방의 생활 풍속을 경시했던 이전의 기행문학과는 달리 제주도의 독특한 풍물風物을 자세히 기록했다.

1507년 증광문과에 급제했으며 여러 관직을 거쳐 1514년 순창 군수가 되었다. 중종의 왕후인 신씨의 복위復位를 주장하다가 왕의 노여움을 사서 보은에 유배되었다. 이후 기묘사화로 제주도에 유배되었다가, 다시 신사무옥에 연루되어 사약을 먹고 죽었다. 1545년에 복관되었고, 1646년 영의정에 추증되었다. 저서에『충암집』이 있다.

偶題 우제

柳方善

結茅仍補屋 결모잉보옥

種竹故爲籬 종죽고위리

多少山中味 다소산중미

年年獨自知 연년독자지

※ 한자풀이

自　스스로 자　　　　自嘲자조, 自信感자신감, 自矜心자긍심, 自由자유
비 鼻　코 비　　　　耳鼻咽喉科이비인후과, 鼻笑비소, 鼻祖비조
취 臭　냄새 취　　　　惡臭악취, 口尙乳臭구상유취, 口臭구취
후 嗅　냄새 맡을 후　　嗅覺후각

우연히 짓다

유방선

띠를 엮어 지붕 깁고

대를 심어 울타리 삼네

산에 사는 얼마간의 맛을

해마다 혼자만 알게 되네

유방선(1388~1443)

조선 초기의 서산 출신 문인이자 학자. 자는 자계子繼, 호는 태재泰齋. 권근·변계량 등에게서 배워 문명을 떨쳤다. 아버지는 유기이고, 어머니는 한산 이씨로 지밀직사사를 지낸 이종덕의 딸이다. 아들은 윤경과 윤겸이다. 아버지 유기는 태종이 제2차 왕자의 난을 평정하고 보위에 오르는 데 협력한 공으로 1401년 익대좌명공신 3등에 책봉된 후 서령군에 봉작되었다. 그러나 태종의 처남들인 민무구·민무질의 옥사에 연루되어 해남으로 유배되었다가 사사되었다.

아버지의 죄로 유방선도 오랫동안 귀양살이를 하였다. 만년에는 『주역』에 몰두하였고, 문하에 서거정·이보흠 등의 학자를 배출하였다. 산수화를 잘하였고 저서에 『태재집』이 있다. 19년 동안 귀양살이를 했다. 유배 중 학행이 뛰어났다고 주부主簿에 천거되었으나 사양했고, 세종은 집현전 학사를 보내 스승 대우를 하는 등 각별히 아끼고 등용하려 했으나, 병에 걸려 뜻을 펴지 못하고 죽었다. 유배 생활 동안에 후진 양성에 힘써 서거정·이보흠 등 걸출한 학자를 배출했으며 이안유·조상치·이취·최원도 등 경학에 밝은 선비들과 교유하였다.

衣敝의폐

崔演

慈母臨行密密縫 자모임행밀밀봉
念寒猶着絮重重 염한유착서중중
手中新線今皆綻 수중신선금개탄
戲舞何時綵服穠 희무하시채복농

※ 한자풀이

寺 절 사　　　　　山寺산사, 寺院사원, 寺田사전
　내시 시(侍)　　內寺내시
　관청 시　　　　寺印시인
　待 기다릴 대　　待令대령, 待機대기, 期待기대
　　 대할 대　　　待遇대우, 待接대접, 冷待냉대
　等 무리 등　　　吾等오등
　　 같을 등　　　等分등분, 等身佛등신불, 均等균등
　　 등급 등　　　等級등급, 降等강등
　時 때 시　　　　時刻시각, 時機尙早시기상조, 時局시국, 時急시급
　詩 글귀, 시 시　詩想시상, 詩碑시비, 詩仙시선
　侍 모실 시　　　侍女시녀, 侍下시하, 侍衛시위
　恃 믿을 시　　　恃賴시뢰
　持 가질 지　　　持論지론, 持病지병, 持分지분
　　 버틸, 견딜 지 持久力지구력, 支持지지, 維持유지
　峙 산 우뚝할 치　對峙대치
　痔 치질 치　　　痔疾치질, 痔漏치루
　特 특별할 특　　奇特기특, 特別특별, 特殊특수, 特技특기

해진 옷

최연

길 떠날 제 어머님이 촘촘히 꿰메시고
추울까 넣어주신 솜은 두툼하였지
손수 기우신 솔기들 이제 모두 터졌는데
언제나 색동옷 입고 춤추며 기쁘게 해드릴지

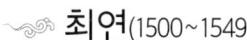 **최연**(1500~1549)

본관은 강릉, 자는 연지演之, 호는 간재艮齋. 아버지는 이조판서 최세건이며 어머니는 김세량의 딸이다. 1519년(중종14) 사마시를 거쳐 1525년 문과에 을과로 급제하여 예문관 검열이 되었다. 1531년 김안로의 전횡을 고변하여 홍문관 수찬에 올랐다. 1537년 장령이 되었고 이듬해에는 문장이 능하다고 하여 명나라의 사신을 맞는 원접사의 종사관으로 활약하였다. 이해에 전국적으로 흉년이 들자 충청도 어사가 되어 농민을 위무慰撫하였다. 저서로 『간재집』이 있다.

天王峯 천왕봉

曹植

請看千石鐘 청간천석종

非大扣無聲 비대고무성

萬古天王峯 만고천왕봉

天鳴猶不鳴 천명불유명

※ 한자풀이

目 눈 목	目算목산, 目擊목격, 眼目안목, 目測목측
간 看 볼 간	看護간호, 走馬看山주마간산, 看過간과, 看病간병
고 睾 불알 고	睾丸고환
모 冒 무릅쓸, 범할 모	冒險모험, 冒瀆모독, 冒頭모두
帽 모자 모	帽子모자
미 眉 눈썹 미	眉目秀麗미목수려, 眉間미간, 焦眉초미
媚 아첨할 미	媚笑미소, 媚態미태
아름다울 미	風光明媚풍광명미
성 省 살필 성	省墓성묘, 昏定晨省혼정신성, 反省반성, 省察성찰
덜 생	省略생략
정 鼎 솥 정	鼎立정립:솥의 세 다리처럼 세 가지 세력이 맞섬
착 着 붙을 착	着想착상, 沈着침착
입을 착	着服착복
이를 착	到着도착
시작할 착	着手착수

천왕봉

조식

천 석들이 큰 종을 보게나
큰 공이 아니면 두드려도 소리 없네
만고에 변함 없는 천왕봉은
하늘이 울어도 울지 않으리

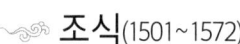
조식(1501~1572)

　본관은 창녕, 자는 건중健中, 호는 남명南冥, 37세에 어머니의 권유로 과거에 응시했다가 낙방하자 평생 벼슬에 뜻을 두지 않기로 작심했다. 그에 대한 일화는 많지만, 명종에게 올린「단성소丹城疏」에서 양반관리의 부정부패와 지방 서리들의 횡포를 지적하고 획기적인 변화를 일으켜 백성을 위한 정치를 펼 것을 주장하였고, 대비 문정왕후가 생각은 깊으시나 깊은 궁궐 속의 한 과부에 불과하고, 명종은 선왕의 대를 이은 외로운 한 아드님에 불과하다는 극언도 서슴지 않았다. 평생 재야의 비판적인 지식인으로 일관했다. 저서에는『남명집』등이 있다.

　조식이 살았던 시기는 왕실의 외가에 의한 훈척 정치의 폐해가 극심한 때였다. 조식은 두 차례의 사화를 지켜보면서 훈척정치의 폐해를 직접 체험했다. 기묘사화 때는 숙부가 죽고 아버지는 좌천되었으며, 을사사화 때는 많은 친구들이 희생당했다. 이러한 정치적 상황에서 그는 벼슬길에 나가는 것을 포기하고 평생을 산림처사로 자처하면서 오로지 학문과 제자 양성에만 힘썼다.

示友人 시우인

林億齡

古寺門前又送春 고사문전우송춘
殘花隨雨點衣頻 잔화수우점의빈
歸來滿袖淸香在 귀래만수청향재
無數山蜂遠趁人 무수산봉원진인

※ 한자풀이

走　달릴 주　　　　疾走질주, 走狗주구, 走破주파, 滑走路활주로
　　　　　　　　　　走馬燈주마등, 走馬看山주마간산, 走馬加鞭주마가편

　徒 무리 도　　　徒黨도당, 學徒학도, 暴徒폭도
　　걸어다닐 도　　徒步도보
　　맨손 도　　　　徒手體操도수체조
　　헛될 도　　　　徒勞도로, 徒食도식
　　형벌 도　　　　徒刑도형
　徙 옮길 사　　　移徙이사, 遷徙천사
　　귀양 보낼 사　徙邊사변
　趁 좇을 진

친구에게 보이다

임억령

옛 절에서 또 봄을 보내노라니
비를 따라 지는 꽃잎 점점이 옷에 붙네
돌아오는 길 소매 가득 맑은 향기가 남아
수많은 산벌들이 멀리서 뒤따라오네

 임억령(1496~1568)

　본관은 선산善山, 자는 대수大樹, 호는 석천石川이다. 조선 중기의 이름난 시인으로 개성적인 문학세계를 구현하였다. 박상의 문인으로 1545년 을사사화 때 금산군수로 있었는데 동생 임백령이 소윤 윤원형 일파에 가담하여 대윤의 많은 선비들을 추방하자, 자책을 느끼고 벼슬을 사퇴하였다. 그 뒤 임백령이 원종공신의 녹권을 보내오자 격분하여 불태우고 해남에 은거하였다.
　그는 천성적으로 도량이 넓고 청렴결백하며, 시문을 좋아하여 사장詞章에 탁월하였으므로 3천여 수에 달하는 시문을 남겼으며 호남의 사종詞宗으로 칭송되었다. 애민시, 서사시 등 장편시를 지어서 시대적 모순矛盾과 불합리不合理를 개혁하고 시정하고자 하였고, 성산시단星山詩壇을 무대로 여러 인물과 교류하였다. 성수침, 김인후, 박상, 임제, 송순, 양산보, 기대승, 백광훈 등과 깊이 교유하였다. 담양 식영정 계곡에 살면서 정철, 고경명, 김성원과 더불어 식영정 사선四仙으로 불렸다. 안방준, 김인후와 더불어 호남삼고湖南三高로 불리기도 했다. 문집에는 『석천집石川集』이 있다.

山中 산중

李珥

採藥忽迷路 채약홀미로
千峯秋葉裏 천봉추엽리
山僧汲水歸 산승급수귀
林末茶烟起 임말다연기

※ 한자풀이

耳 귀 이	耳順이순, 馬耳東風마이동풍, 耳目口鼻이목구비
련 聯 짝, 잇닿을 련	聯想연상, 聯合연합, 聯盟연맹, 聯邦연방
문 聞 들을 문	見聞견문, 艶聞염문, 風聞풍문, 後聞후문
맡을 문	聞香문향
섭 攝 다스릴 섭	攝理섭리
잡을 섭	包攝포섭
섭생할 섭	攝生섭생, 攝取섭취
대신할 섭	攝政섭정
성 聖 성인 성	聖恩성은, 聖歌성가, 聖餐성찬, 聖堂성당
용 茸 무성할 용	茸茸용용, 蒙茸몽용
녹용 용	鹿茸녹용
이 珥 귀고리 이	李珥이이, 玉珥옥이, 珠珥주이
餌 미끼, 먹이 이	食餌療法식이요법, 釣餌조이, 好餌호이
총 聰 총명할, 귀 밝을 총	聰氣총기, 聰明총명, 聰敏총민
치 恥 부끄러워할 치(耻)	恥辱치욕, 廉恥不顧염치불고, 國恥국치

산속에서

이이

약초 캐다가 문득 길을 잃었는데
온 산속이 단풍으로 물들었네
스님이 물 길어 돌아가더니
숲 끝에서 차 달이는 연기 피어나네

이 이(1536~1584)

1536년 강릉 죽헌동 외가에서 사헌부 감찰인 이원수와 평산 신씨 사임당의 셋째 아들로 태어났다. 아버지는 번성한 집안이 아니었으나, 외가는 강릉에서 세도 있던 집안이었다. 실제로 이이에게 가장 큰 영향을 끼친 인물은 어머니와 외할머니인 용인 이씨였다. 이이는 29세에 명경과에 장원으로 급제한 뒤 각종 과거에서 9번이나 장원해 '구도장원공'이라 불렸다.

자는 숙헌叔獻, 호는 율곡栗谷·석담石潭, 시호는 문성文成이다. 퇴계 이황과 함께 조선 성리학의 큰 흐름을 이끌었고, 그의 사상은 '기발이승氣發理乘'의 일원론을 주장하여 퇴계사상과 대립하였다.

저서에 『율곡전서』, 『동호문답』, 『성학집요』 등이 있다. 8세 때 파주 율곡리에 있는 화석정에 올라 시를 지을 정도로 문학적 재능이 뛰어났다. 1551년 16세에 어머니가 돌아가시자 3년간 시묘侍墓하였다. 그 후 금강산에 들어가 불교를 공부하고 1555년 20세 때 하산하여 다시 유학에 전심하였다. 1582년 이조판서에 임명되고, 어명으로 「인심도심설人心道心說」을 지어 올렸다. 이해에 「김시습전金時習傳」을 쓰고, 「학교모범學校模範」을 지었으며, 1583년 「시무육조時務六條」를 올려 외적의 침입에 대비해 십만 양병을 주장하였다.

花石亭 화석정

李珥

林亭秋已晚 임정추이만
騷客意無窮 소객의무궁
遠水連天碧 원수연천벽
霜楓向日紅 상풍향일홍
山吐孤輪月 산토고윤월
江含萬里風 강함만리풍
塞鴻何處去 새홍하처거
聲斷暮雲中 성단모운중

화석정

이이

숲속 정자엔 이미 가을 저물었으니
시인의 생각은 끝이 없어라
먼 강물은 하늘에 닿아 푸르고
서리 맞은 단풍은 해를 향해 붉었네
산은 외로운 보름달을 토하고
강은 만리의 바람을 머금었네
변방의 기러기는 어디로 날아가는지
저무는 구름 속에 소리 끊겼네

桐葉동엽

鄭澈

曆日僧何識역일승하식
山花記四時산화기사시
時於碧雲裏시어벽운리
桐葉坐題詩동엽좌제시

※ 한자풀이

同	같을, 화할 동	同床異夢동상이몽, 和同화동, 同壻동서
銅	구리 동	銅錢동전, 銅鏡동경, 銅像동상, 銅版동판
桐	오동나무 동	桐梓동재, 桐葉동엽, 梧桐오동
胴	몸통 동	胴體동체, 救命胴衣구명동의
洞	골 동	洞口동구, 洞里동리, 洞房동방
	통할, 꿰뚫을 통	洞察통찰, 洞燭통촉
筒	통 통	煙筒연통, 筆筒필통, 筒箭통전
興	일어날, 흥할 흥	興起흥기, 興亡흥망, 復興부흥, 興業흥업
	흥겨울 흥	興盡悲來흥진비래, 興味흥미

오동잎

정철

세월 가는 것을 스님이 어이 알리

산꽃을 보고 계절을 기억할 뿐

때때로 푸른 구름 속에

앉아서 오동잎에 시를 적네

정철(1536~1593)

조선 중기의 문신·학자·시인. 본관은 연일, 자는 계함季涵, 호는 송강松江. 정치인이면서도 당대 가사문학歌辭文學의 대가로서 시조의 고산 윤선도와 더불어 한국 국문 시가의 쌍벽으로 일컬어진다. 후학인 숙종 때의 김만중은 『서포만필』에서 정철의 「사미인곡思美人曲」, 「속미인곡續美人曲」, 「관동별곡關東別曲」을 중국 초나라 굴원이 지은 「이소離騷」에 비겨 '동방의 이소'라고 절찬한 바 있다.

송강은 서울 장의동에서 부친 정유침과 모친 죽산 안씨 사이에서 4남 2녀 중 막내로 태어났다. 큰누나가 인종의 귀인이었고 작은누나가 계림군 이유의 부인으로 어려서부터 동궁에 출입하면서 두 살 위인 명종과 친하게 되었다. 10세인 을사사화 때 매형이 피살되고 아버지가 유배되는 등 가계가 몰락한다. 이런 환경 때문에 취학이 어려워 16세가 되어 공부를 시작했는데, 10년간 임억령, 김인후, 기대승 등에게 수학하며 실력을 키우게 된다.

당쟁의 와중에 개성이 뚜렷하여 불우한 일생을 살다 간 선비였으며, 1623년에야 김장생이 신원伸冤을 청하여 1684년 관직이 내려지고 1648년 담양 창평의 송강서원 별사에 제향되었다.

秋日作추일작

鄭澈

寒雨夜鳴竹한우야명죽
草蟲秋近床초충추근상
流年那可住유년나가주
白髮不禁長백발불금장

※ 한자풀이

拔 뽑을 발	拔本발본, 拔山蓋世발산개세, 選拔선발, 拔群발군
髮 터럭 발	身體髮膚신체발부, 危機一髮위기일발, 毛髮모발
魃 가뭄 귀신 발	旱魃한발:가뭄
跋 밟을, 발문 발	跋扈발호, 跋文발문

徹 통할, 뚫을 철	貫徹관철, 徹頭徹尾철두철미, 徹底철저, 透徹투철
澈 물 맑을 철	淸澈청철, 鏡鐵경철
撤 거둘 철	撤收철수, 撤去철거, 撤軍철군
轍 수레바퀴 철	前轍전철, 覆轍복철, 螳螂拒轍당랑거철

가을밤

정철

차가운 비 한밤중 대나무를 울리고
풀벌레는 가을 되니 침상으로 다가온다
흐르는 세월 어찌 막으랴
길어지는 백발을 막을 수 없네

閑山島夜吟 한산도야음

李舜臣

水國秋光暮 수국추광모

驚寒雁陣高 경한안진고

憂心輾轉夜 우심전전야

殘月照弓刀 잔월조궁도

※ 한자풀이

殘 남을 잔　　　　殘留잔류, 殘餘잔여, 殘滓잔재, 殘骸잔해
　　잔인할 잔　　　殘惡잔악, 殘酷잔혹, 殘虐잔학
　　해칠 잔　　　　相殘상잔

잔 盞 잔 잔　　　　盞臺잔대, 燈盞등잔
　　棧 비계, 잔도 잔　棧道잔도, 棧橋잔교, 棧雲잔운
전 牋 장계, 편지 전　牋注전주, 牋疏전소
　　箋 글 전　　　　箋注전주
　　錢 돈 전　　　　口錢구전, 本錢본전, 金錢금전
　　餞 보낼, 배웅할 전　餞別전별, 餞送전송
천 淺 얕을 천　　　　淺薄천박, 深淺심천, 淺見천견
　　賤 천할 천　　　　貴賤귀천, 賤待천대, 賤民천민, 賤視천시
　　踐 밟을 천　　　　實踐실천, 踐約천약, 踐踏천답

한산섬에서 밤에 읊다

이순신

넓은 바다에 가을 햇볕 저무니
추위에 놀란 기러기 떼 하늘 높이 나네
가슴속 근심에 잠 못 이루는 밤
스잔한 달이 활과 검을 비추네

이순신(1545~1598)

조선 중기의 명장. 본관은 덕수, 자는 여해汝諧. 임진왜란 당시 삼도수군통제사를 지내며 나라가 존망의 위기에 처했을 때 바다를 제패한 명장이다. '필사즉생必死卽生 필생즉사必生卽死' 하는 각오로 전투에 임했으며 왜군과 전투에서 옥포대전·사천포해전·당포해전·안골포해전·부산포해전·한산대첩·명량대첩·노량해전 등 23회의 해전에서 모두 승리하였다. 배 12척으로 열 배가 넘는 왜군을 격퇴한 명량대첩, 왜군 500여 척을 맞아 싸운 노량해전에서 대승을 거두었으나 도주하는 적선을 추격하다 적의 유탄에 맞아 "싸움이 급하니, 나의 죽음을 알리지 말라."는 말을 남기고 숨을 거두었다.

23전 23승. 세계 해군사에 길이 기억될 이순신 장군은 전쟁의 와중에도 백성들에게 농사를 가르쳐 곡식을 저축하고 고기잡이와 소금 생산을 독려하였다. 이 시기 이순신의 마음가짐은 오늘날 전해지는 그의 두 자루 장검에 새겨진 명문으로 대변된다.

"삼척서천三尺誓天 산하동색山河動色 일휘소탕一揮掃蕩 혈염산하血染山河"
"석 자의 칼로 하늘에 맹세하니 산과 물이 떨고, 한번 휘둘러 쓸어버리니 왜적의 피가 강산을 물들이리라."

『난중일기』와 시조, 한시 등 여러 편의 작품을 남겼다.

金剛山금강산

宋時烈

山與雲俱白산여운구백

雲山不辨容운산불변용

雲歸山獨立운귀산독립

一萬二千峯일만이천봉

※ 한자풀이

峯 봉우리 봉		巨峯거봉, 高峯峻嶺고봉준령, 峯頭봉두
	逢 만날 봉	逢變봉변, 相逢상봉, 逢着봉착
	蜂 벌 봉	蜂起봉기, 蜜蜂밀봉, 養蜂양봉
	烽 봉화 봉(熢)	烽火봉화, 烽燧臺봉수대
	縫 꿰멜 봉	縫合봉합, 天衣無縫천의무봉, 裁縫재봉
	鋒 칼날 봉	先鋒선봉, 銳鋒예봉, 鋒刃봉인
	蓬 쑥 봉	蓬頭亂髮봉두난발, 蓬廬봉려
岡 뫼 강		岡陵강릉, 岡阜강부, 福岡복강
	剛 굳셀 강	剛斷강단, 外柔內剛외유내강, 剛直강직
	綱 벼리, 대강 강	綱目강목, 綱常강상, 綱要강요, 綱領강령, 要綱요강
	鋼 강철 강	鋼鐵강철, 鋼板강판, 製鋼제강
	崗 언덕 강	崗丘강구, 崗阜강부, 崗頂강정

금강산

송시열

산과 구름이 함께 희니
구름과 산을 구분할 수 없네
구름 걷히고 산만 홀로 우뚝 서니
일만이천 봉이라네

송시열(1607~1689)

본관은 은진恩津, 자는 영보英甫, 호는 우암尤庵·화양동주華陽洞主, 시호는 문정文正. 1633년 생원시에 장원으로 급제하여 경릉참봉을 거쳐 봉림대군의 스승이 되었다. 그 뒤 효종·현종에게 등용되어 이조판서·우의정·좌의정에 올랐다.

서인의 거두로 있으면서 남인과 예론에 대하여 서로 다투기도 하였다. 한때 남인에게 몰렸다가 서인이 다시 노론과 소론으로 분열되자 노론의 우두머리가 되었다. 1689년 왕세자 책봉에 반대 상소를 올렸다가 왕의 노여움을 사서 제주도로 귀양을 갔다. 그 뒤 서울로 심문을 받으러 오는 도중 사약을 받고 죽었다.

성격이 과격하여 많은 정적을 두기도 했으나, 한편으로는 훌륭한 제자를 많이 길러냈다. 그리고 성리학자로 주자의 학설을 전적으로 신봉하고 실천하였다. 주요 저서로는『송자대전宋子大全』,『우암집尤庵集』,『송서습유宋書拾遺』,『주자대전차의朱子大全箚疑』 등이 있다.

山行 산행

宋翼弼

山行忘坐坐忘行 산행망좌좌망행
歇馬松陰聽水聲 헐마송음청수성
後我幾人先我去 후아기인선아거
各歸其止又何爭 각귀기지우하쟁

※ 한자풀이

去	갈 거	去就거취, 去者日疎거자일소, 過去과거
	없앨 거	除去제거, 撤去철거, 去勢거세
각 却	물리칠 각	却說각설, 却下각하, 忘却망각, 棄却기각
	脚 다리 각	橋脚교각, 馬脚마각, 脚線美각선미
개 蓋	덮을 개	蓋棺事定개관사정, 覆蓋복개, 蓋草개초
	대개 개	蓋然性개연성
겁 劫	위협할, 빼앗을 겁	劫迫겁박, 劫奪겁탈
	긴 시간 겁	永劫영겁, 億劫억겁
	怯 겁낼 겁	怯夫겁부, 卑怯비겁, 怯懦겁나
법 法	법 법	法度법도, 法令법령, 法會법회
합 闔	닫을, 문짝 합	闔門합문, 闔闢합벽

산행

송익필

산길을 가다가 앉는 걸 잊고 앉으니 가는 걸 잊네

소나무 그늘에 말 세우고 물소리를 듣노라

내 뒤에 오던 몇 사람이나 나를 앞질러 갔나

멈출 곳에 각자 돌아가거늘 또 어찌 다투리오

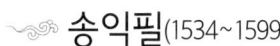 **송익필**(1534~1599)

본관은 여산礪山, 자는 운장雲長, 호는 구봉龜峰·현승玄繩, 시호는 문경文敬. 그의 부친은 송사련이고 어머니는 연일 정씨이다. 인필·부필·익필·한필 4형제 중 셋째로 태어났다. 송사련은 종5품의 관상감 판관을 지냈으나 1521년 안당의 아들 안처겸이 역모를 모의했다고 고변하여 안당과 그의 아들, 사촌들까지 모두 문초를 받고 사사되는 신사무옥이 일어나게 하였다. 송사련이 그 공로로 공신에 책봉되어 송익필은 좋은 환경에서 유복하게 자랐다.

서출이라 벼슬은 못하였으나 이이·성혼 등과 학문을 논하여 성리학과 예학에 통하였다. 문장에도 뛰어나 '8문장가'의 한 사람으로 꼽혔으며 시와 글씨에도 일가를 이루었다.

고향에서 후진 양성에 힘써 많은 학자를 배출하였다. 그중 김장생은 예학의 대가가 되었다. 지평持平에 추증되었으며, 문집에 『구봉집』이 있다.

下山 하산

宋翼弼

殘夜鳴淸磬 잔야명청경
携筇下碧山 휴공하벽산
巖花猶惜別 암화유석별
隨水出人間 수수출인간

하산

송익필

새벽에 풍경이 맑게 울릴 때
단장 짚고 푸른 산을 내려왔지
바위에 핀 꽃도 이별이 아쉬운지
물길따라 인간세상으로 나온다네

偶吟우음

宋翰弼

花開昨夜雨화개작야우
花落今朝風화락금조풍
可憐一春事가련일춘사
往來風雨中왕래풍우중

※ 한자풀이

可	옳을, 허락할 가	可能가능, 可笑가소, 可望가망, 可決가결, 許可허가, 裁可재가, 認可인가
가 歌	노래 가	歌手가수, 歌曲가곡, 戀歌연가, 歌詞가사
柯	가지 가	柯枝가지, 南柯一夢남가일몽, 柯葉가엽
哥	성 가	金哥김가
苛	가혹할 가	苛斂誅求가렴주구, 苛酷가혹, 苛細가세
軻	수레 가	
	때 못 만날 가	轗軻不遇감가불우
訶	꾸짖을 가	訶詰가힐
呵	꾸짖을 가	呵責가책
舸	큰 배 가	舸船가선
아 阿	언덕 아	阿丘아구, 阿鼻叫喚아비규환
	아첨할 아	阿諂아첨, 阿諛苟容아유구용
하 河	물 하	河川하천, 山河산하, 河海하해, 運河운하
何	어찌 하	六何原則육하원칙, 何等하등, 何必하필
	누구 하	誰何수하
荷	멜, 화물 하	荷役하역, 負荷부하, 荷重하중
	연꽃 하	荷香하향, 荷花하화

우연히 읊다

송한필

간밤의 비에 꽃이 피더니
오늘 아침 바람에 졌다네
가련토다 한 해 봄의 일이
비바람 속에 오가는구나

송한필(1539~?)

　조선 중기의 학자·문장가. 본관은 여산, 자는 계응季鷹, 호는 운곡雲谷, 송익필의 동생이다. 시 32수와 잡저가 송익필의 『구봉집』에 부록으로 실려 있다.
　아버지 송사련이 안당의 서매庶妹의 남편인 송감정의 아들이었으므로 법의 규정대로 얼손孼孫에 해당되어 신분상의 제약을 크게 받다가 아버지 대부터 양민 노릇을 하였다. 그의 형 송익필이 이이를 시종 옹호하였는데, 소장 사류들은 이이가 동서분쟁에 중립적 태도를 취하면서 보다 적극적으로 신진사류를 옹호하지 않은 데 대한 불만을 가지고 있었다. 이 때문에 송익필을 심의겸의 당으로 지칭하고, 이에 대한 함원숨怨을 동인들이 송익필에게 전가하여 1588년(선조22)에 일족을 노예로 환천還賤시켰다. 그리하여 일족이 유리분산流離分散되는 비극을 당하였다. 지금으로서는 그의 생애에 대해서 알 길이 없지만, 그의 형 송익필과 함께 선조 때 성리학자·문장가로 이름이 있었다. 이이는 성리학을 토론할 만한 사람은 익필 형제뿐이라고 하였다.

佛日菴贈因雲釋불일암증인운석

李達

寺在白雲中사재백운중

白雲僧不掃백운승불소

客來門始開객래문시개

萬壑松花老만학송화로

※ 한자풀이

公	공변될, 공평할 공	公共공공, 公評공평, 公益공익
	여러 공	公衆道德공중도덕
	관청, 벼슬 공	公職공직
	귀인, 작위 공	公爵공작
松	소나무 송	老松노송, 松栮송이, 松津송진
頌	칭송할 송	頌德송덕, 稱頌칭송, 讚頌찬송
訟	송사할 송	訴訟소송, 訟事송사, 爭訟쟁송
崧	산 웅장할 숭	崧山숭산

불일암에서 인운 스님에게 주다

이달

흰 구름 가운데 절이 있는데
흰 구름을 스님은 쓸지 않네
손님이 와야 비로소 문은 열리고
골짜기마다 송화만 늙어가누나

이달(1539~1612)

본관은 신평新平으로 쌍매당 이첨의 후손이며 자는 익지益之, 호가 손곡蓀谷·서담西潭·동리東里이다. 강원도 원주 손곡의 시골에서 살았기에 호를 손곡이라 하였고, 당시풍唐詩風을 배워 백광훈·최경창과 더불어 삼당시인으로 일컬어졌다. 허난설헌을 받아들여 가르쳤고 허균의 스승이기도 하다. 학문과 문장이 탁월하였으나 서출이라 하여 과장科場에 나가보지도 못하였다.

풍류를 즐겨 행동에 검속檢束함이 없었으며, 임경은 『현호쇄담』에서 그의 시를 "가을 물의 부용꽃이 바람을 맞아 방긋 웃는 것만 같다."고 하여 그 시의 아름다움을 높이 평한 바 있다. 문집으로 『손곡집』이 전한다.

祭塚謠 제총요

李達

白犬前行黃犬隨 백견전행황견수
野田草際塚纍纍 야전초제총루루
老翁祭罷田間道 노옹제파전간도
日暮醉歸扶小兒 일모취귀부소아

묘제

이달

흰둥이가 앞서가고 누렁이는 뒤따르며
들판 풀밭 사이 무덤들 봉긋봉긋
제사 마친 늙은이는 밭두둑 사잇길로
저물녘 술에 취해 손주 부축받으며 오네

春日閑居 춘일한거

李滉

不禁山花亂 불금산화란
還憐徑草多 환련경초다
可人期不至 가인기부지
奈此綠尊何 내차녹준하

※ 한자풀이

此　이, 이에 차　　　此後차후, 此日彼日차일피일, 彼此間피차간
　些 적을 사　　　　些少사소, 些些사사
　柴 땔나무, 섶(薪) 시　柴扉시비, 柴炭시탄, 柴糧시량
　紫 자주색 자　　　　紫外線자외선, 紫朱자주, 紫霞자하
　雌 암컷, 약할 자　　雌雄자웅, 雌伏자복, 雌黃자황
　疵 허물 자　　　　　瑕疵하자
　砦 울 채　　　　　　城砦성채

봄날의 여유

이황

산꽃 흐드러지게 피는 것 막을 수 없는데

오솔길에 풀 많으니 도리어 어여쁘다

온다고 약속한 이 오지 않으니

잘 익은 이 술통 어찌할까

이황(1501~1570)

 본관은 진보眞寶, 자는 경호景浩, 호는 퇴계退溪이다. 아버지는 진사 이식李埴이다. 7남 1녀 중 막내로 태어났으며 태어난 지 7개월 만에 아버지가 세상을 떠나 어머니 춘천 박씨 슬하에서 어렵게 자랐다. 여섯 살 때부터 글을 읽기 시작한 이황은 열두 살에 작은 아버지 이우李堣에게 『논어』를 배웠고 이후 대부분을 독학했다. 1527년(중종22)에 향시에서 진사 2등으로 합격하고, 1534에는 문과에 급제해 승문원 부정자가 되었다. 이후 박사, 전적, 지평 등을 거쳐 세자시강원 문학, 충청도 어사 등을 역임하고, 1534년 성균관 사성이 되었다. 1546년(명종1) 낙향해 낙동강 상류 토계兎溪에 양진암을 지어 토계를 퇴계로 개칭하고 자신의 호로 삼았다.

 이황은 조선 중기 성리학을 체계화하고 발전시키는 데 공헌했으며 주리론적 사상을 형성해 영남학파의 이론적 토대를 마련하고 사림士林의 종장宗匠으로 추앙받았다.

樂書齋偶吟 낙서재우음

尹善道

眼在靑山耳在琴 안재청산이재금
世間何事到吾心 세간하사도오심
滿腔浩氣無人識 만강호기무인식
一曲狂歌獨自吟 일곡광가독자음

※ 한자풀이

樂 즐거울 락   樂勝낙승, 樂觀낙관, 快樂쾌락, 享樂향락
   좋아할 요   樂山樂水요산요수
   풍류 악   樂譜악보, 樂器악기, 樂曲악곡

력 礫 조약돌 력   礫巖역암
  轢 차에 치일 력 轢死역사
    삐걱거릴 력 軋轢알력

삭 鑠 쇠 녹일 삭   衆口鑠金중구삭금
    기운 솟을 삭 矍鑠확삭:늙어도 기력이 정정한 모양.

약 藥 약 약   藥局약국, 藥效약효, 劇藥극약, 藥石之言약석지언

낙서재에서 우연히 읊다

윤선도

눈에는 청산 있고 귀에는 거문고라

세간의 어떤 일이 내 마음에 이를까

가슴 가득한 호기를 아는 이 없어

한 곡조 미친 노래 혼자서만 부른다

윤선도 (1587~1671)

조선 중기·후기의 시인·문신이다. 본관은 해남, 자는 약이約而, 호는 고산孤山 또는 해옹海翁이다. 시호는 충헌忠憲이다.

예빈시 부정 윤유심의 아들이며, 강원도 관찰사 윤유기의 양자이다. 윤두서의 증조부이며 정약용의 외5대조부이다. 정철·박인로·송순과 함께 조선 시조시가의 대표적인 인물로 손꼽히며, 「오우가」와 유배지에서 지은 시 「어부사시사」로 유명하다. 풍수지리에도 능하여 『홍재전서』에는 제2의 무학無學이라는 별칭이 등재되기도 하였고, 의학에도 밝아 민간요법에 관련된 저서 『약화제藥和劑』를 남겼다. 치열한 당쟁으로 일생의 거의 반을 유배 생활로 보냈다. 시조문학의 대가로서, 그의 시조는 정철의 가사문학과 쌍벽을 이루었다.

작품은 『고산유고』에 수록되어 있다.

無語別 무어별

林悌

十五越溪女 십오월계녀
羞人無語別 수인무어별
歸來掩重門 귀래엄중문
泣向梨花月 읍향이화월

※ 한자풀이

立 설 립	立脚입각, 立身입신, 存立존립, 立錐餘地입추여지
랍 拉 끌고 갈 랍	拉致납치, 被拉피랍, 拉北납북
꺾을 랍	拉枯납고
립 粒 낟알 립	粒子입자
笠 삿갓 립	笠帽입모, 簑笠사립
병 竝 나란할, 함께할 병	竝設병설, 竝行병행, 竝列병렬
욱 煜 빛날 욱	煜煜욱욱
昱 햇빛 밝을 욱	
위 位 자리 위	位階위계, 位置위치, 位相위상, 位牌위패
읍 泣 울 읍	泣訴읍소, 感泣감읍, 泣斬馬謖읍참마속
익 翌 다음날 익	翌日익일
翊 도울 익(翼)	輔翊보익, 翊戴功臣익대공신

부끄러워 말 못하고 헤어지다

임제

열다섯 살 월계의 아가씨
부끄러워 말 못하고 헤어지고는
돌아와 중문을 닫아걸고
배꽃 같은 달 보며 눈물 흘리네

임제(1549~1587)

자는 자순子順, 호는 백호白湖. 소치笑癡로 자호하기도 하였다. 1577년(선조9)에 문과에 급제했으나 벼슬을 멀리한 채 전국을 방랑하며 많은 한시를 남겼다. 당쟁에 휘말리는 것을 꺼린 탓에 그가 지낸 관직은 예조정랑 겸 홍문관 제교에 그쳤다. 스승인 성운이 죽자 세상과 인연을 끊고 벼슬을 멀리한 채 산야를 방랑하며 술을 마시거나 음풍영월吟風詠月하는 삶을 살았다.

그의 방랑벽과 호방한 기질로 인해 당대인들은 모두 그를 기인으로 보았다. 그러나 당시 학자이자 문인인 이이·허균·양사언 등은 그의 기백과 재주를 인정했다. 시는 두목杜牧을 배웠다. 염정풍艶情風의 염려艶麗한 시를 많이 남겼다. 문집으로는『백호집白湖集』이 있다.

700여 수가 넘는 한시 중, 전국을 누빈 방랑의 서정을 담은 서정시가 제일 많지만 절과 승려, 기생과의 사랑을 읊은 시가 많은 것도 특색이다. 꿈의 세계를 통해 세조의 왕위찬탈이란 정치권력의 모순을 풍자한『원생몽유록元生夢遊錄』, 식물세계를 통해 인간역사를 풍자한『화사花史』등 한문소설도 남겼다.

浿江曲 패강곡

林悌

浿江兒女踏春陽 패강아녀답춘양

江上垂楊正斷腸 강상수양정단장

無限烟絲若可織 무한연사약가직

爲君裁作舞衣裳 위군재작무의상

※ 한자풀이

| 貝 조개 패 | 貝錦패금, 貝物패물, 貝塚패총 |

- 具 갖출 구 — 具備구비, 農具농구, 家具가구, 具體的구체적
- 俱 함께 구 — 俱存구존, 俱慶구경, 俱樂구락
- 得 얻을 득 — 得失득실, 自業自得자업자득, 納得납득
- 買 살 매 — 買收매수, 買辦資本매판자본, 不買불매, 買怨매원
- 賣 팔 매 — 賣渡매도, 賣店매점, 賣出매출
- 貿 무역할 무 — 貿易무역, 貿穀무곡, 貿辦무판
- 寶 보배 보 — 寶劍보검, 寶貨보화, 家寶가보
- 負 질 부 — 負笈부급, 負擔부담, 負荷부하, 負債부채
  - 저버릴 부 — 負約부약
  - 패할 부 — 勝負승부
- 貳 두 이 — 貳心이심, 貳車이거, 貳極이극
- 財 재물 재 — 財産재산, 財源재원, 財界재계, 財閥재벌
- 浿 물이름 패 — 浿水패수
- 狽 이리 패 — 狼狽낭패:일이 뜻대로 되지 않아 딱한 형편.
  - 狼抗낭항:성질이 사납고 남에게 마구 대듦.

대동강 노래

임제

대동강 아가씨 봄나들이 나섰다가
강가의 수양버들 보고 애가 끊어지네
한없는 안개실로 길쌈할 수 있다면
님 위해 춤출 옷을 지을 수 있으련만

新居得石井 신거득석정

白光勳

古石苔成縫 고석태성봉
寒泉一臼深 한천일구심
淸明自如許 청명자여허
照我十年心 조아십년심

※ 한자풀이

心 마음 심   心情심정, 心理심리, 心術심술, 心腹심복, 心醉심취
경 慶 경사 경   慶事경사, 慶祝경축, 慶賀경하, 慶弔경조
괴 怪 괴이할 괴   怪物괴물, 怪異괴이, 奇怪기괴
급 急 급할 급   急所급소, 救急구급, 緊急긴급, 急變급변
민 悶 답답할 민   苦悶고민, 煩悶번민, 悶鬱민울
애 愛 사랑 애   愛憎애증, 愛情애정, 愛着애착
  曖 흐릿할 애   曖昧애매, 隱曖은애
헌 憲 법 헌   官憲관헌, 憲法헌법, 憲兵헌병
혜 慧 지혜 혜   智慧지혜, 慧眼혜안
  彗 살별 혜   彗星혜성

새 거처에서 돌우물을 얻다

백광훈

묵은 돌엔 이끼가 짙게 깔렸고

차가운 샘은 우물이 깊다네

해맑기가 절로 이와 같으니

십 년의 내 마음을 비춰보네

백광훈(1537~1582)

　자는 창경彰卿, 호는 옥봉玉峰, 원래 관향은 수원이지만 선조가 해미로 귀양 와서 대대로 머물러 살았으므로 해미가 본관이다. 아버지는 백세인이며 「관서별곡」으로 유명한 백광홍의 동생이다. 최경창·이달과 함께 삼당시인이라 불리며 당풍의 시를 많이 남겼다. 이후백과 박순에게 수학했으며 22세에는 진도에 귀양 와 있던 노수신에게 배웠다. 28세인 1564년 진사시에 합격했으나 과거를 포기, 정치에 참여할 뜻을 버리고 산수를 방랑하며 시와 서도를 즐겼다. 36세인 1572년 명나라 사신이 오자 노수신의 천거로 포의로 제술관이 되어 시와 글씨로 사신을 감탄케 하며 명성을 얻었다.

　그의 시는 대부분 순간적으로 포착된 삶의 한 국면을 관조적觀照的으로 그리고 있는데, 전원의 삶을 다룬 작품들은 자연과 조화를 이루는 안정과 평화로 가득 찬 분위기로 이루어져 있다. 이정구는 그의 시가 천기天機로 이루어진 것이라 평하며 당나라 천재시인 이하李賀에 견주었다.

古墓고묘

崔慶昌

古墓無人祭고묘무인제
牛羊踏成道우양답성도
年年野火燒연년야화소
墓上無餘草묘상무여초

※ 한자풀이

牛 소 우　　　牛溲馬勃우수마발, 牛刀割鷄우도할계,
　　　　　　　九牛一毛구우일모, 牛耳讀經우이독경

件 물건, 사건 건　事事件件사사건건, 用件용건, 要件요건
牽 끌 견　　　牽強附會견강부회, 牽引견인, 牽制견제
牢 우리 뢰　　牢獄뇌옥
　 굳이 뢰　　牢却뇌각
牟 탐낼 모　　牟利輩모리배
　 보리 모　　牟麥모맥
　 성 모　　　牟氏모씨
牧 칠 목　　　牧童목동, 牧師목사, 牧草목초, 放牧방목, 遊牧유목
牡 수컷 모　　牡瓦모와, 牡牛모우
牝 암컷 빈　　牝牡빈모, 牝牛빈우
遲 더딜 지　　遲刻지각, 遲滯지체, 遲遲不進지지부진

옛 무덤

최경창

옛 무덤 아무도 제사 안 지내
소와 양 밟고 다녀 길이 났구나
해마다 들불은 무덤을 태워
무덤 위엔 남은 풀이 하나도 없네

최경창(1538~1601)

본관은 해주海州, 자는 가운嘉雲, 호는 고죽孤竹. 이달·백광훈과 더불어 삼당시인으로 일컬어지며, 이이·송익필 등과 함께 8문장으로 불린다.
백광훈·이후백과 함께 양응정의 문하에서 공부했다. 1555년(명종10) 17세 때 을묘왜란으로 왜구를 만나자, 퉁소를 구슬피 불어 왜구들을 향수鄕愁에 젖게 하여 물리쳤다는 일화가 있다.
1561년(명종16) 23세 때부터 상상上庠에서 수학했다. 1568년(선조1) 증광문과에 급제하여 북평사가 됐다. 1582년(선조16) 53세에 선조가 종성부사로 특별히 제수했으나, 북평사의 무고한 참소가 있었고 대간에서 갑작스런 승진을 문제 삼았다. 그래서 선조는 성균관 직강으로 고치도록 명했다. 최경창은 상경 도중에 종성객관에서 죽었다. 저서로『고죽유고』가 있다.

香煙향연

崔慶昌

秋風吹古寺추풍취고사
木落啼山雨목락제산우
空廊寂無僧공랑적무승
石榻香如縷석탑향여루

향연기

최경창

옛 절에 가을바람 불고
산비에 낙엽이 우네
빈 행랑엔 스님이 없어 적막하고
돌의자에 향연기 피어오르네

見新月 견신월

鄭蘊

來從何處來 내종하처래
落向何處落 낙향하처락
妍妍細如眉 연연세여미
遍照天地廓 편조천지확

※ 한자풀이

召	부를 소	召喚소환, 遠禍召福원화소복, 召命소명, 召集소집
소 昭	밝을 소	昭明소명, 昭詳소상, 昭應소응
沼	못 소	沼澤소택, 湖沼호소
紹	이을 소	紹介소개, 紹述소술
邵	땅이름 소	
조 照	비칠 조	肝膽相照간담상조, 照明조명, 對照대조
詔	임금말씀 조	詔勅조칙, 詔命조명
초 招	부를 초	招待초대, 招請초청, 問招문초
超	뛰어넘을 초	超越초월, 超自然초자연, 超過초과, 超然초연
貂	담비 초	狗尾續貂구미속초:개꼬리로 담비 꼬리를 이음(좋은 것을 변변치 않은 걸로 대신함)

초승달 보며

정온

솟아오를 때는 어디서 왔다가
떨어질 때는 어디로 지는가
눈썹같이 곱고 가는 것이
넓은 천지를 두루 비추네

정온(1569~1641)

본관은 초계草溪, 자는 휘원輝遠, 호는 동계桐溪·고고자鼓鼓子. 1569년 경남 거창군에서 출생하였다. 부친은 진사 정유명이고 어려서 부친에게서 글공부를 익혔고 남명 조식의 학맥을 이었으며, 한강 정구의 문하에서 수학하였다. 1614년 부사직 재임 중, 영창대군의 처형이 부당함을 상소하였고 가해자인 정항의 참수를 주장하다가 광해군의 노여움을 사 제주도 대정에서 10년간 위리안치圍籬安置 유배생활流配生活을 하였다. 그동안「덕변록德辨錄」,「망북두시望北斗詩」,「망백운가望白雲歌」를 지어 애군애국의 뜻을 토로하였고, 자신을 고고자鼓鼓子로 불렀다.

1623년 인조반정이 일어나자 석방되어 헌납에 등용되었다. 1636년(인조14) 병자호란 때 이조참판으로서 김상헌과 함께 척화斥和를 주장하다가 결국 청나라에 굴복하는 화의和議가 이루어지자 칼로 자신의 배를 찌르며 자결을 시도하였지만 실패하였다. 모든 관직을 사직하고 경남 거창군 북상면으로 낙향하여 은거하다가 5년 만에 죽었다. 문집에『동계문집桐溪文集』이 있다.

途中도중

權韠

日入投孤店일입투고점
山深不掩扉산심불엄비
鷄鳴問前路계명문전로
黃葉向人飛황엽향인비

※ 한자풀이

投	던질 투	投手투수, 投降투항, 投石투석, 投機투기
殼	껍질 각	舊殼脫皮구각탈피, 地殼지각
股	넓적다리 고	股肱之臣고굉지신
穀	곡식 곡	糧穀양곡, 穀食곡식, 脫穀탈곡
殺	죽일 살	殺氣살기, 殺伐살벌, 殺戮살육, 殺傷살상
	감할 쇄	相殺상쇄
	심할 쇄	殺到쇄도, 腦殺뇌쇄
設	베풀 설	設計설계, 設問설문, 設備설비, 設置설치
	가령 설	設使설사
役	부릴 역	役割역할, 賦役부역, 懲役징역, 配役배역
疫	병 역	防疫방역, 疫病역병
殷	은나라 은	殷鑑不遠은감불원, 殷墟은허
	성할 은	殷盛은성
	우렛소리 은	殷雷은뢰
慇	은근할 은	慇懃은근
毅	굳셀 의	剛毅木訥강의목눌, 毅然의연
毁	헐, 비방할 훼	毁損훼손, 毁謗훼방, 毁譏훼기

길을 가다가

권필

날 저물어 외로운 여관에 드니
산 깊어 사립문도 닫지를 않네
닭 우는 새벽에 앞길 묻는데
누런 낙엽 날 향해 날려오네

권필(1569~1612)

    조선 중기의 문인. 자는 여장汝章, 호는 석주石洲. 권벽의 아들로 어려서부터 시명이 높았다. 이정구의 천거를 받아 백의로 종사관에 임명되었다. 정철의 문인으로 성격이 자유분방하고 구속받기 싫어하여 벼슬을 하지 않은 채 야인으로 생을 마쳤다. 임진왜란 때에는 구용과 함께 주전론을 주장했다. 광해군 초에 권신 이이첨이 교제를 청했으나 거절했다. 유희분 등의 방종을 임숙영이 「책문策文」에서 공격하다가 광해군의 뜻에 거슬려 삭과削科된 사실을 듣고 분함을 참지 못하여 「궁류시宮柳詩」를 지어서 풍자·비방하였다. 이에 광해군이 대로하여 시의 출처를 찾던 중 1612년 김직재의 무옥誣獄에 연루된 조수륜의 집을 수색하다가 연좌되어 해남으로 귀양 가다가 동대문 밖에서 행인들이 동정으로 주는 술을 폭음하고 이튿날 44세로 죽었다.
    시재가 뛰어나 자기 성찰을 통한 울분과 갈등을 토로하고 잘못된 사회상을 비판·풍자하는 데 괄목할 만한 성과를 거두었다.
    문집인 『석주집石洲集』과 한문소설 「주생전周生傳」이 현전한다.

花徑화경

李荇

無數幽花隨分開무수유화수분개

登山小逕故盤回등산소경고반회

殘香莫遣東風掃잔향막견동풍소

倘有閑人載酒來당유한인재주래

※ 한자풀이

門 문 문		大門대문, 門外漢문외한, 門下生문하생, 門中문중
간	間 사이 간	間紙간지, 間隔간격, 間言간언, 巷間항간
	簡 편지 간	書簡文서간문, 內簡내간, 簡策간책
	간소화할 간	簡素化간소화, 簡略간략, 簡便간편
	澗 산골물 간(磵)	澗松간송
개	開 열 개	開業개업, 開始개시, 開場개장
섬	閃 번쩍거릴 섬	閃光섬광
관	關 빗장, 잠글, 관계할 관	關門관문, 關鍵관건, 關心관심, 關係관계, 難關난관, 關稅관세
윤	閏 윤달 윤	閏年윤년
	潤 윤택할, 불을 윤	潤澤윤택, 潤氣윤기, 利潤이윤, 潤滑油윤활유
폐	閉 닫을 폐	閉鎖폐쇄, 閉門폐문, 閉蟄폐칩, 閉店폐점
한	閑 한가할 한(閒)	閑暇한가, 等閑등한, 忙中閑망중한
은	誾 향기 은	誾誾은은:향기가 퍼져가는 모양

꽃길

이행

그윽한 꽃 수도 없이 인연따라 피어나
산 오르는 오솔길을 일부러 돌아가네
봄바람아 남은 향기 쓸어내지 말려므나
혹 한가한 이 있다면 술을 싣고 오리라

이행(1478~1534)

　본관은 덕수, 자는 택지擇之, 호는 용재容齋이다. 연산군 때 18세에 과거에 급제하였다. 강직한 성격으로 직언을 서슴지 않아 연산군과 중종조에 걸쳐 10여 차례나 귀양살이를 하는 등 벼슬길에 부침浮沈이 많았다. 중종반정으로 풀려나와 교리에 등용, 대사간·대사성을 거쳐 대사헌·대제학·공조판서·이조판서·우의정 등 고위 관직을 두루 역임했다. 1530년 『신증동국여지승람』을 펴내는 데 참여했고, 1531년 김안로를 논박하여 좌천된 뒤, 그 이듬해 함종에 유배되어 그곳에서 죽었다.
　남용익은 『호곡시화』에서 그의 시를 원혼圓渾하다고 평하였다. 그의 시는 허균 등에 의해 매우 높게 평가되었다. 당시의 전통에서 벗어나 기발한 착상과 참신한 표현을 강조하는 기교적인 시를 써서 새로운 시풍을 일으켰다. 그러나 표현의 격조가 높아진 반면 폭넓은 경험에서 나오는 자연스러움이 없었다. 저서로는 『용재집』이 있다. 박은과 함께 해동의 강서파라 불린다.

曉吟 효음

姜柏年

小雨絲絲濕一庭 소우사사습일정

寒鷄獨傍短墻鳴 한계독방단장명

幽人睡起身無事 유인수기신무사

徒倚南窓望翠屛 도의남창망취병

※ 한자풀이

矢　화살 시	弓矢궁시, 矢心시심, 矢言시언, 嚆矢효시
短 짧을 단	短縮단축, 短篇단편, 長短장단, 短劍단검
埃 먼지, 티끌 애	塵埃진애
矣 어조사 의	萬事休矣만사휴의
知 알 지	諒知양지, 知識지식, 知覺지각
智 지혜 지	智慧지혜
疾 병 질	疾病질병, 痼疾고질, 惡疾악질
미워할 질	疾視질시
빠를 질	疾走질주, 疾風怒濤질풍노도
跌 넘어질 질	差跌차질
지나칠 질	跌蕩질탕
嫉 투기할, 미워할 질	嫉視질시, 嫉妬질투

새벽 노래

강백년

가랑비가 보슬보슬 온 뜰을 적시는데

추위에 떠는 닭만 낮은 담가에서 우네

은둔한 사람 잠 깨어도 아무 일 없어

다만 남창에 기대어 푸른 산병풍 바라보네

강백년(1603~1681)

본관은 진주, 자는 숙구叔久, 호는 설봉雪峰·한계閒溪·청월헌聽月軒. 강인의 증손으로 아버지는 강주이다. 1627(인조5) 정시문과에 을과로 급제, 정언·장령을 지내고, 1646년에 강빈옥사가 일어나자 부교리로서 강빈의 억울함을 상소하였다가 삭직당했다. 이해에 문과 중시에 장원하여 동부승지에 오르고, 1648년 대사간으로 다시 강빈의 신원을 상소하였다가 청풍군수로 좌천되었다. 1653년 충청도·강원도의 관찰사를 거쳐 1660년 예조참판으로서 동지부사가 되어 청나라에 다녀왔다. 관직 재직 중 청렴하기로 이름이 높았으며 퇴직 후에는 기로소耆老所에 들어갔다.

만년에는 고금의 가언嘉言과 선정에 관한 것을 수집하여 『대학』의 팔조목을 모방하여 『한계만록』을 지었고, 약간의 시문이 『설봉집』에 실려 있다. 1690년 영의정에 추증되었고, 뒤에 청백리로 녹선錄選되었다. 온양의 정퇴서원, 수안의 용계서원, 청주의 기암서원에 제향되었다. 시호는 문정文貞이다.

有物유물

徐敬德

有物來來不盡來 유물내래부진래
來纔盡處又從來 내재진처우종래
來來本自來無始 내래본자내무시
爲問君初何所來 위문군초하소래

※ 한자풀이

敬 공경할 경	恭敬공경, 敬語경어, 尊敬존경, 敬老孝親경로효친
警 경계할 경	警戒경계, 警鐘경종, 軍警군경, 警備경비, 警護경호
驚 놀랄 경	驚愕경악, 驚氣경기, 驚歎경탄
儆 경계할 경	自儆團자경단, 儆戒경계
又 또 우	日新又日新일신우일신
受 받을 수	領受영수, 授受수수, 受難수난, 受賂수뢰
授 줄 수	敎授교수, 授業수업, 授與수여
友 벗 우	友誼우의, 友愛우애, 友邦우방, 朋友붕우
叉 깍지 낄 차	交叉路교차로, 夜叉야차

사물

서경덕

사물은 오고 오고 끝없이 다시 오니
겨우 다 왔나 하면 또다시 어디선가 오네
오고 와서 본래 절로 비롯됨이 없나니
묻노라 너는 처음 어디에서 온 것인가

서경덕(1489~1546)

조선 중종 때 학자, 자는 가구可久, 호는 화담花潭이다. 어머니의 명령으로 사마시에 합격했을 뿐 벼슬은 단념하고 오직 도학道學에만 힘을 쓰며 제자를 양성했다. 평생 가난했어도 흔들리지 않고 학문을 연구하였으나, 정치의 잘못을 들었을 때에는 개탄慨歎을 금치 못하였다. 한국 유학사상 본격적인 철학 문제를 제기하고, 독자적인 기철학의 체계를 완성했다. 당시 유명한 기생 황진이와의 일화가 전하며, 박연폭포·황진이와 더불어 '송도삼절松都三絶'로 불렸다. 그의 집안은 양반에 속했으나 할아버지와 아버지가 무반계통의 하급관리를 지냈을 뿐, 남의 땅을 부쳐먹을 정도로 형편이 어려웠다.

18세에 『대학』을 읽다가 격물치지장에 이르러 "학문을 하면서 사물의 이치를 파고 들지 않는다면 글을 읽어 어디에 쓰겠는가?"라고 하여 독서보다 격물格物이 우선임을 깨달아 침식을 잊을 정도로 그 이치를 연구하는 데 몰두했다. 유고로 「원이기」, 「이기설」, 「태허설」 등이 전해진다.

月夜出溪上 월야출계상

申欽

寒葉落如雨 한엽낙여우
朔風來似潮 삭풍내사조
扶筇獨出戶 부공독출호
明月過溪橋 명월과계교

※ 한자풀이

喬	높을, 큰 나무 교	喬木교목
橋	다리 교	橋脚교각, 橋頭堡교두보, 架橋가교
矯	바로잡을 교	矯正교정, 矯角殺牛교각살우, 矯風교풍
僑	더부살이 교	僑胞교포, 華僑화교
嬌	아리따울 교	嬌聲교성, 嬌態교태, 愛嬌애교
驕	교만할 교	驕慢교만, 驕邪교사, 嬌氣교기
轎	가마 교	轎子교자
嶠	산 높을 교(嶠)	嶠路교로, 喬嶽교악
禍	재앙 화	禍根화근, 轉禍爲福전화위복, 災禍재화, 慘禍참화
過	허물 과	過失과실, 過誤과오
	지나갈, 지나칠 과	看過간과, 過去과거, 過激과격, 過敏과민
渦	소용돌이 와	渦中와중, 渦紋와문, 渦旋와선
蝸	달팽이 와	蝸牛角上爭와우각상쟁, 蝸屋와옥

달밤에 시냇가로 나가

신흠

찬 잎은 비처럼 떨어지고
삭풍은 조수처럼 불어오네
단장 짚고 홀로 문 나서니
밝은 달 시내 다리 건너네

신흠(1566~1628)

본관은 평산, 자는 경숙敬叔, 호는 상촌象村·현옹玄翁. 이정구·장유·이식과 함께 '월상계택月象谿澤'이라 통칭되는 조선 중기 한문4대가의 한 사람이다. 아버지는 개성도사 신승서이며 어머니는 은진 송씨로 좌참찬 송인수의 딸이다.

7세 때 부모를 잃고 장서가로 유명했던 외할아버지 밑에서 자라면서 경서와 제자백가를 두루 공부했으며 음양학·잡학에도 조예가 깊었다. 개방적인 학문 태도와 다원적 가치관을 지녀, 당시 지식인들이 주자학에 매몰되어 있었던 것과는 달리 이단으로 공격받던 양명학陽明學의 실천적인 성격을 높이 평가하기도 했다. 문학론에서도 '시詩는 형이상자이고, 문文은 형이하자'라고 하여 시와 문의 본질적인 차이를 깨닫고 창작할 것을 주장했다.

임진왜란 때에는 도체찰사 정철의 종사관이었고 그 공로로 지평으로 승진했다. 1599년 큰아들 익성이 선조의 딸 정숙옹주의 부마가 되었고, 1608년 광해군이 즉위하자 예조판서가 되었다. 47세 때 계축옥사가 일어나자 선조로부터 영창대군의 보필을 부탁받은 유교칠신遺敎七臣의 한 사람이라 하여 파직되었다. 1616년 인목대비의 폐비사건으로 춘천에 유배되었다가 1621년 사면되었다.

이 시기에 학문 체계가 심화되어 『청창연담』, 『구정록』, 『야언』 등을 저술했다. 시호는 문정文貞. 도연명을 사모하여 그의 시를 차운한 수백 수의 시를 남겼다. 문집에 『상촌집』이 있다.

大雪대설

申欽

塡壑埋山極目同 전학매산극목동
瓊瑤世界水晶宮 경요세계수정궁
人間畫史知無數 인간화사지무수
難寫陰陽變化功 난사음양변화공

※ 한자풀이

日 날 일	日光일광, 消日소일, 日氣일기, 日沒일몰
맹 萌 움, 싹 맹	萌芽맹아, 竹萌죽맹, 萌動맹동
명 明 밝을 명	明白명백, 明細명세, 解明해명
정 晶 수정 정	結晶결정, 水晶수정, 晶耀정요
진 晉 진나라 진	晉州진주, 晉書진서, 東晉동진
호 昊 하늘 호	昊天罔極호천망극, 晴昊청호, 穹昊궁호

큰 눈

신흠

골 메우고 산을 덮어 온 천지가 한가지니
영롱한 옥 세계요 반짝이는 수정 궁궐이라
인간 세상 화가들이 무수히 많다지만
음양 변화의 공력을 그려내긴 어려우리

寄家書 기가서

李安訥

欲作家書說苦辛 욕작가서설고신
恐敎愁殺白頭親 공교수쇄백두친
陰山積雪深千丈 음산적설심천장
却報今冬暖似春 각보금동난사춘

※ 한자풀이

責 꾸짖을 책　　　詰責힐책, 叱責질책, 責望책망, 引責인책
　 책임 책　　　　責任책임, 職責직책, 責務책무
積 쌓을 적　　　　積善적선, 見積견적, 積雪적설, 積阻적조
蹟 자취 적　　　　古蹟고적, 遺蹟유적, 奇績기적
績 길쌈할 적　　　功績공적, 成績성적, 實績실적, 業績업적
磧 자갈 적　　　　磧中作적중작
債 빚 채　　　　　債務채무, 債券채권, 負債부채

집에 부치는 편지

이안눌

집에 보낼 편지에 괴로움을 말하려다
흰 머리 어버이가 근심할까 염려되어
그늘진 산 쌓인 눈의 깊이가 천 길인데
올 겨울은 봄날처럼 따뜻하다 적었네

이안눌(1571~1637)

조선 중기의 문신. 자는 자민子敏, 호는 동악東岳, 목릉성세기穆陵盛世期에 권필과 함께 이재二才로 칭송받은 시인으로 해동강서시파海東江西詩派로 알려진 이행李荇의 증손이며 박은朴誾의 외증손으로 가학家學을 이어받은 시인이다.
 이안눌은 시문을 잘 지었는데, 특히 당시唐詩에 뛰어나 이백에 비유되었다. 시를 지을 때 일자일구一字一句도 가벼이 쓰지 않았으며 4,379수의 방대한 양의 작품을 남겼다. 그중 「사월십오일四月十五日」은 임진왜란의 피해를 사실적으로 묘사한 장시다. 매년 4월 15일이 되면 동래성의 집집마다 곡소리가 끊이지 않는 사연을 듣고 왜적이 동래에 쳐들어왔을 때, 관민이 함께 싸우다 장렬하게 전사한 사연을 시로 형상화하였다. 또한 임진왜란 때 의사義士들의 행적을 「행하유감」이라는 시에 담았다.
 이안눌은 범어사의 고승과 교유하며 40여 수의 시를 남기기도 하였다. 동래부사를 퇴직하고 큰 스님 혜정의 방에 거하면서 빼어난 시 두 수를 바위에 새겼는데, 청련암 앞 바위 글씨가 그것이다. 이안눌은 글씨도 잘 썼다. 이안눌의 시문은 26권으로 된 『동악집』에 실려 있다. 그 가운데 「내산록萊山錄」은 동래부사 재임 시에 쓴 시문과 문서 기록을 모은 것이다.

龍湖용호

金得臣

古木寒雲裏고목한운리
秋山白雨邊추산백우변
暮江風浪起모강풍랑기
漁子急回船어자급회선

※한자풀이

莫 아닐, 없을 막	莫重막중, 莫上莫下막상막하, 莫逆막역
막 漠 사막, 넓을 막	漠漠막막, 沙漠사막, 索漠삭막, 漠然막연
幕 장막 막	酒幕주막, 帳幕장막, 汗蒸幕한증막
膜 꺼풀, 막 막	肋膜늑막, 網膜망막, 瓣膜판막
寞 고요할, 쓸쓸할 막	寞寞막막, 寂寞적막, 索寞삭막
맥 驀 뛰어넘을 맥	驀進맥진
모 募 모을 모	募金모금, 募兵모병, 公募공모, 應募응모
暮 저물 모	歲暮세모, 朝三暮四조삼모사, 日暮일모
模 법, 본 모	模範모범, 模擬모의, 模倣모방, 模寫모사, 模造모조
거푸집 모	模型모형
모양 모	模樣모양
慕 사모할, 그리워할 모	慕情모정, 愛慕애모, 追慕추모
謨 꾀할, 계책 모	謨訓모훈
摸 더듬어 찾을 모	摸索모색
묘 墓 묘지 묘	省墓성묘, 墓碑묘비, 墓地묘지, 陵墓능묘

용호

김득신

묵은 나무 찬 구름 속
비 내리는 가을산 가에
저문 강에 풍랑 일자
어부는 급히 배 돌리네

김득신(1604~1684)

　본관은 안동, 자는 자공子公, 호는 백곡柏谷. 어릴 때 천연두를 앓아 노둔한 편이었으나, 아버지의 가르침과 훈도를 받아서 서서히 문명을 떨친 인물이다. 당시 한문4대가인 이식으로부터 "그대의 시문이 당금當今의 제일"이라는 평을 들음으로써 이름이 세상에 알려지게 되었다.
　공부할 때 옛 선현과 문인들이 남겨놓은 글들을 많이 읽는 데 주력하였는데, 그중 『사기』 「백이전伯夷傳」을 일억 번이나 읽었다 하여 자신의 서재를 '억만재億萬齋'라 이름하였다.
　저술이 병자호란 때 많이 타 없어졌으나, 문집 『백곡집』에 많은 글들이 전해진다. 시를 잘 지었을 뿐만 아니라 시를 보는 안목도 높아 『종남총지終南叢志』 같은 시화도 남겼다. 여기에는 어무적·이행·정사룡·정철·권필 같은 앞 세대 유명 시인 등과 남용익·김석주·홍만종 같은 당대 문사들의 시를 뽑아 거기에 자신의 비평을 덧붙였다. 그리고 술과 부채를 의인화한 가전소설 「환백장군전歡伯將軍傳」과 「청풍선생전淸風先生傳」을 남겼다.

路傍塚 노방총

金尚憲

路傍一孤塚 노방일고총
子孫今何處 자손금하처
唯有雙石人 유유쌍석인
長年守不去 장년수불거

※ 한자풀이

隹 새 추

고	雇 품팔 고	雇用고용, 解雇해고, 雇傭고용
	顧 돌아볼, 생각할 고	顧問고문, 回顧회고, 顧客고객
곽	霍 급할 곽	霍亂곽란
리	罹 걸릴 리	罹災民이재민, 罹病이병
수	誰 누구 수	誰怨誰咎수원수구, 誰何수하
	雖 비록 수	雖然수연
	讎 원수 수	怨讎원수, 讎仇수구, 復讎복수
쌍	雙 쌍 쌍	雙手쌍수, 雙璧쌍벽, 無雙무쌍
유	唯 오직 유	唯一유일, 唯物유물, 唯我獨尊유아독존
	惟 생각할 유	思惟사유
	維 맬 유	維帶感유대감, 維新유신, 纖維섬유, 維持유지
	帷 휘장 유	帷幕유막
잡	雜 섞일 잡	錯雜착잡, 雜種잡종, 雜音잡음, 繁雜번잡
준	儁 준걸 준	儁傑준걸
진	進 나아갈 진	進路진로, 進步진보, 進前진전, 進退兩難진퇴양난
척	隻 외짝 척	隻手척수
추	推 밀 추	推進추진, 推戴추대
	밀 퇴	推敲퇴고
	錐 송곳 추	立錐餘地입추여지
	椎 몽치, 칠 추	脊椎척추, 椎魯추로, 鐵椎철추
치	稚 어릴 치	幼稚유치, 稚拙치졸, 稚氣치기, 稚魚치어
	雉 꿩 치	雉鷄치계
퇴	堆 쌓을 퇴	堆肥퇴비, 堆積퇴적

길가의 무덤

김상헌

길가의 외로운 무덤 하나
자손들 지금 어디에 있나
오직 한 쌍 돌사람만
긴 세월 지키며 안 떠나네

김상헌(1570~1652)

조선 인조·효종 때의 상신相臣, 본관은 안동, 자는 숙도叔度, 호는 청음淸陰·석실산인石室山人·서간노인西磵老人이다. 예조판서로 병자호란이 일어나자 주화론主和論을 배척하고 끝까지 척화론斥和論·주전론主戰論을 펴다가 인조가 항복하자 안동으로 은퇴하였다. 1639년 명나라를 공격하기 위한 청나라의 출병 요구에 반대하는 상소를 올리고 삼전도비를 부쉈다는 혐의를 받고 청나라에 압송되었다가 6년 만에 석방되어 귀국하였다.

윤근수의 문하에서 경사를 수업하고, 성혼의 도학에 연원을 두었다. 문집으로는 『청음집』이 전한다. 시호는 문정文正이다. 청나라에 압송되어 가면서 조국의 산천을 돌아보며 남긴 시조가 널리 회자膾炙되었다.

가노라 삼각산아 다시 보자 한강수야
고국산천을 떠나고자 하랴마는
시절이 하 수상하니 올동말동 하여라

野酌야작

李植

携酒松林下휴주송림하
松風吹酒缸송풍취주항
酒行人亦起주행인역기
孤月墮前江고월타전강

※ 한자풀이

酉 열째지지 유   酉時유시
  猶 오히려 유   猶不足유부족
      같을 유   猶父猶子유부유자, 過猶不及과유불급
      머뭇거릴 유   執行猶豫집행유예
  醫 의원 의   醫療의료, 醫師의사, 醫術의술, 名醫명의
  酒 술 주   酒店주점, 酒果脯醯주과포혜, 酒邪주사
  酋 우두머리 추   酋長추장
  醯 초, 식혜 혜   食醯식혜

야외의 술자리

이식

솔숲 아래서 술 마시니
솔바람이 술동이에 분다
술 마시고 사람도 일어나면
외로운 달은 앞 강에 지리

이식(1584~1647)

조선 중기의 문신. 본관은 덕수德水, 자는 여고汝固, 호는 택당澤堂, 시호는 문정文靖. 1610년(광해군2) 별시 문과에 급제하여 1613년 세자에게 경사와 도의를 가르친 설서를 거쳐 1616년 북평사가 되었다. 대사간으로 있을 때 임금의 종실을 사사로이 기리고 관직을 이유없이 높이는 일이 법도에 어긋남을 논하다가 인조의 노여움을 사 좌천되기도 했다. 1642년 김상헌과 함께 척화를 주장하다 청나라에 잡혀갔다가 탈주하여 돌아왔다.

문장이 뛰어나 신흠·이정구·장유와 함께 한문4대가의 한 사람으로 그의 문하에 많은 문인과 학자를 배출했으며 그의 문장은 한국의 정통적인 고문으로 높이 평가되었다. 문집으로 『택당집』이 전하는데, 한시의 모든 갈래에 두루 능숙했고 대체로 정경의 묘사가 뛰어나고 감상에 치우치지 않고 있는 그대로의 풍광을 읊은 시가 많다. 고체에 뛰어나며 오언율시에 특색을 발휘했다.

저서로 『초학자훈증집』, 『두시비해杜詩批解』 등이 있고, 『수성지水城志』, 『야사초본野史初本』 등을 편찬했다.

即事즉사

金瑬

霜風摵摵動靑梧상풍색색동청오
廖落空庭鳥自呼요락공정조자호
夢罷夕陽明小閣몽파석양명소각
薜蘿秋色滿墻隅벽라추색만장우

※ 한자풀이

壬	아홉째천간 임	壬方임방
령 逞	쾌할 령	逞志영지
	마음대로 할 령	不逞鮮人불령선인
음 淫	음란할 음	淫談悖說음담패설, 淫蕩음탕, 姦淫간음
임 任	맡길 임	責任책임, 任務임무, 擔任담임, 重任중임
	마음대로 할 임	任意임의, 放任방임
賃	품팔이 임	賃金임금, 無賃무임, 運賃운임
	빌릴 임	賃貸임대, 賃借임차
妊	아이 밸 임(姙)	妊婦임부, 妊娠임신, 避妊피임, 妊産임산
정 庭	뜰 정	庭園정원, 家庭가정, 親庭친정
程	법, 거리, 정도 정	程度정도, 工程공정, 規程규정, 路程노정
廷	조정, 법정 정	廷吏정리, 法廷법정, 朝廷조정
呈	보일, 드릴 정	露呈노정, 贈呈증정, 獻呈헌정
艇	거룻배 정	艦艇함정, 艇長정장
挺	빼어날, 앞장설 정	挺立정립, 挺身隊정신대

즉흥적으로 읊은 시

김류

서리바람 불어와 푸른 오동 흔들고

쓸쓸한 빈 뜰엔 새만 홀로 우네

잠 깨니 석양빛 작은 집에 환한데

담쟁이 가을빛이 담 모퉁이 가득하네

김류 (1571~1648)

　조선 중기의 문신. 본관은 순천順川, 자는 관옥冠玉, 호는 북저北渚. 1623년 이귀·이괄 등과 함께 인조반정에 성공하여 정사공신으로 책록되었다. 이듬해 이괄이 난을 일으키자 왕을 호종扈從하고 공주로 피란했으며, 정묘호란 때에는 강화로 왕을 모셨다. 1636년 12월 병자호란 때에는 팔도도체찰사 겸 영의정을 맡았다. 그러나 화의론和議論밖에 달리 방도가 없어 인조는 치욕적인 항복을 하게 되었다.

　송익필의 문인으로서 문장의 기력氣力을 숭상하고 법도가 엄격하였다. 시율詩律도 정련청건精鍊淸健하고 서체 또한 기묘하여 비문을 많이 남겼다. 저서로는 『북저집北渚集』이 있으며, 시호는 문충文忠이다.

楊花夕照양화석조

車雲輅

楊花雪欲漫양화설욕만

桃花紅欲燒도화홍욕소

繡作暮江圖수작모강도

天西餘落照천서여락조

※ 한자풀이

兆	조, 많은 수 조	億兆蒼生억조창생, 兆民조민
	점괘, 빌미, 징조 조	兆朕조짐, 兆占조점, 前兆전조
	묏자리 조	兆域조역
逃	달아날 도	逃亡도망, 逃避도피, 逃家도가
跳	뛸 도	跳躍도약, 一躍일약, 跳哮도효, 跳梁도량
桃	복숭아 도	桃園結義도원결의, 扁桃腺편도선
挑	돋울 도	挑戰도전, 挑發도발
姚	예쁠 요	妖冶요야
眺	바라볼 조	眺望權조망권
佻	방정맞을 조	輕佻浮薄경조부박
窕	깊을 조	窈窕淑女요조숙녀
晁	아침 조(朝)	晁夕조석

양화나루의 석양

차운로

버들개지 눈처럼 흐드러지고
복사꽃 붉어서 불 타는 듯
수놓아 저문 강 그림이 되고
서편 하늘에 낙조가 남았네

차운로(1559~1637)

조선 선조 때의 문장가. 자는 만리萬理, 호는 창주滄洲. 본관은 정안延安. 형이 차천로이고 사위가 조신준이다. 1580년(선조13) 생원·진사 양시에 장원으로 합격하였고, 1583년 알성문과에 장원으로 급제하였다. 개성부교수 당시에는 홍이상·이시정·윤영실 등과 장원 합격자들의 모임인 사장원계四壯元契를 결성하기도 하였다.

그는 당대 사람들로부터 비록 문벌은 미천하였으나 문장이 뛰어나다는 평가를 받았다. 문집에 『창주집』이 있다.

老馬노마

崔澱

老馬枕松根노마침송근
夢行千里路몽행천리로
秋風落葉聲추풍낙엽성
驚起斜陽暮경기사양모

※ 한자풀이

里	마을 리	里長이장, 洞里동리, 里程標이정표
	리 리	萬里他國만리타국
량 量	용량, 헤아릴 량	量刑양형, 用量용량, 雅量아량, 料量요량
糧	양식 량(粮)	糧食양식, 軍糧군량, 糧穀양곡
리 理	다스릴 리	理事이사, 調理조리
	도리, 이치 리	理法이법, 道理도리, 理想이상
	결 리	木理목리
狸	너구리 리(貍)	狸奴이노
俚	속될 리	俚言이언
裡	속 리(裏)	裡面이면, 裡書이서, 腦裡뇌리, 表裡不同표리부동
釐	다스릴 리(厘)	釐正이정
	과부 리	釐婦이부
	줄 리	釐降이강
浬	해리 리	海浬해리
매 埋	묻을, 감출 매	埋藏매장, 埋沒매몰, 埋伏매복
야 野	들 야	淸野戰術청야전술, 野黨야당, 野蠻야만, 野慾야욕
전 廛	가게 전	廛房전방
纏	얽을 전	纏足전족
서 墅	농막, 별장 서	山墅산서, 別墅별서

늙은 말

최전

늙은 말 솔뿌리 베고 누워서
꿈속에서 천 리를 달린다네
가을바람 낙엽 지는 소리에
놀라서 일어나니 해는 저무네

최전 (1567~1588)

조선 중기의 문인. 본관은 해주, 자는 언침彦沈, 호는 양포楊浦. 어려서부터 글재주가 뛰어나 신동 소리를 들었다. 6세 때 아버지를 여의고 큰 형에게 글을 배웠으며 9세 때 율곡의 문하에 들어가 공부하였다. 14세 때 사마시 초시初試에 응시하여 명성을 떨쳤으나 회시會試에는 때마침 스승 이이가 시험 감독·채점관이어서 응시하지 않았다. 1585년(선조18) 19세에 진사시에 합격하여 주위의 기대를 한 몸에 받았으나 22세 젊은 나이로 세상을 떠났다.

저서로는 『양포유고楊浦遺藁』가 있다. 이 책은 아들 최유해가 편집·간행하였다. 서문은 이정구와 신흠이 쓰고, 김장생이 발문을 지었다.

過故人若堂 과고인약당

柏庵

無端故友漸凋落 무단고우점조락
却恨流光不暫停 각한유광불잠정
今日獨歸墳下路 금일독귀분하로
暮煙疎雨草靑靑 모연소우초청청

※ 한자풀이

丁	넷째천간 정	丁時정시, 丁年정년
	장정 정	壯丁장정, 丁男정남
	당할 정	丁遇정우
녕 寧	편안할 녕	寧日영일, 康寧강녕, 安寧안녕
	어찌 녕	寧爲鷄口 勿爲牛後 영위계구 물위우후
	문안할, 친정 갈 녕	寧親영친
저 貯	쌓을 저	貯蓄저축, 貯藏저장, 貯金저금, 貯水저수
정 停	머물 정	停車정거, 停年정년, 停滯정체, 調停조정
亭	정자, 곧을 정	亭子정자, 驛亭역정, 亭亭정정
訂	바로잡을 정	訂正정정, 改訂개정
頂	정수리 정	頂上정상, 頂門一鍼정문일침, 絶頂절정, 頂點정점
汀	물가 정	汀渚정저
酊	술취할 정	酩酊명정, 酒酊주정
釘	못 정	押釘압정
町	밭두둑 정	町步정보
叮	부탁할 정	叮嚀정녕
타 打	칠 타	打破타파, 打開타개, 打診타진, 打算타산

친구의 무덤을 지나며

백암

이유 없이 옛 벗들 점점 스러지니
잠시도 멎지 않는 세월이 한스럽네
오늘 그대 무덤 아래 혼자 찾아가니
저녁 연기 가랑비에 풀빛은 푸릇푸릇

백암(1631~1700)

　조선 중기의 고승, 호는 백암柏庵, 성은 이씨李氏, 남원 출신. 1660년부터 순천 송광사, 낙안 징광사, 하동 쌍계사 등지에서 많은 학승들을 지도하였다. 그는 선종과 교종에 두루 통하였을 뿐만 아니라 정토문淨土門에도 귀의하여 극락왕생을 염원하였다. 또한 그의 참선 공부법은 임제종의 것을 따라 후학을 지도하였으며, 유학에도 조예가 깊어서 유사들의 배불론에 대해서는 철저히 변호하기도 하였다. 저서로는 『백암집』 등이 있다.

山居산거

許景胤

柴扉尨亂吠시비방난폐
窓外白雲迷창외백운미
石徑人誰至석경인수지
春林鳥自啼춘림조자제

※ 한자풀이

犬	개 견	犬馬之勞견마지로, 犬猿之間견원지간, 忠犬충견
곡	哭 소리 내어 울 곡	痛哭통곡, 哭聲곡성
기	器 그릇 기	器具기구, 容器용기, 祭器제기
	재능, 국량 기	器量기량, 器材기재, 大器晩成대기만성
	기관 기	臟器장기, 器官기관
돌	突 갑자기 돌	突擊돌격, 突發돌발, 突變돌변, 突風돌풍
	부딪힐 돌	唐突당돌, 衝突충돌, 突破돌파
	굴뚝 돌	煙突연돌
보	洑 보 보	洑稅보세
복	伏 엎드릴 복	伏拜복배, 伏望복망
	숨을 복	伏魔殿복마전, 埋伏매복, 伏兵복병
	굴복할 복	屈伏굴복, 降伏항복
	절후 복	三伏삼복
수	獸 짐승 수	禽獸금수, 人面獸心인면수심, 獸醫수의
연	然 그럴, 그러나 연	然而연이, 然後연후, 泰然태연
	燃 태울 연	燃比연비, 燃燒연소, 燃料연료
옥	獄 옥, 소송 옥	投獄투옥, 地獄지옥, 獄死옥사, 獄苦옥고
악	嶽 큰메 악	雪嶽설악
상	狀 형상 상	狀態상태, 狀況상황
	문서 장	狀啓장계, 賞狀상장, 令狀영장, 行狀행장
적	狄 오랑캐 적	北狄북적
폐	吠 개 짖을 폐	狗吠구폐

산에 살다

허경윤

사립문엔 삽살개 짖어대고

창 밖엔 흰 구름 자욱하네

돌길로 그 누가 찾아오랴

봄 숲엔 새만 홀로 우네

허경윤 (1573~1646)

　조선 중기의 문신. 본관은 김해. 자는 사술士述, 호는 죽암竹庵. 20세에 임진왜란을 당하여 모친을 모시고 함양으로 피난하였는데, 왜적이 수로왕릉을 도굴한다는 소식을 듣고 장정 1백여 명을 모아 관병과 합세하여 적을 몰아냈다. 병자호란 때에는 전답을 팔아 군량미를 마련하고 아들에게 남한산성으로 진군 명령을 내렸으나 이들 의병이 문경새재에 이르렀을 때, 조정이 청나라에 굴욕적인 화약을 맺고 말았다.
　이에 허경윤은 산으로 들어가 망해정 아래 작은 집을 짓고 매화와 대를 심고 호를 죽암으로 정해 절개를 꺾지 않았다. 순릉참봉에 제수되었으나 나아가지 않았다. 후손들이 『죽암집』, 『구천서원지』를 펴내 죽암이 남긴 글과 일화를 전하고 있다.

落花巖 낙화암

洪春卿

國破山河異昔時 국파산하이석시
獨留江月幾盈虧 독류강월기영휴
落花岩畔花猶在 낙화암반화유재
風雨當年不盡吹 풍우당년부진취

※ 한자풀이

皮 가죽 피		皮相피상, 皮膚피부, 皮骨피골, 表皮표피
파 破 깨뜨릴 파		破綻파탄, 破壞파괴, 破損파손, 突破돌파
波 물결 파		波濤파도, 波動파동, 波及파급, 秋波추파
頗 자못 파		頗多파다
치우칠 파		偏頗的편파적
坡 언덕 파		坡岸파안
婆 할미 파		老婆노파
跛 절름발이 파		跛行政局파행정국
기대어 설 피		跛立피립
피 彼 저, 그이 피		彼我피아, 彼岸피안, 彼此피차
披 헤칠, 알릴 피		披露宴피로연, 披瀝피력, 披髮피발
被 이불 피		被衾피금
입을 피		被擊피격, 被告피고, 被拉피랍, 被服피복
疲 지칠, 피곤할 피		疲困피곤, 疲勞피로, 疲弊피폐
詖 치우칠 피		詖辭피사
半 절반 반		半信半疑반신반의, 半子반자, 半身不隨반신불수
반 伴 짝 반		伴侶반려, 同伴동반, 伴奏반주, 隨伴수반
絆 얽어 맬 반		羈絆기반, 脚絆각반, 勒絆늑반
畔 밭두둑 반		湖畔호반, 河畔하반, 畔界반계
판 判 판단할 판		判斷판단, 判別판별, 判讀판독

낙화암

홍춘경

나라 망해 산하는 지난날 같지 않고

홀로 남은 강 달은 몇 번이나 차고 기울었나

낙화암 바위 위엔 꽃이 아직 남았으니

비바람 불던 그때 다 지지 않았구나

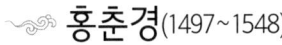

홍춘경(1497~1548)

   조선 중기의 문신. 본관은 남양, 자는 명중明仲, 호는 석벽石壁. 1522년 사마시를 거쳐, 1528년 식년문과에 을과로 급제하여 저작·정자를 지냈고, 1536년 문과 중시에 장원하여 사성·보덕·집의를 거쳐 예조참의에 올랐다. 성품이 강직하여 권세에 굽히지 않았고, 또한 권세가의 집을 찾는 일이 없었다고 한다. 글씨에 뛰어나 김생체에 능하였다.

治圃 치포

尹鉉

蒜尖韭細宿根成 산첨구세숙근성
葵茁蔥芽新種生 규줄총아신종생
無事自然歸有事 무사자연귀유사
人間何地不經營 인간하지불경영

※ 한자풀이

經	경서 경	經典경전, 佛經불경, 經書경서
	세로, 날실 경	經緯書경위서, 經天緯地경천위지
	지날 경	經過경과, 經歷경력, 經驗경험, 經絡경락
	법, 길, 도리 경	常經상경
	다스릴 경	經國경국, 經理경리, 經營경영
	월경 경	月經월경
輕	가벼울 경	輕重경중, 輕微경미, 輕蔑경멸, 輕快경쾌
徑	지름길, 지름 경	捷徑첩경, 口徑구경, 半徑반경, 直徑직경
頸	목 경	頸椎경추, 刎頸之交문경지교, 頸骨경골
痙	경련할 경	痙攣경련
脛	정강이 경	脛骨경골
莖	줄기 경	陰莖음경
勁	굳셀 경	勁直경직
涇	곧은 물줄기 경	涇水경수, 涇渭경위

채마밭을 돌보며

윤현

뾰족한 마늘 가는 부추 묵은 뿌리 이루고
아욱 잎 파 새싹 새로 씨를 뿌려 돋았네
일 없는 자연에 일이 많아지니
인간 세상 어디엔들 하는 일 없을까

윤현(1514~1578)

조선 중기의 문신. 본관은 파평坡平, 자는 자용子用, 호는 국간菊磵. 1537년 식년문과에 장원하고, 광주목사·형조참판·호조판서를 역임했다. 청렴한 성품이었으나 치산治産과 이재理財에 밝아 벼슬길에서 흥미로운 일화를 많이 남겼다. 백성들의 고통스런 삶을 외면하지 않고 시로 형상화하였다. 특히 1천 자가 넘는 장시「영남탄嶺南歎」이 유명하다. 문집에『국간집』3권 1책이 있다.

1572년(선조5) 사은사로 명나라에 다녀와서 지돈녕부사에 임명되었다. 시문에 능하였고 노년에 이르도록 관직에 있었는데, 이는 윤현의 탁월한 행정수완 때문이었다. 호조에 근무할 때는 국가재정을 아끼고, 한편으로는 재정을 유족하게 만들어 국조 이래 1인자로 칭송되었다. 명종 때 청백리에 녹선되었다.

雙溪方丈 쌍계방장

休靜

白雲前後嶺 백운전후령
明月東西溪 명월동서계
僧坐落花雨 승좌락화우
客眠山鳥啼 객면산조제

※ 한자풀이

令	명령할 령	命令명령, 法令법령
	법률, 규칙 령	令狀영장
	우두머리 령	縣令현령
	만일 령	假令가령
領	옷깃 령	要領요령
	다스릴 령	領空영공, 領導영도, 領域영역, 領有영유, 占領점령
	받을 령	領收證영수증, 受領수령
	우두머리 령	首領수령, 領袖會談영수회담
嶺	재 령	分水嶺분수령, 高峰峻嶺고봉준령, 嶺雲영운
零	떨어질 령	零落영락
	작을, 영 령	零細民영세민, 零敗영패, 零點영점
囹	옥 령	囹圄영어
齡	나이 령	年齡연령, 老齡노령, 樹齡수령, 適齡期적령기
伶	영리할 령(怜)	伶俐영리
鈴	방울 령	電鈴전령
羚	영양 령	羚羊영양
冷	찰 랭	冷笑냉소, 冷淡냉담, 冷戰냉전
命	목숨, 명령 명	命令명령, 壽命수명, 亡命망명, 薄命박명

쌍계사의 스님 처소

휴정

앞뒤의 산마루로 흰 구름 떠가고
동서의 시내엔 밝은 달 떠 있네
스님 앉은 자리 꽃비는 내리고
손님 잠든 곁에 산새가 지저귀네

휴정(1520~1604)

조선 중기의 승려·승군장僧軍將. 완산完山 최씨崔氏, 자는 현응玄應, 호는 청허淸虛. 별호는 서산대사, 법명은 휴정休靜이다.

10세 때 부모를 여의고 안주목사 이사증의 양자로 입적된 뒤 그를 따라 서울로 올라와 성균관에서 3년 동안 학문을 익혀 과거를 보았으나 낙방하고 지리산 일대를 유람하며 여러 사찰에 기거하였다. 이 시기 부용영관芙蓉靈觀의 설법을 듣고, 『전등록傳燈錄』, 『화엄경華嚴經』, 『법화경法華經』 등 경전을 연구하였고, 1549년 문정왕후에 의해 승과僧科가 부활되자 응시하여 급제하였다. 1589년 정여립 모반 사건에 연루되었다는 모함으로 투옥되기도 했으나 무죄임이 밝혀져 석방되었다.

1592년 임진왜란이 발발하자 선조의 부탁을 받고 1,500명의 의승을 순안 법흥사에 집결시키고 스스로 의승군을 통솔하여, 명나라 군사와 함께 평양을 탈환하였다. 선조가 서울로 돌아오자 그는 승군장직을 물러나 묘향산으로 돌아와 열반涅槃을 준비하였다. 1604년(선조37) 1월 23일, 나이 85세, 법랍 67세로 묘향산 원적암圓寂庵에서 입적하였다.

저술로는 문집 『청허당집淸虛堂集』을 비롯하여 『선가귀감禪家龜鑑』, 『선교석禪敎釋』, 『선교결禪敎訣』, 『설선의說禪儀』, 「회심곡回心曲」 등이 있다.

遊伽倻 유가야

休靜

落花香滿洞 낙화향만동
啼鳥隔林聞 제조격림문
僧院在何處 승원재하처
春山半是雲 춘산반시운

가야산에서

휴정

지는 꽃 향기 골짝에 가득하고
숲 저편에서 새들이 지저귀네
절집은 어디에 있나
봄 산의 반은 구름일세

觀物吟관물음

高尙顔

牛無上齒虎無角우무상치호무각

天道均齊付與宜천도균제부여의

因觀宦路升沈事인관환로승침사

陟未皆歡黜未悲척미개환출미비

※ 한자풀이

付 줄 부		交付교부, 付與부여, 納付납부
	청할 부	付託부탁
府 마을, 관청 부		政府정부, 官府관부, 府庫부고
附 붙을 부		附着부착, 附屬부속
符 부신 부		符信부신, 符籍부적
	들어맞을 부	名實相符명실상부, 符合부합
腐 썩을 부		腐敗부패, 腐蝕부식, 防腐劑방부제, 腐心부심
吩 분부할 부		吩咐분부
腑 장기 부		五臟六腑오장육부
駙 곁마, 부마 부		駙馬부마
俯 구부릴 부		俯仰부앙, 俯瞰부감
祔 합장할 부		祔右부우
拊 어루만질 부		拊育부육
鮒 붕어 부		鮒魚부어

사물을 보며

고상안

소는 윗니가 없고 범은 뿔이 없으니
하늘 이치 공평하여 저마다 알맞구나
이것으로 벼슬길의 오르내림을 살펴보니
승진해도 기쁠 것 없고 쫓겨나도 슬플 것 없네

고상안(1553~1623)

　본관은 개성, 자는 사물思勿, 호는 태촌泰村이다. 1573년(선조6)에 진사가 되고, 1576년(선조9)에 문과에 올라 함창현감, 풍기군수 등을 지냈다. 40세 되던 해인 1592년(선조25)에 임진왜란이 일어나 왜적이 침입하자, 향리인 상주 함창에서 의병 대장으로 추대되어 큰 공을 세웠다. 49세인 1601년(선조34) 함양군수를 지냈고, 이덕형·이순신 등과 서사기록도 남긴 바 있다. 그 뒤 울산판관을 지낸 후, 벼슬을 그만두고 전원생활을 하였다.
　문집으로 1898년(고종15)에 간행한 목판본 6권 3책이 전한다. 그 가운데 행장에 보면 농사에 밝고 문장이 능하며, 농군을 가르치고 농사에 관한 저술을 남겼다. 그리하여 학계에서는 「농가월령가農家月令歌」를 그의 작품으로 추측하고 있다. 그 밖에 그 문집에는 여화에 해당하는 「효빈잡기效嚬雜記」, 임진왜란 시 유성룡에게 올린 「팔책八策」과 「유합類合」, 『해동운부군옥海東韻府群玉』에 대한 기록과 풍속 전설에 관한 기록 등이 전해지고 있어 이색적이라는 평가를 받고 있다. 문집인 『태촌집泰村集』에는 '농가월령'이라는 기록을 볼 수 있을 뿐만 아니라 벼슬에서 물러나 농경생활을 했다는 내용이 행장에 기록되어 있다.

橫城逢趙汝修 횡성봉조여수

洪瑞鳳

雉岳山中雪 치악산중설
因風點客衣 인풍점객의
逢君半日話 봉군반일화
沈醉却忘歸 침취각망귀

※ 한자풀이

卒 군사 졸   卒兵졸병, 軍卒군졸, 羅卒나졸
    마칠, 끝낼 졸 卒業졸업
    갑자기 졸(猝) 卒倒졸도
    죽을 졸   卒逝졸서

쇄 碎 부술 쇄   碎氷船쇄빙선, 分碎분쇄, 玉碎옥쇄, 碎屑器쇄설기
수 粹 순수할 수   粹美수미, 純粹순수, 精粹정수
   晬 돌 수   晬宴수연
졸 猝 갑자기, 창졸 졸 猝富졸부, 猝地졸지, 倉猝間창졸간
췌 萃 모을 췌   拔萃발췌, 萃取췌취, 郡萃군췌
   悴 파리할 췌   憔悴초췌, 悴顔췌안, 困悴곤췌
   膵 췌장 췌   膵臟췌장, 膵液췌액, 膵管췌관
취 醉 취할 취   陶醉도취, 麻醉마취, 滿醉만취, 心醉심취
   翠 푸를 취   翡翠비취, 濃翠농취, 翠玉취옥, 翠樓취루

端 끝 단   端緒단서, 首鼠兩端수서양단, 端正단정, 末端말단
단 湍 여울 단   急湍급단, 湍深단심
서 瑞 상서로울 서 瑞光서광, 祥瑞상서, 瑞雪서설
천 喘 숨찰 천   喘息천식, 喘急천급, 喘汗천한

횡성에서 조여수를 만나다

홍서봉

치악산에 내리는 눈
바람따라 옷에 묻네
그대 만나 반나절 얘기하다
만취해서 돌아가지 못했네

홍서봉(1572~1645)

조선 중기의 문신, 본관은 남양, 자는 휘세輝世, 호는 학곡鶴谷, 시호는 문정文靖. 인조반정을 주도하였고, 1632년 그 공으로 정사공신 3등에 책록되고 익녕군에 봉해졌다. 1628년 유효립의 역모를 고변하여 영사공신 2등에 책록되었고, 그 뒤 예조판서·이조판서·대제학 등을 역임했다.

1636년 좌의정으로 재직 중 병자호란이 일어나자 최명길·이경직·김신국 등과 함께 화의를 주장하고 청나라 진영에 가 항복절차를 협의했다. 1639년 부원군이 되었고, 이듬해 영의정에 올랐다. 1645년 소현세자가 급사한 뒤 봉림대군(효종)의 세자책봉을 반대하고 소현세자의 아들로 세손을 삼자고 주장하였으나 받아들여지지 않았다.

시·서·화에 능했고, 『청구영언』에 시조 한 수가 전한다. 저서로 『학곡집鶴谷集』이 있다.

騎牛기우

權萬

不識騎牛好불식기우호
今因無馬知금인무마지
煙郊看漠漠연교간막막
春日共遲遲춘일공지지

※ 한자풀이

交	사귈 교	交際교제, 修交수교, 絶交절교
	서로 교	交易교역, 交涉교섭
	엇갈릴 교	交叉교차, 交錯교착
	흘레할 교	交尾교미, 性交성교
校	학교 교	學校학교, 校庭교정, 校長교장, 校舍교사
較	견줄 교	比較비교
	대략 교	較略교략
郊	교외 교	郊外교외
絞	목멜 교	絞首刑교수형
狡	교활할 교	狡猾교활, 姦狡간교
咬	물 교	咬傷교상
皎	흴, 달 밝을 교	皎皎교교
姣	아름다울 교	姣冶교야
鮫	상어 교	鮫皮교피
效	본받을 효(効)	效矉효빈
	효험 효	效用효용, 效驗효험, 藥效약효, 特效특효

소를 타고

권만

소 타는 게 좋은 줄 몰랐다가
말이 없는 지금 알게 되었네
안개 짙어 흐릿한 교외를
봄날과 함께 느릿느릿 간다네

권만(1688~1749)

조선 후기의 문신. 본관은 안동安東, 자는 일포一浦, 호는 강좌江左. 1721년 사마시에 합격하였고, 1172년 증광문과에 급제하였다. 1728년 정좌로 재직 시 이인좌의 난이 일어나자 의병장 유승현을 도와서 반역을 꾀한 무리들을 진압하는 데 공을 세웠다. 1746년 병조좌랑으로 문과 중시에 급제하였고 병조정랑이 되었다.

어전에서 『근사록近思錄』을 통강하여 영조의 신임을 받았으나 영달의 뜻을 접고 향리로 돌아와 독서와 저술에 매진하였다. 봉화 지역의 눌은 이광정과 함께 육경六經의 학습을 중요시하며 이상정·김성탁 등 안동 유림과 독서론 논쟁을 벌였다. 저서에 『강좌집江左集』이 있다.

南山菊 남산국

李德懋

菊花欹石底 국화의석저
枝折倒溪黃 지절도계황
臨溪掬水飮 임계국수음
手香口亦香 수향구역향

※ 한자풀이

奇	기이할 기	奇怪기괴, 奇拔기발, 奇想天外기상천외
	운수 사나울 기	奇薄기박
	갑자기 기	奇襲기습
	홀수 기	奇數기수
기 寄	부칠, 맡길 기	寄贈기증, 寄與기여, 寄稿기고, 寄託기탁, 寄賦기부
	붙일, 의지할 기	寄居기거, 寄生기생, 寄宿舍기숙사
騎	말 탈 기	騎手기수, 騎虎之勢기호지세
崎	산 험할 기	崎嶇기구
綺	비단 기	綺羅星기라성
畸	떼기밭 기	
	불구 기	畸人기인, 畸形기형
琦	옥이름 기	琦珍기진
의 倚	기댈 의	倚傾의경, 倚門而望의문이망
猗	기댈 의	
椅	의자 의	椅子의자, 交椅교의
猗	아름다울 의	猗靡의미
	감탄할 의	猗蹉의차

남산 국화

이덕무

바위 밑에 기대어 자란 국화가
가지 꺾여 시냇물에 비쳐 노랗네
냇가에서 물을 움켜 마시니
손도 향기롭고 입도 향기롭네

이덕무(1741~1793)

본관은 전주, 자는 무관懋官, 호는 형암炯庵·청장관靑莊館·아정雅亭·선귤당蟬橘堂. 한미한 가문의 서얼로 태어났다. 책을 너무 사랑한 나머지 자신의 호를 '간서치看書痴'라 지었다. 박학다식하고 고금의 기문이서奇文異書에도 통달했으며 문장의 개성이 뚜렷해 문명을 일세에 떨쳤으나, 서얼이기에 크게 등용되지 못하였다. 어릴 때 병약하고 빈한해 전통적인 정규 교육은 거의 받을 수 없었다. 그러나 총명한 그는 가학家學으로 6세에 이미 문리文理를 터득하고 약관에 박제가·유득공·이서구 등과 함께 『건연집巾衍集』이라는 사가시집四家詩集을 내었다.

특히 박지원·홍대용·박제가 등 북학파 실학자들과 깊이 교유해 많은 영향을 받았다. 1778년(정조2)에는 심영조의 서장관으로 직접 연경에 들어가 청나라 학자들과도 교류하였다. 그 명성이 정조에까지 알려져 1779년 박제가·유득공·서이수와 함께 규장각 외각 검서관이 되었다. 규장각의 도서 편찬에도 참여하였다. 비속한 청나라 문체를 사용해 박지원·박제가 등과 문체반정文體反正에 걸려 정조에게 자송문自訟文을 지어 바치기까지 했다. 질병으로 1793년에 죽었다.

저서로 『청장관전서』가 있다.

賞景 상경

金炳淵

一步二步三步立 일보이보삼보립
山靑石白間間花 산청석백간간화
若使畫工模此景 약사화공모차경
其於林下鳥聲何 기어임하조성하

※ 한자풀이

方 모 방	方形방형
방향, 방법 방	方法방법, 方便방편, 方向방향
바를 방	方正방정
바야흐로 방	方今방금
防 막을 방	防備방비, 防諜방첩, 防衛방위, 防禦방어
放 놓을 방	放生방생, 放置방치, 追放추방, 放出방출
訪 찾을 방	尋訪심방, 來訪내방, 訪問방문, 探訪탐방
妨 방해할 방	妨害방해, 無妨무방, 妨礙방애
房 방 방	暖房난방, 廚房주방, 塵房전방, 房事방사
芳 꽃다울 방	芳年방년, 芳香劑방향제, 芳名錄방명록
倣 본뜰 방	模倣모방, 倣寫방사
傍 곁 방(旁)	傍系방계, 傍觀방관, 傍助방조, 傍若無人방약무인
紡 길쌈 방	紡織방직, 紡績방적, 紡錘방추
彷 헤맬 방	彷徨방황
비슷할 방	彷彿방불
坊 동네 방	坊坊曲曲방방곡곡
肪 기름 방	脂肪지방
膀 오줌통 방	膀胱방광
榜 방 붙일, 노 방	榜人방인, 落榜낙방, 榜賣방매, 榜文방문
謗 헐뜯을 방	誹謗비방, 毀謗훼방, 譏謗기방
邊 가 변	江邊강변, 身邊신변, 底邊저변, 周邊주변
閼 막을 알	閼塞알색, 閼止알지
於 어조사 어	間於齊楚간어제초
탄식할 오	於乎오호
瘀 멍들 어	瘀血어혈, 瘀熱어열

경치 감상

김병연

한 걸음 두 걸음 세 걸음 가다가 서서 보니
산은 푸르고 돌은 흰데 사이사이 꽃이로구나
만약 화가로 하여금 이 경치를 그리게 한다면
숲 아래서 우는 새소리 어떻게 그릴 건가

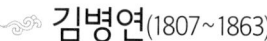

김병연(1807~1863)

　본관은 안동, 호는 난고蘭皐, 별호는 김삿갓 또는 김립金笠. 경기도 양주에서 출생. 평안도 선천宣川의 부사였던 할아버지 김익순이 홍경래 난 때에 투항投降한 죄로 집안이 멸족을 당하였다. 노복 김성수의 구원으로 형 김병하와 함께 황해도 곡산谷山으로 피신해 공부하였다. 후일 멸족에서 폐족으로 사면되어 어머니에게로 돌아갔다. 아버지 김안근은 홧병으로 죽었다.
　어머니는 자식들이 폐족자로 멸시받는 것이 싫어 영월로 옮겨 숨기고 살았다. 이 사실을 모르는 김병연은 과거에 응시「논정가산충절사탄김익순죄통우천論鄭嘉山忠節死嘆金益淳罪通于天」이라는 시제로 장원 급제하였다. '정가산이 충절을 지켜 죽은 것을 논하고, 김익순의 죄가 하늘에 통함을 탄식하다.'는 뜻이니, 할아버지 김익순의 죄를 손자인 그가 탄식한 것이다. 그러나 자신의 내력을 어머니에게 듣고 조상을 욕되게 한 죄인이라는 자책과 폐족자에 대한 멸시 등으로 20세 무렵부터 처자식을 둔 채 방랑의 길에 오른다. 그는 푸른 하늘을 볼 수 없는 죄인이라고 삿갓을 쓰고 죽장을 짚은 채 방랑생활을 시작하였다.
　김병연의 한시는 풍자諷刺와 해학諧謔을 담고 있어 희화적戲畫的이었다. 1863년 57세의 나이로 전라도 선비의 집에서 한많은 인생을 마쳤다. 1978년 후손들이 중심이 되어 광주 무등산 기슭에 시비詩碑를 세웠다. 1987년 영월에도 시비를 세웠다. 그의 시를 묶은『김립시집金笠詩集』이 있다.

夏雲多奇峯 하운다기봉

金炳淵

一峯二峯三四峯 일봉이봉삼사봉
五峯六峯七八峯 오봉육봉칠팔봉
須臾更作千萬峯 수유갱작천만봉
九萬長天都是峯 구만장천도시봉

여름 구름엔 기이한 봉우리 많아

김병연

한 봉우리 두 봉우리 서너 봉우리
다섯 봉우리 여섯 봉우리 일고여덟 봉우리
잠깐 만에 다시금 천만 봉우리 생겨나
구만 리 긴 하늘이 온통 봉우리구나

農家歎 농가탄

鄭來僑

白骨之徵何慘毒 백골지징하참독

同隣一族橫罹厄 동린일족횡리액

鞭撻朝暮嚴科督 편달조모엄과독

前村走匿後村哭 전촌주닉후촌곡

鷄狗賣盡償不足 계구매진상부족

悍吏索錢錢何得 한리색전전하득

父子兄弟不相保 부자형제불상보

皮骨半死就凍獄 피골반사취동옥

※ 한자풀이

寸	마디, 한 치, 촌수 촌	寸評촌평, 寸鐵殺人촌철살인, 寸刻촌각, 寸數촌수
冠	갓 관	衣冠의관, 鷄冠계관, 冠帶관대, 冠禮관례
對	대할, 짝 대	對決대결, 對偶대우, 對答대답, 相對상대
封	봉할 봉	封土봉토, 封印봉인, 封鎖봉쇄, 封建主義봉건주의
射	쏠 사	射擊사격, 射殺사살, 射倖心사행심
謝	사례할, 거절할 사	感謝감사, 謝恩사은, 謝禮사례, 謝絶사절
守	지킬 수	守備수비, 守勢수세, 守節수절, 保守보수, 守護수호
狩	사냥할 수	狩獵수렵
尋	찾을, 발, 보통 심	尋訪심방, 枉尺直尋왕척직심, 尋常심상
紂	주임금 주	紂王주왕
村	마을 촌	村落촌락, 漁村어촌, 村長촌장
忖	헤아릴 촌	忖度촌탁
討	칠, 찾을, 요구할 토	討伐토벌, 討論토론, 檢討검토, 討罪토죄, 討索토색

농가의 한탄

정내교

백골까지 세금을 매기다니 어찌 그리도 참혹한지

한 마을 사는 한 가족이 모두 횡액을 당하였네

아침저녁 채찍 치며 엄하게 세금을 재촉하니

앞마을에선 달아나 숨고 뒷마을에선 통곡하네

닭과 개를 다 팔아도 빚 갚기엔 모자라는데

사나운 아전들 돈 내노라지만 돈을 어디에서 구할까

부자와 형제 간에도 서로 보살피지 못하고

가죽과 뼈만 남고 반쯤 죽어 차가운 감옥에 갇혔네

정래교(1681~1757)

본관은 하동, 자는 윤경潤卿, 호는 완암浣巖. 한미한 집안 출신이나 시문에 능하고 거문고와 노래 솜씨가 대단해 널리 명망을 얻었다. 1705년(숙종31)에 통신사의 역관으로 일본에 다녀왔는데 그곳에서도 시로써 명성을 얻었다.

그의 시세계는 자신의 처지를 되돌아보며 사회를 비판하는 적극적인 자세를 보여주었다. 농민의 참상慘狀을 상세히 다룬「농가탄農家歎」, 가게 보는 노인의 처지를 그린「성환점成歡店」등의 작품을 남겼다. 문집으로는『완암집浣巖集』이 전한다.

憶先兄 억선형

朴趾源

我兄顔髮曾誰似 아형안발증수사
每憶先君看我兄 매억선군간아형
今日思兄何處見 금일사형하처견
自將巾袂映溪行 자장건몌영계행

한자풀이

意 뜻 의　　　得意滿面 득의만면, 意味 의미, 意義 의의, 意見 의견
　億 억 억　　　億萬 억만, 億劫 억겁
　憶 생각할, 기억할 억　　憶昔 억석, 記憶 기억, 追憶 추억
　臆 가슴, 생각 억　　　臆斷 억단, 臆說 억설, 臆測 억측, 胸臆 흉억
　檍 감탕나무 억
　噫 탄식할 희　　噫嗚 희오
　　트림할 애　　噫欠 애흠

형님 생각

박지원

우리 형님 얼굴과 머리털 누굴 닮았던가
돌아가신 아버지 생각날 때 형님을 보았지
오늘 형님이 그리운데 어디서 봐야 하나
망건 소매 차림의 날 시내에 비춰보네

박지원(1737~1805)

본관은 반남潘南, 자는 중미仲美, 호는 연암燕巖·연상煙湘·열상외사洌上外史. 할아버지는 지돈녕부사知敦寧府事 박필균弼均이고, 아버지는 박사유師愈이며, 어머니는 함평 이씨 창원의 딸이다.

그는 노론의 명문세신이었지만, 재산이 변변치 못했다. 그는 영조로부터 두터운 신임을 받으면서도 척신戚臣의 혐의를 피하고자 애썼으며 청렴했던 조부의 강한 영향을 받으며 성장했다. 그의 처삼촌인 홍문관 교리 이양천에게서 글을 배웠다. 3년 동안 문을 걸어 잠그고 공부에 전념, 경학·병학·농학 등 모든 경세실용의 학문을 연구했다.

특히 문재文才를 타고난 그는 「광문자전廣文者傳」 등 단편소설 9편을 지었다. 문학에서는 당시 이덕무·유득공·이서구·박제가가 4대시가로 일컬어졌는데 모두 박지원의 제자들이었으며, 이서구를 제외하고는 모두 서얼 출신이었다.

1780년 청나라 북경으로 정사 박명원의 자제군관子弟軍官 자격으로 여행을 다녀와서 쓴 것이 『열하일기熱河日記』이다. 이는 단순한 일기가 아니라, 「호질虎叱」, 「허생전許生傳」 등의 소설도 들어 있고 중국 문물 풍속제도의 소개와 조선의 제도·문물에 대한 비판 등도 들어 있는 문명비평서였다. 1786년 처음 벼슬에 올라 선공감 감역에 임명되었다. 1799년 정조가 내린 권농정구농서勸農政求農書의 하교에 의해 『과농소초課農小抄』를 짓기도 하였다.

夏至하지

丁若鏞

月於三十日월어삼십일
得圓纔一日득원재일일
日於一歲中일어일세중
長至亦纔一장지역재일
衰盛雖相乘쇠성수상승
盛際常慓疾성제상표질

※ 한자풀이

票 표 표	投票투표, 票決표결, 車票차표, 證票증표
標 표시, 표할 표	標榜표방, 標本표본, 標準표준, 指標지표
慓 날랠, 빠를 표	慓毒표독, 慓悍표한
漂 뜰 표	漂流표류, 漂迫표박, 漂着표착
빨래할 표	漂白표백
剽 빼앗을 표	剽略표략, 剽竊표절
빠를 표(慓,嫖,慓)	剽悍표한
飄 나부낄 표	飄泊표박, 飄飄표표
회오리바람 표	飄風표풍
瓢 표주박 표	簞食瓢飮단사표음
縹 녹색 표	縹靑표청

하지

정약용

달은 삼십 일 중에

둥근 날이 하루뿐

해는 일 년 중에

가장 긴 날이 또한 하루뿐

성쇠가 비록 이어지지만

성할 때는 늘 빨리 간다네

정약용(1762~1836)

자는 미용美鏞. 호는 다산茶山·여유당與猶堂. 경기도 광주시 초부면 마현馬峴에서 태어났다. 그의 생애와 학문 과정은 1801년(순조1) 신유사옥에 따른 유배를 전후로 크게 두 시기로 구분되며 그의 사회 개혁사상 역시 이에 대응한다. 먼저 전기 관료생활 시기이다. 15세에 서울로 와서 이익과 같은 학자가 될 것을 결심하고 이익의 제자인 이중환·안정복의 저서를 탐독했다. 1794년 경기도 암행어사로 파견되었다.

학식과 재능을 바탕으로 정조의 총애를 받았으나, 정조가 죽자 벽파는 남인계의 시파를 제거하기 위하여 청나라 신부 주문모를 끌어들여 역모를 꾀했다는 죄목으로 신유사옥을 일으켰다. 그는 형 약전·약종 등과 함께 포항 장기로 유배되었다. 그해 11월 전남 강진으로 이배되어 거기에서 그의 학문 체계를 완성하였다. 『경세유표經世遺表』, 『목민심서牧民心書』, 『흠흠신서欽欽新書』 등을 저술하였다. 그리고 자신의 회갑을 맞아 자전적 기록인 「자찬묘지명自撰墓誌銘」을 저술하였고, 500여 권에 이르는 자신의 저서를 정리하여 『여유당전서與猶堂全書』를 편찬하였다.

村舍촌사

金正喜

數朶鷄冠醬瓿東 수타계관장부동
南瓜蔓碧上牛宮 남과만벽상우궁
三家村裏徵花事 삼가촌리징화사
開到戎葵一丈紅 개도융규일장홍

※ 한자풀이

至 이를, 지극할 지   至極지극, 至毒지독, 遝至답지, 至當지당
 대 臺 대, 누각, 조정 대   臺詞대사, 高臺廣室고대광실
  擡 들, 쳐들 대   擡頭대두, 擡擧대거
 도 到 이를 도   到達도달, 到來도래, 到着도착
    주밀할 도   周到綿密주도면밀
  倒 넘어질 도   倒翁도옹, 卒倒졸도, 倒産도산, 壓倒압도
 실 室 집 실   室內실내, 寢室침실, 別室별실
    아내 실   室人실인, 正室정실, 側室측실, 小室소실
    별이름 실   室宿실수
 악 握 잡을 악   把握파악, 掌握장악, 握手악수, 握力악력
  齷 악착 악   齷齪악착
 옥 屋 집 옥   家屋가옥, 屋上屋옥상옥, 社屋사옥, 韓屋한옥
 진 臻 몰릴, 이를 진   輻輳幷臻폭주병진
 질 窒 막을, 막힐 질   窒塞질색, 窒息질식, 窒礙질애
    질소 질   窒素질소
  桎 차꼬 질   桎梏질곡
  膣 음도, 새살 돋을 질   膣口질구, 膣炎질염
 치 致 이를 치   致命치명, 致富치부, 致死量치사량
    부를 치   招致초치, 誘致유치
    보낼, 전할 치   致賀치하
    운치, 풍치 치   韻致운치, 風致풍치, 景致경치
  緻 밸, 촘촘할 치   緻密치밀, 詳緻상치, 精緻정치

시골집

김정희

장독대 동편엔 맨드라미 몇 송이 피고
호박 넝쿨 푸르게 외양간을 타오르네
서너 집 마을에서 꽃소식을 살피니
접시꽃 한 길이나 붉은 꽃을 피웠네

김정희(1786~1856)

조선 후기의 학자·서예가. 본관은 경주, 자는 원춘元春, 호는 완당阮堂·추사秋史. 신라의 김생 이래 우리나라에는 많은 서예가가 있었으나 김정희만큼 커다란 업적을 남긴 사람도 드물다.

충남 예산에서 태어났다. 잉태된 지 24개월 만에 태어났다는 이야기가 전해온다. 그리고 태어날 때 용봉산의 초목이 시들고 우물물이 줄어들어 추사가 장차 훌륭한 인물이 될 것임을 예견했다고 한다.

추사는 어렸을 때부터 글씨에 뛰어났다. 그는 24세 때 아버지를 따라 청나라에 가서 옹방강·완원 등의 대학자들을 만나 금석학에 관한 새로운 지식을 얻게 되었다. 그는 구양순·미불·동기창 같은 명필들의 필법과 금석문을 연구하여 추사체를 이루었다. 그의 글씨는 생동감과 고박古朴한 맛을 풍기며 자형의 변화가 무쌍하고 난초 그림에도 뛰어났다. 또한 북한산에 있는 진흥왕순수비의 비문을 판독하였으며 『금석과안록金石過眼錄』이란 저서가 있다.

1830년 생부 김노경이 윤상도의 옥사에 연루되어 고금도로 유배되었다가 순조의 배려로 풀려났고, 헌종 즉위 초 김정희 자신도 윤상도 옥사에 연루되어 제주도로 유배되었다가 8년 만에 석방되었다. 1851년에는 헌종의 묘 이전 문제로 함경도 북청으로 유배되는 등 파란만장波瀾萬丈한 생을 살았다. 추사와 완당 외에 100여 개가 넘는 별호를 사용하였다.

山行 산행

金始振

閒花自落好禽啼 한화자락호금제
一徑淸陰轉碧溪 일경청음전벽계
坐睡行吟時得句 좌수행음시득구
山中無筆不須題 산중무필불수제

※ 한자풀이

行	다닐 행	行實행실, 行動擧止행동거지, 行狀행장, 行裝행장
	항렬 항	行列항렬
愆	허물, 어그러질 건	是誰之愆시수지건, 愆期건기, 愆悔건회
衍	퍼질, 넓힐 연	敷衍부연, 蔓衍만연, 衍義연의
衡	저울 형	衡平형평, 均衡균형, 銓衡전형
	가로 횡(橫)	合縱連衡합종연횡

산행

김시진

한가한 꽃 혼자 지고 예쁜 새들 지저귀는

작은 산길 맑은 그늘 돌아가면 푸른 시내

앉아 졸다 가다 읊다 때로 시를 지어도

산속에는 붓이 없어 적을 수가 없구나

 김시진(1618~1667)

조선 후기의 문신. 본관은 경주, 자는 백옥伯玉, 호는 반고盤皐. 좌의정 김명원의 증손으로 1644년(인조22) 정시문과에 병과로 급제하여 이듬해 검열이 되었다. 임진왜란 당시 광주 지방에서 궐기하여 왜적을 크게 물리친 의병장 김덕령이 이몽학의 난에 연루된 무리로 오해를 받아 장살당하자 그의 신원伸冤을 건의하였다.

1662년 승지를 지낸 뒤 경기좌도 균전사로 파견되었으며, 1666년 사은부사로 청나라에 다녀와서 한성부 좌윤, 수원 부사, 호조참판 등을 지냈다.

江行雨泊강행우박

崔成大

寒雨江楓暗客舟한우강풍암객주
孤帆遠上白雲秋고범원상백운추
歸心不待聞新雁귀심부대문신안
已逐滄波日夜流이축창파일야류

※ 한자풀이

斤 도끼, 근 근	斤斧근부, 斤量근량
근 近 가까울 근	近來근래, 近親근친, 近況근황, 側近측근
기 祈 빌 기	祈願기원, 祈禱기도, 祈福기복, 祈雨기우
沂 물이름 기	沂水기수
단 斷 끊을 단	斷絶단절, 斷念단념, 言語道斷언어도단, 決斷결단
서 誓 맹세할 서	誓約서약, 盟誓맹서, 宣誓선서
逝 갈 서	逝去서거, 急逝급서
석 析 쪼갤 석	分析분석, 解析해석, 析出석출
晳 밝을 석	明晳명석
소 訴 송사할, 하소연할 소	呼訴호소, 訴訟소송, 公訴공소
泝 거스를 소(遡·溯)	泝及소급, 泝流소류
신 新 새로울 신	新規신규, 新銳신예, 新築신축, 最新최신
薪 땔나무 신	臥薪嘗膽와신상담, 薪炭신탄
작 斫 쪼갤 작	斫刀작도
자 匠 장인 장	匠人장인, 名匠명장, 巨匠거장, 意匠의장
절 折 꺾을 절	折半절반, 折衷절충, 屈折굴절, 骨折골절, 挫折좌절
질 質 바탕, 볼모 질	質朴질박, 材質재질, 資質자질, 質問질문, 人質인질
척 斥 내칠, 망볼 척	排斥배척, 斥邪척사, 斥和碑척화비, 斥候척후
철 哲 밝을 철(喆)	哲學철학, 哲人철인, 明哲명철
탁 柝 터질 탁(坼)	柝裂탁렬, 柝榜탁방
흔 欣 기쁠 흔	欣快흔쾌, 欣然흔연

강비에 배 대고

최성대

강가 단풍에 찬 비 내려 나그네 배 어둑한데
가을의 흰 구름 아래 외로운 배 멀리 떠나네
돌아갈 맘 새 기러기 울음소리 못 기다려
벌써 푸른 물결 따라 밤낮으로 흘러가네

최성대(1691~1761)

본관은 전의全義, 자는 사집士集, 호는 두기杜機. 음사로 별제가 되었으며, 1732년(영조8) 정시문과에 병과로 급제하여 세자시강원 설서를 거쳐 지평·장령을 지낸 뒤에 춘방대 사간을 역임하였다. 시문에 뛰어나 김창흡 이후의 제일인자라 칭해졌다. 신유한과 친교를 맺고 화답한 것이 많았다.
그의 시를 모아 엮은 『두기시집杜機詩集』이 남아 있다.

山居산거

韓在濂

早晴野外看山歸조청야외간산귀
長日閒庭掩板扉장일한정엄판비
牧丹落盡蒼苔滿모란낙진창태만
無賴黃蜂掠面過무뢰황봉약면과

※ 한자풀이

反	돌이킬 반	反擊반격, 反應반응, 反亂반란
	되풀이할 반	反復반복, 反芻반추
	반대할 반	反對반대, 反目반목, 反駁반박
	뒤짚어엎을 번	反耕번경
반 叛	배반할 반	背叛배반, 叛軍반군, 叛逆반역
返	돌이킬 반	返納반납, 返還반환, 返送반송, 返品반품
飯	밥 반	飯饌반찬, 飯店반점, 殘飯잔반, 朝飯조반
판 坂	고개 판	坂頂판정
阪	산비탈 판	阪上走丸판상주환
板	널 판	板本판본, 看板간판, 坐板좌판, 懸板현판
版	판목 판	版圖판도, 初版초판, 出版출판
販	팔 판	販賣판매, 外販외판, 市販시판, 販路판로

산속의 삶

한재렴

들 밖이 일찍 개어 산을 보고 돌아와
종일 한적한 뜨락에서 사립문 닫고 있네
모란은 모두 지고 이끼만 가득한데
염치 없는 벌들이 얼굴을 스치며 나네

한재렴(1775~1818)

본관은 서원西原, 자는 제원霽園, 호는 심원당心遠堂. 어릴 때부터 총명해서 신동이라 일컬어져서 아버지의 기대를 한 몸에 받았다. 1807년(순조7) 정묘 식년시에 진사로 합격하였다. 일찍이 개성에 살면서 서민으로 문사가 뛰어나 정조의 총애를 받았다. 순조 때에는 유언流言으로 순천에 유배되어 5년 후 석방되었다.

박지원·정약용·신위 등과 교유하였으며 시명이 높았다. 벼슬은 하지 않았으며 저서로는 『심원당시문초心遠堂詩文抄』, 『서원가고西原家稿』 등이 전한다. 특히 『고려고도징高麗古都徵』을 저술하여 고려의 수도였던 개성의 산천과 사적에 연관된 사실史實을 엮어 편찬하였다.

渡錦江도금강

尹鐘億

錦江江水碧於油금강강수벽어유
雨裏行人立渡頭우리행인입도두
初年濟世安民策초년제세안민책
不及梢工一葉舟불급초공일엽주

※ 한자풀이

由 말미암을 유	由來유래, 事由사유, 由緖유서	
까닭 유	緣由연유, 理由이유	
어조사(~에서부터) 유	由奢入儉유사입검	
聘 부를 빙	招聘초빙	
장가들 빙	聘禮빙례, 聘父빙부, 聘丈빙장	
찾을 빙	聘問빙문	
袖 소매 수	袖納수납, 領袖영수, 袖手傍觀수수방관	
油 기름 유	石油석유, 油價유가, 注油주유, 原油원유	
柚 유자 유	柚子유자, 柚皮유피	
釉 유약 유	釉藥유약	
笛 피리 적	汽笛기적, 萬波息笛만파식적, 警笛경적	
宙 집 주	宇宙우주, 宙表주표	
抽 뽑을 추	抽籤추첨, 抽出液추출액, 抽象추상	
軸 굴대 축	基軸기축, 主軸주축, 地軸지축, 樞軸추축	

금강을 건너며

윤종억

금강의 강물 빛은 기름보다 푸르고
빗속의 행인은 나루 어귀에 서 있네
젊은 날 제세안민 하자던 뜻
뱃사공의 일엽편주만도 못하여라

윤종억(1788~1817)

조선 후기의 문인으로 자는 윤경輪卿, 호는 취록당醉綠堂. 다산 정약용의 문인이다.

黃花황화

李建昌

誰道黃花澹수도황화담
黃花澹更濃황화담갱농
怕人愁寂寞파인수적막
故故發秋冬고고발추동

※ 한자풀이

農 농사 농	農事농사, 農耕농경, 農場농장, 農業농업
동 濃 진할 농	濃淡농담, 濃厚농후, 濃度농도, 濃縮농축
膿 고름 농	膿瘍농양, 化膿화농
儂 나 농	儂家농가

昌 창성할 창	昌盛창성, 繁昌번창
창 唱 부를 창	合唱합창, 唱導창도, 先唱선창
娼 창녀 창	娼婦창부
倡 광대 창	倡優창우
菖 창포 창	菖蒲창포
猖 미쳐 날뛸 창 창피할 창	猖狂창광, 猖獗창궐 猖披창피

국화

이건창

국화꽃 담박하다 누가 말했나

국화꽃 담박하다 다시 짙어지네

사람이 적막을 근심할까 염려되어

일부러 가을이며 겨울에 피었네

이건창(1852~1898)

본관은 전주全州, 자는 봉조鳳藻, 호는 영재寧齋·명미당明美堂. 고종조에 15세로 문과에 급제하고 23세에 서장관으로 청나라에 가서 문장으로 이름을 떨쳤다.

1875년 충청우도 암행어사로 나가 감사 조병식의 비행을 조사하고 임금에게 직접 보고하여 파면시켰다. 그러나 조병식의 사주에 의한 무고로 벽동군으로 유배되었다. 1년 뒤 풀려나 공사를 철저히 수행하다가 권세가들의 공격으로 귀양까지 가게 되자, 그 뒤 벼슬길을 멀리했다.

부모상을 당하여 6년간 집상을 마치고 1891년 한성부 소윤이 되었다. 이때 외국인이 서울의 가옥과 토지를 매점買占하는 일이 있자 이를 금지하자는 상소를 올렸다가 청나라의 압력으로 이듬해 보성으로 유배되었다. 1896년 해주관찰사에 제수되었을 때도 사양하다가 고군산도로 유배되었다가 2개월 뒤 특지로 풀려나 향리인 강화에서 은거하다가 2년 뒤에 47세로 죽었다.

그의 문필은 당대 청나라 문장가들이 극찬할 만큼 뛰어났다. 한말의 문장가이며 시객인 김택영은 그를 여한구대가麗韓九大家의 한 사람으로 꼽았다. 기사문紀事文에 능했으며 글씨에도 뛰어났다.

저서로 『당의통략黨議通略』, 『명미당집明美堂集』이 있다.

雙燕쌍연

金履萬

雙燕銜蟲自忍飢쌍연함충자인기
往來辛苦哺其兒왕래신고포기아
看成羽翼高飛去간성우익고비거
未必能知父母慈미필능지부모자

※ 한자풀이

母 어미 모   母系모계, 繼母계모, 母性愛모성애, 母胎모태
毒 독 독   毒種독종, 毒舌독설, 毒素독소, 酷毒혹독
每 매양 매   每番매번, 每樣매양, 每回매회, 每事매사
 梅 매실나무 매   梅實매실, 梅香매향, 梅花매화
侮 업신여길 모   侮辱모욕, 侮瀆모독, 侮蔑感모멸감
 姆 여스승 모   保姆보모
毋 말, 아닐 무   毋慮무려, 毋論무론
 拇 엄지손가락 무 拇印무인, 拇指무지
敏 민감할 민   敏感민감, 過敏과민, 銳敏예민, 英敏영민
繁 번성할 번   繁榮번영, 繁盛번성, 繁昌번창, 繁殖번식
海 바다 해   海流해류, 海洋해양, 海溢해일, 海拔해발
悔 뉘우칠 회   後悔후회, 悔恨회한, 懺悔참회, 悔改회개
 誨 가르칠, 일깨울 회 誨諭회유, 敎誨교회
 晦 그믐 회   晦日회일, 晦冥회명, 晦朔회삭

제비 한 쌍

김이만

제비 한 쌍 벌레 물고 홀로 주림 참으며
고달프게 왔다 갔다 제 새끼를 먹이누나
보살펴서 날개깃 돋아나서 높이 날아가면
아비 어미 자애로움 알지는 못하리라

김이만(1683~1758)

    조선 후기의 문신. 본관은 예천醴泉, 자는 중수仲綏, 호는 학고鶴皐. 1713년 사마증광시에 급제, 전적·병조좌랑 등을 거쳐 양산군수가 되었다. 양산군수 재직 시 수재水災를 막기 위하여 자기의 녹봉으로 제방을 쌓았다. 이에 백성들이 그 은혜를 칭송稱頌하며 비를 세우고 그 이름을 청전제靑田堤라고 불렀다. 1745년 장령으로서 민생 안정의 저해 요인으로 풍속의 사치스러움과 수령·감사의 탐오貪汚함을 들어 현명한 지방관을 선임하도록 주장하여 영조의 치하를 받았다. 1756년 국가에서 노인을 우대하는 정책에 따라 통정대부에 올랐고 이어 첨지중추부사에 이르렀다.

    김이만은 특히 문장이 뛰어났으며 문집으로『학고집鶴皐集』이 있다. 이 외에 규장각에 시문의 초고를 모은『학고만필』등의 저술이 있다.『학고집』은 1994년 후손들이 김해일의『단계집檀溪集』등과 합하여『예안김씨예천파문집』으로 영인하였다.

莫愁曲 막수곡

李英輔

二八吳娃花揷頭 이팔오왜화삽두
每逢春日動春愁 매봉춘일동춘수
若爲化作前江水 약위화작전강수
天際隨君日夜流 천제수군일야류

※ 한자풀이

圭 홀 규　　　　　　圭角규각, 刀圭도규
　佳 아름다울 가　　　佳人가인, 佳約가약, 佳人薄命가인박명
　街 거리 가　　　　　街路燈가로등, 街談巷說가담항설, 市街시가
　桂 계수나무 계　　　桂冠詩人계관시인, 桂皮계피, 桂樹계수
　奎 별 규　　　　　　奎星규성
　閨 안방 규　　　　　閨秀규수, 閨房규방, 閨訓규훈
　硅 규소 규　　　　　硅素규소
　涯 물가 애　　　　　生涯생애, 水涯수애, 天涯천애, 涯岸애안
　崖 언덕 애(厓)　　　斷崖단애, 崎崖기애
　蛙 개구리 와　　　　井底之蛙정저지와
　娃 아름다울 왜　　　娃花왜화
　鞋 신 혜　　　　　　竹杖芒鞋죽장망혜
　畦 밭두둑 휴　　　　畦道휴도
祭 제사 제　　　　　　祭祀제사, 祭器제기, 祭政一致제정일치, 祝祭축제
　際 사이, 때, 가, 사귈 제　實際실제, 國際국제, 際遇제우, 際涯제애, 交際교제
　察 살필 찰　　　　　視察시찰, 考察고찰, 省察성찰, 觀察관찰
　擦 문지를 찰　　　　摩擦마찰, 擦過傷찰과상, 塗擦도찰
　蔡 나라이름, 성씨 채

막수곡

이영보

열여섯 예쁜 아씨 머리에 꽃을 꽂고
봄만 되면 봄시름 생겨나네
만약 앞 강물처럼 될 수만 있다면
하늘끝 님을 따라 밤낮으로 흐르리

이영보(1686~1747)

조선 후기의 학자. 본관은 연안延安, 자는 몽여夢與, 호는 동계東溪. 유가의 경전은 물론 제자백가에도 능통하였다. 『사기史記』를 깊이 연구하여 역사학에도 일가견을 가지고 고대 인물의 선과 악, 정치의 잘잘못을 기탄없이 비판하였다. 특히 당시에 이단으로 지목되던 『장자』, 『노자』 및 불경 등을 깊이 연구하여 유가의 경전과 비교 분석한 뒤 옳은 것은 인정하고 그르다고 인식되는 것은 비판하였다.

1714년(숙종40) 진사시에 장원으로 급제하여 1717년 정릉참봉에 기용된 뒤 순탄하게 관직에 있다가 1743년(영조19) 금성현령을 끝으로 사직한 뒤 고향에 돌아와 후진을 육성하면서 지냈다. 마을에 충신, 열녀, 효자 등을 찾아 포상褒賞을 상신上申하고 정려각旌閭閣을 세우는 등 지방 문화 발전에 기여하였다. 저서로는 『동계유고』 4권이 있다.

野雪야설

李亮淵

穿雪野中去천설야중거
不須胡亂行불수호란행
今朝我行跡금조아행적
遂爲後人程수위후인정

※ 한자풀이

逐 쫓을, 물리칠 축   逐鹿축록, 逐出축출, 驅逐艦구축함, 逐條축조
    다툴, 경쟁할 축   角逐戰각축전
대 隊 떼, 대오 대   隊伍대오, 隊商대상, 樂隊악대, 編隊편대
수 遂 드디어 수   遂生수생, 遂成수성
    이룩할, 마칠 수   遂行수행, 未遂미수, 完遂완수
   襚 수의 수   襚衣수의
   燧 부싯돌, 봉화 수   烽燧臺봉수대
추 墜 떨어질 추   墜落추락, 擊墜격추, 失墜실추

들판의 눈

이양연

눈을 뚫고 들길을 가더라도
어지러이 가면 안 된다네
오늘 아침 나의 발자국은
뒷사람에게 길이 되리니

이양연(1771~1853)

본관은 전주全州, 자는 진숙晉叔, 호는 임연臨淵. 광평대군 이여의 후손이며 아버지는 이상운이다. 어릴 때부터 문장이 뛰어났으며 성리학에 밝았다. 1830년(순조30) 음보蔭補로 선공감에 제수되고, 1834년 사옹원 봉사에 제수되었으나 모두 나가지 않았다. 1838년(헌종4)에 충청도 도사에 임명되었으며, 1842년 공조참의, 1850년(철종1) 동지중추부사로 승진, 1851년 호조참판 동지돈녕부사 겸 부총관에 임명되었다.

만년에 후학 교육에 힘썼으며 『심경』과 『근사록』을 스승으로 삼아 제자백가는 물론 역대 전장문물典章文物·성력술수星曆術數·전제군정田制軍政에 널리 통하였으며, 늙어서도 학문을 게을리하지 아니하여 많은 저서를 남겼다. 『침두서枕頭書』, 『석담작해石潭酌海』, 『가례비요嘉禮備要』, 『상제집홀喪祭輯笏』 및 『산운집山雲集』이 있다. 문장이 전아간고典雅簡古하여 후학들이 다투어 암송하였다고 한다.

遺詩유시

全琫準

時來天地皆同力시래천지개동력
運去英雄不自謨운거영웅부자모
愛民正義我無失애민정의아무실
爲國丹心誰有知위국단심수유지

※ 한자풀이

央 가운데 앙   震央地진앙지, 中央중앙

  快 원망할 앙   怏心앙심, 怏怏앙앙
  殃 재앙 앙   災殃재앙, 殃禍앙화
  秧 모 앙   移秧이앙
  鴦 원앙 앙   鴛鴦원앙
  盎 동이 앙   盎中앙중
  英 꽃부리, 뛰어날 영   育英육영, 英靈영령, 英才영재, 英特영특, 英雄영웅
  映 비칠 영(暎)   映像영상, 映畫영화, 反映반영, 上映상영

義 옳을, 해넣을, 뜻 의   義理의리, 義捐金의연금, 義齒의치, 義足의족,
                        字義자의, 義兄弟의형제

  儀 거동 의   儀式의식, 儀仗隊의장대, 儀禮의례
  議 의론할 의   建議건의, 開議개의, 決議결의, 國會議員국회의원
  蟻 개미 의   蟻穴의혈, 蟻封의봉

유작시

전봉준

때 만나자 천지도 모두 협력하더니
운 다하자 영웅도 계책이 없다네
애민과 정의를 나는 잃지 않았으나
나라 향한 일편단심 그 누가 알아주리

전봉준(1855~1895)

　본관은 천안天安, 자는 명좌明佐, 초명은 철로鐵爐, 별명은 전영준全永準, 호는 해몽海夢이다. 몸이 왜소矮小하였기 때문에 흔히 녹두綠豆라 불렸고, 뒷날 녹두장군이란 별명이 생겼다. 출생지에 대해서 여러 설이 있으나, 고창군 죽림리 당촌이 유력하다. 아버지 전창혁은 고부군수 조병갑의 탐학貪虐에 저항하다가 모진 곤장을 맞고 한 달 만에 죽임을 당하였다.

　1890년(고종27) 35세 전후에 동학에 입교, 그 뒤 얼마 안 되어 동학의 2세 교주인 최시형으로부터 고부 지방의 접주接主로 임명되었다. 동학에 입교하게 된 동기는 "동학은 경천수심敬天守心의 도로 충효를 근본으로 삼고 있기 때문에 보국안민輔國安民하기 위해서"였다고 한다. 동학군은 파죽지세破竹之勢로 부안, 정읍, 홍덕, 고창을 접수하고 그는 동도대장으로 임명된다. 그러나 양호초토사 홍계훈은 정부에 외병 차입을 요청하였고 정부의 원병 요청으로 청병이 아산만으, 일본군은 텐진조약을 빙자憑藉하여 제물포로 들어왔다. '국가운명의 위기를 감지한 동학군은 홍계훈의 선무宣撫에 일단 응하기로 하고 전주화약을 맺게 된다. 그러나 오래잖아 청일전쟁이 일어나자 항일구국의 기치 아래 전봉준 휘하 10만 남접 농민군과 손병희 휘하 10만 북접 농민군이 봉기하였으나, 공주 우금치에서 정부·일본군에 패배하여 교수형에 처해졌다.

相思夢 상사몽

黃眞伊

相思相見只憑夢 상사상견지빙몽
儂訪歡時歡訪儂 농방환시환방농
願使遙遙他夜夢 원사요요타야몽
一時同作路中逢 일시동작노중봉

※ 한자풀이

乍 잠깐 사 　　乍晴乍雨사청사우
詐 속일 사 　　詐欺사기, 詐取사취, 詐稱사칭
作 지을 작 　　作心三日작심삼일, 作家작가, 作況작황, 操作조작
昨 어제 작 　　昨今작금, 昨年작년
炸 터질 작 　　炸裂작렬
酢 잔 돌릴 작 　酬酢수작
　 응대할 작 　對酢대작
祚 복 조 　　吉祚길조, 福祚복조, 登祚등조
窄 좁을 착 　　狹窄症협착증, 險窄험착
搾 짜낼 착 　　搾取착취, 壓搾압착

상사몽

황진이

그대 그리는 심정 꿈에서나 볼 수 있고
내가 임을 찾아가면 임은 나를 찾네요
바라건대 우리 다음 날 밤 꿈에는
같은 시간 그 길에서 함께 만나요

황진이 (1506~1567)

조선 중종·명종 때 활동했던 기생으로 다른 이름은 진랑眞娘이고 기생이름인 명월明月로도 알려져 있다. 중종 때 개성의 황씨 성을 가진 진사의 서녀로 태어났으며, 생부에 대해서는 전해지지 않는다. 시와 그림, 춤 외에도 성리학적 지식과 사서육경에도 해박하여 사대부, 은일사隱逸士들과도 어울렸다.

많은 선비들과 이런 저런 인연과 관계를 맺으면서 전국을 유람하기도 하고 그 가운데 많은 시와 그림을 작품으로 남기기도 하였다. 그러나 임진왜란, 병자호란 등 전란으로 실전되었고, 남은 작품들도 그가 음란淫亂함의 대명사로 몰리면서 저평가되고 제대로 보존되지도 않아 대부분 인멸湮滅되었다. 당시 생불이라 불리던 지족선사를 10년 동안의 면벽수도에서 파계시키는가 하면, 호기로 이름을 떨치던 벽계수라는 왕족의 콧대를 꺾어놓기도 하고, 당대 최고의 은둔학자 서경덕을 유혹하기도 했다.

신분의 특성상 황진이라는 이름이 정사에 등장하지는 않으나 여러 야사野史들을 통해 구전과 민담으로 전해진다. 서경덕, 박연폭포와 함께 송도3절로 불렸으며 「만월대회고」, 「박연폭포」, 「송별소양곡」 등의 시가 있다.

朴淵瀑布 박연폭포

黃眞伊

一派長川噴壑礱 일파장천분학롱
龍湫百仞水叢叢 용추백인수총총
飛泉倒瀉疑銀漢 비천도사의은한
怒瀑橫垂宛白虹 노폭횡수완백홍
雹亂霆馳彌洞府 박난정치미동부
珠舂玉碎徹晴空 주용옥쇄철청공
遊人莫道廬山勝 유인막도여산승
須識天磨冠海東 수식천마관해동

박연폭포

황진이

한 줄기 긴 내가 골짜기 바위에 부딪히고
백 길 높이 폭포에 물소리 웅장하네
물이 거꾸로 날아 떨어지니 은하수 같고
성난 폭포 쏟아지니 흰 무지개 완연해라
물보라 몰아쳐 골짝에 넘치고
물구슬은 부서져 하늘에 사무치네
나그네여 여산이 빼어나다 하지 말라
모름지기 천마산이 해동의 으뜸임을 알라

閨情 규정

李玉峯

有約來何晚유약래하만

庭梅欲謝時정매욕사시

忽聞枝上鵲홀문지상작

虛畵鏡中眉허화경중미

※ 한자풀이

昔　예 석	今昔之感금석지감, 昔年석년, 昔人석인
惜 아낄 석	哀惜애석, 惜別석별, 惜吝석린, 惜敗석패
鵲 까치 작	鵲語작어, 扁鵲편작, 鵲巢작소
措 둘 조	措置조치, 罔措망조, 措手不及조수불급, 擧措거조
借 빌 차	借用차용, 借款차관, 賃借임차
錯 어긋날, 섞일 착	錯誤착오, 錯覺착각, 錯亂착란, 錯視착시, 錯雜착잡
醋 초 초	食醋식초, 醋酸초산, 醋醬초장

규방의 정

이옥봉

온다 약속하시고선 어찌 늦나요
뜰의 매화도 시들려 하는 때에
문득 가지 위 까치 우는 소리에
부질없이 거울 보며 눈썹 그려요

이옥봉(1550~1592)

이옥봉은 양녕대군의 고손자인 이봉의 서녀로 운강 조원의 소실이다. 이봉은 임진왜란 때 큰 활약을 했으며 이후 사헌부 감찰, 옥천군수를 지냈다. 그는 옥봉의 글재주를 기특히 여겨 해마다 책을 사주었으며 그 재주는 일취월장日就月將하였다. 옥봉은 비록 서녀였으나 왕실의 후예後裔라는 점에 상당한 자부심을 갖고 있었던 것 같다.

옥봉玉峯은 호이다. 신분상 결혼을 할 수 없었던 옥봉은 아버지를 따라 한양으로 가 내로라하는 시인 묵객墨客들과 어울리고 빼어난 시로 칭찬을 받았다. 아버지의 주선으로 훗날 사대부 조원의 첩이 되는데 조원은 옥봉이 "시를 짓지 않는다."는 조건으로 받아들이게 된다. 같이 산 지 20여 년이 지나 억울한 산지기 부인의 부탁을 받고 시를 써서 구명救命해주게 되는데, 이 필화로 옥봉은 남편에게 버림을 받게 된다.

그녀가 죽은 지 40년쯤 뒤, 조원의 아들 조희일이 중국 명나라에 사신으로 갔다가 중국인 원로가 발간한 『이옥봉시집』을 보게 된다. 뛰어난 재능과 수려한 시상詩想을 가진 그녀였지만, 사대부의 체면을 깎는다는 옹졸壅拙한 남편 때문에 제대로 피워보지도 못하였다. 천재 여류시인 이옥봉의 슬픈 이야기는 『지봉유설』에 전해진다.

夢魂 몽혼

李玉峯

近來安否問如何 근래안부문여하
月到紗窓妾恨多 월도사창첩한다
若使夢魂行有跡 약사몽혼행유적
門前石路半成沙 문전석로반성사

꿈속의 혼

이옥봉

요즘 안부 어떠신지요
달 밝은 창가에서 이 몸 한도 많습니다
만일 꿈속 넋이 다닌 흔적 남는다면
문앞 돌길이 반은 모래가 되었을 겁니다

奉別봉별

桂月

流淚眼看流淚眼유루안간유루안
斷腸人對斷腸人단장인대단장인
曾從卷裏尋常看증종권리심상간
今日那知到妾身금일나지도첩신

※ 한자풀이

艮　괘이름 간　　　　艮時간시, 艮卦간괘, 艮方간방
　艱 어려울 간　　　　艱難辛苦간난신고, 內艱내간, 艱辛간신
　墾 밭 갈, 개간할 간　墾田간전, 開墾개간
　懇 간절할, 정성 간　懇曲간곡, 懇談會간담회, 懇請간청, 懇切간절
　根 뿌리 근　　　　　根治근치, 根本근본, 根絕근절, 禍根화근
　眼 눈 안　　　　　　眼鏡안경, 眼帶안대, 眼科안과, 眼目안목
　銀 은, 돈 은　　　　銀錢은전, 銀塊은괴, 銀行은행
　垠 지경 은　　　　　垠界은계
　琅 옥돌 은
　退 물러날 퇴　　　　退場퇴장, 進退維谷진퇴유곡, 勇退용퇴
　褪 색 바랠 퇴　　　　褪色퇴색
　腿 넓적다리 퇴　　　大腿部대퇴부, 腿骨퇴골
　限 한정할 한　　　　限定한정, 限界한계, 限度한도, 制限제한
　恨 뉘우칠, 한 한　　恨歎한탄, 恨憤한분, 餘恨여한, 痛恨통한
　狠 패려할, 사나울 한　狠戾한려
　痕 흔적 흔　　　　　痕迹흔적, 淚痕누흔

이별하며

계월

눈물 흘린 눈으로 눈물 흘린 눈을 보고
애끊는 사람이 애끊는 사람 마주하네
책 속에서 늘 있는 일이라 여겼더니
오늘 내가 겪게 될 줄 어찌 알았으리

계월(?~?)

조선 영조 때 평양의 명기. 문명을 떨치던 한성부 좌윤 이광덕의 애첩으로 시재詩才가 뛰어났다. 「국색시國色詩」가 그녀의 작품이라는 설이 있다.

黃昏황혼

竹香

千絲萬縷柳垂門천사만루유수문
綠暗如雲不見村녹암여운불견촌
忽有牧童吹笛過홀유목동취적과
一江煙雨自黃昏일강연우자황혼

※ 한자풀이

垂 드리울 수   垂直수직, 率先垂範솔선수범, 懸垂幕현수막
 수 睡 잠잘 수   昏睡혼수, 睡眠수면, 午睡오수
 우 郵 역말, 우편 우   郵便우편, 郵遞우체, 郵票우표
 추 錘 저울 추   紡錘방추, 鉛錘연추, 爐錘노추
 타 唾 침 뱉을 타   唾液타액, 唾具타구, 唾棄타기

황혼

죽향

버들가지 천 줄기 만 줄기 문앞에 드리우고
녹음이 구름처럼 덮어 마을을 볼 수 없네
문득 목동들은 피리 불며 지나가고
안개 자욱한 강가에 황혼이 절로 지네

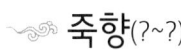

죽향(?~?)

호는 낭간琅玕. 평양 기생. 추사 김정희와 염문艷聞을 뿌렸고, 그의 제자인 자하 신위도 그녀의 묵죽첩에 제시題詩를 써줄 정도였다. 그녀가 남긴 그림으로는 국립중앙박물관에 소장되어 있는 〈화조화훼초충첩〉을 비롯해 몇 개의 소품류가 있다.

秋月夜 추월야

秋香

移棹淸江口 이도청강구

驚人宿鴛鶼 경인숙원번

山紅秋有色 산홍추유색

沙白月無痕 사백월무흔

※ 한자풀이

小　작을 소	弱小약소, 大小대소, 小康狀態소강상태, 小心소심
극 隙 틈 극	間隙간극, 隙空극공, 隙駒극구, 隙地극지
렬 劣 못날, 용렬할 렬	劣等열등, 劣勢열세, 卑劣비열, 庸劣용렬
묘 妙 묘할, 예쁠 묘	妙策묘책, 妙技묘기, 妙味묘미, 妙數묘수, 妙齡묘령
眇 애꾸눈 묘	眇目묘목
渺 아득할 묘	渺茫묘망
사 砂 모래 사(沙)	砂漠사막, 砂金사금, 山砂汰산사태
紗 비단 사	紗帽冠帶사모관대, 紗窓사창
娑 춤출, 사바 사	娑婆사바, 婆娑파사
袈 가사 사	袈裟가사
소 少 적을 소	少年소년, 多少다소, 少量소량, 年少연소
작 雀 참새 작	雀躍작약
첨 尖 뾰족할 첨	尖端첨단, 尖銳첨예, 尖塔첨탑
초 抄 노략질할 초	抄略초략
베낄, 뽑을 초	抄本초본, 抄錄초록, 抄譯초역, 抄啓초계
秒 분초 초	秒速초속
炒 볶을 초	炒麵초면, 煎炒전초

가을 달밤

추향

노 저어 맑은 강어귀에 이르니
잠자던 원앙새 인기척에 놀라네
산은 붉어 가을빛이 완연한데
하얀 모래밭에 달은 흔적 없네

추향(?~?)

열부 기생이라고 칭찬받는 밀양 기생 추향의 이야기는 야담집 『양은천미揚隱闡微』에 「추향애사심밀양秋香愛死沈密陽」 즉 '추향이 밀양부사 심씨를 죽을 때까지 사랑하다'는 제목으로 실려 있다. 그녀의 생몰은 자세하지 않지만, 다만 조선 후기 영조 때 적소謫所에서 죽은 심부사(심육)의 관 앞에서 목을 찔러 죽었다는 사실에서 그녀가 죽은 시기를 유추類推할 수 있다.

조선 21대 영조 임금 시절, 노론·소론의 당쟁이 한창 치열하던 와중에 당시 이조판서로 봉직 중이던 심악이 옥사에 휩쓸려 죄를 입어 사사賜死되는 사건이 일어났다. 그때 밀양부사로 있던 형 심육도 서울로 압송되어 유배를 가게 되는데, 추향은 낭군의 관북 유배 생활의 노곤함을 달래주고 그가 죽자 손수 염습殮襲하고 경성을 향하는 발인제를 준비하고 관 앞에서 곡배哭拜하다가 마침내 관 옆에서 자결하였다.

采蓮曲 채련곡

許蘭雪軒

秋淨長湖碧玉流추정장호벽옥류

荷花深處係蘭舟하화심처계난주

逢郎隔水投蓮子봉랑격수투연자

遙被人知半日羞요피인지반일수

※ 한자풀이

人	사람 인	人品인품, 人種인종, 人類인류, 人氣인기
간 侃	굳셀 간	侃侃간간, 侃直간직
녕 佞	아첨할 녕	佞臣영신, 佞人영인
	영리할 녕	不佞불녕
래 來	올 래	未來미래, 來歷내력, 傳來전래, 來房내방
	~부터 래	以來이래
맥 麥	보리 맥	麥酒맥주, 麥秀之嘆맥수지탄, 麥芽맥아, 小麥소맥
산 傘	우산 산	雨傘우산, 傘下團體산하단체, 日傘일산
수 囚	죄인 수	囚衣수의, 囚人수인, 罪囚죄수
신 信	믿을 신	信賴신뢰, 信念신념, 信奉신봉, 信仰신앙
	편지, 소식 신	花信화신, 書信서신, 通信통신
	표시, 증표 신	信標신표, 信號신호
	분명히 할 신	信賞必罰신상필벌
인 仁	어질 인	仁術인술, 仁義인의, 仁慈인자, 仁者無敵인자무적
	씨 인	杏仁행인:살구씨
일 佾	춤출 일	佾舞일무
입 入	들 입	入口입구, 入場입장, 沒入몰입, 入籍입적, 流入유입
측 仄	기울 측(昃)	仄日측일, 仄行측행
	어렴풋할 측	仄聞측문
	측운 측	仄字측자, 仄韻측운
팔 八	여덟 팔	八字팔자, 八卦팔괘, 七顚八起칠전팔기

채련곡

허난설헌

가을 날 맑고 긴 호수에 옥 같은 물 흐르는데
연꽃 우거진 깊은 곳에 목란배 매어두었네
물 건너편 님을 만나려 연밥을 던지고는
남의 눈에 띄었을까 반나절 부끄러웠네

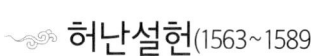 허난설헌(1563~1589)

　허난설헌은 청렴결백한 대학자인 데다 대사헌까지 오른 아버지, 여성에게 글을 가르치지 않던 시절에 여동생에게 학문의 길을 열어준 둘째 오빠 허봉의 배려와 사랑, 학문과 예술을 숭상하며 개방적이고 자유로왔던 가풍 속에서 맘껏 글을 읽고 시를 지었다. 허엽이 아버지이고 허균의 누이이다. 이달에게 시를 배워 천재적인 시재詩才를 발휘했다. 8세 때 「광한전백옥루상량문廣寒殿白玉樓上梁文」을 지어 세상을 놀라게 하였다.
　본명은 초희楚姬, 다른 이름은 옥혜玉惠, 호는 난설헌蘭雪軒·난설제蘭雪齊이고, 자는 경번景樊이다. 본관은 양천陽川이다. 1577년(선조10) 김성립과 결혼했으나 결혼 생활은 원만하지 못했다고 한다. 자신의 불행한 처지를 시작으로 달래어 섬세한 필치와 독특한 감상을 노래했으며, 애상적 시풍 특유의 시세계를 이룩하였다. 조선 중기 대표적인 여류작가로 300여 수의 시와 기타 산문, 수필 등을 남겼다. 서예와 그림에도 능했다. 남편과 시댁과의 불화, 자녀의 죽음, 유산 등 연이은 불행을 겪으면서도 많은 작품을 남겼다.
　1608년(선조41) 남동생 허균이 명나라 시인 주지번에게 주어 중국에서 시집 『난설헌집』이 간행되어 격찬을 받았고, 1711년 분다이야지로에 의해 일본에서도 간행 애송되어 당대의 세계적인 여성 시인으로서 명성을 떨치게 되었다. 그러나 28세에 요절夭折하였다.

春雨춘우

許蘭雪軒

春雨暗西池춘우암서지
輕寒襲羅幕경한습라막
愁依小屏風수의소병풍
墻頭杏花落장두행화락

봄비

허난설헌

봄비는 소리 없이 서쪽 연못에 내리고
찬 기운 비단 장막 속에 스며드는데
시름으로 작은 병풍에 기대니
담 위로 살구꽃이 떨어지네

自恨자한

李梅窓

春冷補寒衣춘랭보한의
紗窓日照時사창일조시
低頭信手處저두신수처
珠淚滴針絲주루적침사

※ 한자풀이
───────────────

氏　각씨 씨　　　　　氏族씨족, 伯氏백씨, 伏羲氏복희씨, 姓氏성씨
　저 底 밑 저　　　　徹底철저, 底邊저변, 基底기저, 海底해저
　　低 낮을 저　　　低廉저렴, 低速저속, 低調저조, 低質저질, 最低최저
　　抵 거스를, 막을 저　抵觸저촉, 抵抗저항, 抵當저당
　　邸 집, 왕족 저　　邸宅저택, 舘邸관저, 邸下저하
　　觝 씨름 저　　　　角觝각저
　지 紙 종이 지　　　紙面지면, 紙上지상, 紙匣지갑, 紙齡지령
　　祗 공경할 지　　　祗敬지경
　　舐 핥을 지　　　　舐犢之情지독지정
　혼 婚 혼인할 혼　　婚姻혼인, 結婚결혼, 婚談혼담, 離婚이혼
　　昏 어두울 혼　　　昏定晨省혼정신성, 黃昏황혼
　　　 어지러울 혼　　昏迷혼미, 昏睡혼수, 昏絶혼절
　　閽 문지기 혼　　　閽禁혼금, 閽人혼인

한탄

이매창

차가운 봄 겨울 옷 깁는데
사창에 햇빛이 비칠 때일세
고개 숙여 손길 가는 곳마다
구슬 눈물 바늘 실에 방울지네

이매창(1573~1610)

조선 명종 때 전북 부안의 명기로 본명은 이향금李香今이고, 호는 매창이다. 호를 계생桂生이라고도 하였다. 자는 천향天香, 계유년에 태어나서 계생癸生·계랑癸娘이라고도 불렀다. 아버지는 아전 이탕종이다.

시문과 가무와 거문고에 뛰어나 당대의 문사인 유희경, 허균, 이귀 등과 교유가 깊었다. 부안의 기생으로서 개성의 황진이와 더불어 조선 명기의 쌍벽을 이루었다. 유희경의 시에 계랑에게 주는 시가 10여 편이 있다. 『가곡원류』에 실린 "이화우가 훗날닐 제 울며 잡고 이별한 님"으로 시작되는 계생의 시조는 유희경을 위해 지은 시조이다. 허균의 『성소부부고惺所覆瓿藁』에도 계생과 시를 주고받은 이야기가 전해진다. 그리고 계생의 죽음을 전해 듣고 애도한 시와 함께 계생의 사람됨이 적혀 있다. 계생 시문의 특징은 가늘고 약한 선으로 자신의 숙명을 그대로 읊고 자유자재로 시어를 구사하는 데 있다. 여성의 정서를 읊은 시 중에 「추사秋思」, 「춘원春怨」, 「견회遣懷」, 「증취객贈醉客」, 「부안회고扶安懷古」, 「자한自恨」 등이 유명하다.

37세에 요절하였다. 문집 『매창집梅窓集』에 58수의 시가 전해진다. 부안에 묘가 있고 서림공원에 시비가 세워졌다.

贈醉客증취객

李梅窓

醉客挽羅衫취객만나삼

羅衫隨手裂나삼수수열

不惜一羅衫불석일나삼

但恐恩情絕단공은정절

취객에게

이매창

취한 손님 비단 적삼 잡아당겨
비단 적삼 손길 따라 찢어지네
한 벌 비단 적삼 아깝지 않지만
은정마저 끊어질까 염려스럽네

芙蓉부용

金芙蓉

芙蓉花發滿池紅부용화발만지홍
人道芙蓉勝妾容인도부용승첩용
朝日妾從堤上過조일첩종제상과
如何人不看芙蓉여하인불간부용

※ 한자풀이

發	필, 쓸 발	滿發만발, 發刊발간, 發射발사, 發祥地발상지
潑	물뿌릴 발	潑水발수, 潑墨발묵
	무뢰배, 불량배 발	潑皮발피
	기세 성할 발	潑剌발랄, 活潑활발
撥	다스릴 발	撥亂발란, 撥憫발민
	퉁길 발	反撥반발, 擺撥파발
醱	술괼 발	醱酵발효
廢	버릴, 부서질 폐	廢刊폐간, 廢校폐교, 廢棄폐기, 廢墟폐허
癈	고질 불구자 폐	癈人폐인, 癈病폐병

부용

김부용

부용꽃이 피어 연못 가득 붉으니

사람들은 부용이 나보다 예쁘다 말하네

아침에 내가 제방 위를 지날 적에

어찌하여 사람들은 부용을 보지 않는가

김부용(1820~1869)

고향은 평안도 성천, 시명은 운초雲楚, 이름은 김부용이다. 송도의 황진이, 부안의 이매창, 운초 김부용이 조선시대 3대 명기이다.

평안도 성천에서 가난한 선비의 무남독녀로 태어나 네 살 때 글을 배우기 시작하여 열 살 때 당시唐詩와 사서삼경에 통했다 하니 문재文才가 특출하였으나, 열 살 때 부친을 여의고 이듬해 어머니마저 잃으니 부용은 어쩔 수 없이 퇴기의 수양딸로 들어가 기생의 길을 걷게 된다.

19세에 부용에게 일생의 전환기가 왔으니 신임 사또가 부용의 용모와 재색을 아껴 자기 스승인 평양감사 김이양에게 소개하게 된다. 당시 김이양의 나이는 이미 77세였고 부용의 나이는 겨우 19세였다. 천거薦擧를 김이양이 사양하자 부용이 한 말이 "뜻이 같고 마음이 통한다면 나이가 무슨 상관이겠습니까? 세상에는 삼십객 노인이 있는 반면, 팔십객 청춘도 있는 법입니다."이다. 그러던 중 김이양이 호조판서가 되어 한양으로 부임하면서 직분을 이용하여 부용을 기적에서 빼내 양인 신분으로 만들었다. 그 후 부용은 재회의 날만 기다리며 그리움의 나날을 보내게 되는데, 이때 피를 토하는 듯한 애절한 시를 써서 김이양에게 보낸 것이 그 유명한 「보탑시寶塔詩」다. 충남 천안시 광덕사에 묘가 있으며 『오강루문집五江樓文集』에 350수의 한시를 남겼다.

春陽춘양

金芙蓉

垂楊深處倚窓開 수양심처의창개
小院無人長綠苔 소원무인장녹태
簾外時聞風自起 염외시문풍자기
幾回錯誤故人來 기회착오고인래

봄볕

김부용

실버들 늘어진 창가에 기대 서니
임 없는 집에는 푸른 이끼만 짙구나
주렴 밖엔 때때로 바람 소리 절로 일어
임 오시나 착각한 게 몇 번이던가

待郎君대낭군

凌雲

郎云月出來낭운월출래
月出郎不來월출낭불래
想應君在處상응군재처
山高月上遲산고월상지

※ 한자풀이

相	서로 상	相對상대, 相關상관, 相剋상극, 相反상반
	볼 상	相法상법, 觀相관상
	모양 상	樣相양상
	재상 상	輔相보상, 首相수상, 相公상공, 宰相재상
상 想	생각 상	回想회상, 構想구상, 想像상상, 想念상념
霜	서리 상	霜降상강, 秋霜추상
	세월 상	星霜성상
箱	상자 상	箱子상자, 書箱서상, 菓箱과상
孀	과부, 홀어미 상	孀婦상부, 靑孀寡婦청상과부
湘	물이름 상	湘水상수, 湘妃상비

낭군을 기다리며

능운

달 뜨면 오신다던 님
달 떠도 님은 안 오시네
생각해보니 님 계신 곳에는
산이 높아 달이 늦게 뜨겠지

능운(?~?)
조선 후기의 기생이다.

夜坐야좌

姜靜一堂

夜久群動息야구군동식
庭空皓月明정공호월명
方寸淸如洗방촌청여세
豁然見性情활연견성정

※ 한자풀이

告	고할 고	告示고시, 告白고백, 告祀고사, 告諭고유
	고소할 고	告發고발, 告訴고소
	뵙고 청할 곡	出必告출필곡
곡 桎	수갑 곡	桎梏질곡, 杖梏장곡
鵠	고니 곡	鴻鵠之志홍곡지지, 白鵠백곡, 海鵠해곡
	과녁 곡	正鵠정곡, 侯鵠후곡
조 造	지을 조	造成조성, 造景조경, 造林조림, 改造개조, 構造구조
	이를 조	造詣조예
	갑자기 조	造次間조차간
호 浩	넓을, 클 호	浩然之氣호연지기
皓	흴 호	皓皓白髮호호백발, 丹脣皓齒단순호치, 皓首호수
澔	넓을 호	
晧	밝을 호	碩晧석호
혹 酷	가혹할 혹	冷酷냉혹, 酷毒혹독, 酷刑혹형
	심할 혹	酷寒혹한, 嚴酷엄혹, 酷評혹평

밤에 앉아

강정일당

밤 깊어 만물의 움직임 없고
빈 뜰에 흰 달만 밝네
마음이 씻은 듯이 맑아
나의 성정 환히 보이네

강정일당(1772~1832)

제천 출신으로 본관은 진주. 강희맹의 후손이다. 제2의 신사임당이라 불리는 여성 실학자이자 문인이다. 17세에 아버지를 여의고 가세가 기울었으나, 3년상을 극진하게 치르고 20세에 윤광연과 결혼하였다.

시댁의 가계를 책임지던 정일당은 30세가 되어서야 학문을 시작하여 그것도 바느질하면서 신랑의 어깨 너머로 배우게 된다. 일단 공부를 시작하자 학문에 대한 열정이 넘쳐 곧 경서에 두루 통달하게 되고 뛰어난 시문을 구사하여 주변을 놀라게 하였으며 특히 그녀를 아내 이상으로 생각하고 학문적 동반자로 인정해준 남편의 배려가 큰 힘이 되었다.

특이한 점은 그녀의 시는 다른 여성들의 작품과 달리 대부분 성인의 도와 학문 수련을 주제로 하고 있다는 사실이다. 정일당이 이르기를 "내 비록 여자의 몸이나 하늘로부터 받은 성품이야 애초 남녀의 차별이 있는 것이 아니다."라고 하였다. 그녀는 평생 가난하게 살았지만 죽어서는 당대의 이름난 학자 매산 홍직필이 묘지명墓誌銘을 쓰고 강원회가 행장行狀을 썼으며 송치규가 비문碑文을 썼다. 그녀의 죽음에 당대학자들이 도학자의 죽음으로 인정했기에 가능한 일이었고, 아마 조선의 여인들 중 어느 누구도 그의 학문적 경지에 이르지 못했을 것이다.

夜吟 야음

朴竹西

一札飄然到曉時 일찰표연도효시
青燈花落喜蛛垂 청등화락희주수
兩邊情緒誰相念 양변정서수상념
明月慇懃知未知 명월은근지미지

※ 한자풀이

登 오를 등   登校등교, 登極등극, 登山등산, 登頂등정
   실을, 기재할 등   登錄등록, 登載등재
 燈 등 등   貧者一燈빈자일등, 燈臺등대, 消燈소등
 橙 걸상 등   橙子등자, 橙色등색, 木橙목등
    귤 등   橘橙귤등
 鄧 나라이름 등
 證 증거 증   檢證검증, 査證사증, 辨證法변증법, 僞證위증
 澄 맑을 징   澄瀾징란, 淸澄청징, 明澄명징, 澄淨징정

밤노래

박죽서

새벽에 바람처럼 편지 한 통 오느라고
푸른 등에 꽃이 지고 거미줄을 쳤었던가
둘이서 그리는 정 누가 더 간절할까
밝은 달만 은근히 아는지 모르는지

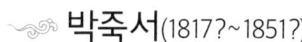
박죽서(1817?~1851?)

    삼십대 젊은 나이로 요절한 조선 후기의 여류 시인이다. 원주 출신으로 본관은 반남潘南, 호는 죽서竹西, 박종언의 서녀庶女이며 서기보의 소실小室이다. 대략 1817년에서 1851년 사이에 생존하였던 것으로 추정된다. 아버지로부터 글을 배워 10세에 이미 뛰어난 시를 지어 천재성을 발휘하였는데, 시문은 매우 서정적이며 대개 임을 애타게 그리워하는 여심과 기다리다 지친 규원閨怨을 나타내는 내용이 주를 이룬다. 문집으로『죽서시집竹西詩集』이 있다.

寄呈 기정

朴竹西

燭影輝輝曙色分 촉영휘휘서색분
酸嘶孤雁不堪聞 산시고안불감문
相思一段心如石 상사일단심여석
夢醒依稀尙對君 몽성의희상대군

鏡裏誰憐病已成 경리수련병이성
不須醫藥不須驚 불수의약불수경
他生若使君如我 타생약사군여아
應識相思此夜情 응식상사차야정

님에게

박죽서

촛불을 밝히고서 새벽까지 지새우니
외로운 기러기 울음 차마 못 듣겠어요
서로 그리는 이 마음 돌과 같아
꿈 깨고도 어렴풋이 님을 마주한 듯

거울 속 병든 이 몸 그 누가 가여워하리
약도 필요 없고 놀랄 일도 아니라네
다음 생에 님과 내가 바꾸어 태어난다면
님 그리던 오늘 밤 내 마음을 아시리라

踰大關嶺望親庭 유대관령망친정

申師任堂

慈親鶴髮在臨瀛 자친학발재임영
身向長安獨去情 신향장안독거정
回首北坪時一望 회수북평시일망
白雲飛下暮山靑 백운비하모산청

※ 한자풀이

亡	망할 망	滅亡멸망, 亡國망국, 亡身망신
	달아날 망	逃亡도망, 亡命망명
	죽을 망	亡者망자, 死亡사망, 亡夫망부
	잃을 망	亡失망실, 亡羊之歎망양지탄
망 望	바랄 망	希望희망, 望鄕망향, 所望소망
	보름 망	望月망월
	나무랄 망	責望책망, 怨望원망
	명성 망	德望덕망, 名望명망
忘	잊을 망	忘却망각, 健忘症건망증, 備忘錄비망록
妄	망령될 망	輕擧妄動경거망동, 妄靈망령, 老妄노망, 誕妄탄망
忙	바쁠 망	奔忙분망, 公私多忙공사다망, 忙中閑망중한
芒	까끄라기 망	芒種망종, 竹杖芒鞋죽장망혜
茫	아득할 망	茫漠망막, 茫然自失망연자실, 茫茫大海망망대해
邙	산이름 망	北邙山북망산
맹 盲	소경 맹	文盲退治문맹퇴치, 盲人맹인, 盲目맹목, 色盲색맹
황 荒	거칠 황	荒蕪地황무지, 荒野황야, 荒淫황음
慌	다급할 황	慌忙황망, 唐慌당황
肓	명치끝 황	泉石膏肓천석고황
영 瀛	큰바다 영	瀛海영해, 瀛洲영주
贏	남을 영	贏財영재, 贏縮영축
	이길 영	贏輸영수

대관령에서 친정을 바라보며

신사임당

백발의 어머니를 강릉에 두고

외로이 서울로 떠나는 내 마음

때때로 고개 돌려 북평을 바라보니

흰 구름 아래로 저녁 산이 푸르네

신사임당(1504~1551)

본관은 평산平山, 아버지는 신명화, 어머니는 용인 이씨로 이사온의 딸이다. 남편은 증좌찬성 이원수이고, 조선시대 대표적인 학자이며 경세가인 이이李珥의 어머니이다. 본명은 인선仁善이다. 사임당은 당호이며, 그 밖에 시임당媤任堂, 임사제妊思齊라고도 하였다. 당호의 뜻은 고대 중국 주나라 문왕의 어머니인 태임太任을 본받는다는 뜻으로 지었고 외가인 강릉의 북평촌에서 자랐다. 19세에 결혼하여 친정에 머물다가 38세에 시집살이를 주관하기 위해 서울로 왔다.

사임당은 시·글씨·그림에 모두 뛰어났으며, 사대부 부녀에게 요구되는 덕행과 재능을 겸비한 현모양처로 칭송을 받았다. 신사임당의 그림은 40폭 정도인데, 산수·포도·묵죽·묵매·초충 등 다양한 분야의 소재를 즐겨 그렸다. 산수에서는 안견파 화풍과 강희안 이래의 절파 화풍을 절충한 화풍으로 16세기 전반에 생겨난 산수화단의 새로운 경향을 보여주는 의미가 있다. 율곡은 훗날 어머니의 「행장行壯」을 저술하는데, 여기서 어머니의 예술적 재능, 우아한 성품, 그리고 정결한 지도 등을 소상히 기록하였다.

신사임당은 넷째 아들 이우와 큰 딸 이매창을 자신의 재능을 계승할 예술가로 길러냈다. 대표작으로 「자어리도紫魚里圖」, 「산수도山水圖」, 「초충도草蟲圖」, 「노안도蘆雁圖」, 「연로도蓮鷺圖」, 「요안조압도蓼雁鳥鴨圖」 등이 있다.

思親사친

申師任堂

千里家山萬疊峯천리가산만첩봉

歸心長在夢魂中귀심장재몽혼중

寒松亭畔雙輪月한송정반쌍륜월

鏡浦臺前一陣風경포대전일진풍

沙上白鷗恒聚散사상백구항취산

波頭漁艇每西東파두어정매서동

何時重踏臨瀛路하시중답임영로

綵舞斑衣膝下縫채무반의슬하봉

※ 한자풀이

甫 클 보	甫田보전, 莊甫장보
補 기울 보	補充보충, 補修보수, 補講보강
輔 도울 보	輔佐보좌, 輔弼보필, 輔翼보익
浦 개, 포구 포	浦口포구, 浦港포항
捕 잡을 포	逮捕체포, 捕捉포착, 捕卒포졸, 捕獲포획
鋪 펼 포	鋪張포장
가게 포	典當鋪전당포, 店鋪점포
哺 먹일 포	哺乳포유, 反哺之孝반포지효
葡 포도 포	葡萄포도
脯 포 포	肉脯육포, 魚脯어포, 肥脯비포, 鰒脯복포
蒲 부들 포	菖蒲창포, 茅蒲모포, 蒲色포색
匍 길 포	匍匐포복
圃 채마밭 포	圃田포전, 圃師포사, 圃翁포옹
逋 도망갈 포	逋逃포도, 逋亡포망
탈세할 포	稅金逋脫세금포탈

부모님 생각

신사임당

천 리 머나먼 고향 첩첩 산봉우리
가고 싶은 마음은 언제나 꿈속에
한송정 호반 위에 한 쌍의 달 뜨고
경포대 앞에는 한 줄기 바람 부네
모래밭에 흰 갈매기 늘 모였다 흩어지고
부두의 어선들은 늘 동서로 분주하네
언제쯤 다시 강릉 땅을 밟아
색동옷 입고 춤추며 슬하에서 바느질할까

細雨세우

金錦園

簾幕初開水國天염막초개수국천
春風十二畫欄前춘풍십이화란전
隔江桃李淞江柳격강도리송강류
盡入空濛一色煙진입공몽일색연

※ 한자풀이

兼　겸할, 아우를 겸　　兼備겸비, 兼任겸임, 兼業겸업
　謙 겸손할 겸　　謙遜겸손, 謙讓겸양, 謙虛겸허
　慊 마음에 덜 찰 겸　　慊然겸연, 慊如겸여
　鎌 낫 겸　　鎌利겸리
　廉 청렴할 렴　　淸廉청렴, 廉恥염치
　　 값쌀 렴　　低廉저렴, 廉價염가
　　 살필 렴　　廉探염탐
　濂 물이름 렴　　濂溪염계
　簾 발 렴　　珠簾주렴, 垂簾聽政수렴청정
　嫌 싫어할, 의심할 혐　　嫌忌혐기, 嫌惡혐오, 嫌疑혐의, 讎嫌수혐

가랑비

김금원

발을 막 걷으니 비가 내리고
열두 그림 난간에 봄바람 부네
강 건너 복사꽃과 버드나무는
희뿌옇게 온통 안개빛이네

김금원(1817~?)

조선 말기의 여류 시인. 호는 금원錦園, 삼호정시단三湖亭詩壇의 동인. 원주 사람으로 평생 남자로 태어나지 못하였음을 한하였으며, 14세 때인 1830년(순조30) 3월에 남자로 변장을 하고 금강산을 유람하여 견문을 넓혀 시문을 짓고, 이것이 인연이 되어 돌아와 규당奎堂 학사인 김덕희金德熙의 소실이 되었다. 1843년(헌종9) 27세로 문명을 떨쳐서 '규수 사마자장司馬子長'이라고 칭하였다. 이때의 동인에는 김운초·박죽서·경춘 등이 있다. 1850년에 『호동서락기湖東西洛記』를 탈고하고 1851년(철종2)에 『죽서시집』의 발문을 썼다.

白馬江백마강

翠仙

晚泊皐蘭寺만박고란사
西風獨倚樓서풍독의루
龍亡雲萬古용망운만고
花落月千秋화락월천추

※ 한자풀이

樓　다락 루　　　　砂上樓閣사상누각, 戍樓수루, 望樓망루, 樓臺누대
　[루]屢 자주 루　　屢次누차, 屢代누대, 屢屢누누
　　髏 해골 루　　　髑髏촉루
　　僂 곱사등 루　　佝僂病구루병, 僂指누지
　　褸 남루할 루　　襤褸남루
　　縷 실, 가닥 루　一縷希望일루희망
　[수]數 셀, 수, 운수 수　權謀術數권모술수, 數式수식, 數爻수효, 運數운수
　　　자주 삭　　　　數數往來삭삭왕래, 頻數빈삭, 數數삭삭
　　　촘촘할 촉　　　數罟촉고

백마강

취선

해 저물어 고란사에 머물자니

서풍 불어 홀로 누각에 기대네

용은 없어도 구름은 만고에 흐르고

꽃은 졌으나 달빛 천년을 비추네

취선(?~?)

호서의 기녀로 호는 설죽雪竹, 김철손의 소실이다. 김철손은 1485년(성종16) 상의원 전부, 1493년 사재감 부정, 이듬해 훈련원정, 1504년(연산군10) 경상우도 수군절도사 등을 지냈다.

離別이별

            一枝紅

駐馬仙樓下주마선루하
慇懃問後期은근문후기
離筵樽酒盡이연준주진
花落鳥啼時화락조제시

※ 한자풀이

勤 　근면할 근　　　勤勉근면, 勤儉근검, 勤務근무, 轉勤전근
 僅 겨우 근　　　　僅少근소, 僅僅得生근근득생
 謹 삼갈, 공경할 근　勤愼근신, 謹恪근각
 槿 무궁화 근　　　槿花근화, 槿域근역, 槿籬근리
 瑾 아름다운 옥 근　細瑾세근
 饉 가뭄 들 근　　　饑饉기근, 餓饉아근, 疲饉피근
 覲 뵐 근　　　　　親覲친근, 覲接근접, 覲見근견
 懃 은근할 근　　　慇懃은근

이별

일지홍

말은 누각 아래 매어놓고
은근히 훗날의 기약 묻네
이별의 자리 술을 다 마시니
꽃도 지고 새도 슬피 우네

일지홍(?~?)

18세기 중엽의 성천 기생으로 당대 명성이 높았다. 신광수(1712~1775)의 「관서악부關西樂府」에 성천 일지홍에 관한 두 편의 시가 보인다.

秋雨추우

慧定

九月金剛蕭瑟雨 구월금강소슬우
雨中無葉不鳴秋 우중무엽불명추
十年獨下無聲淚 십년독하무성루
淚濕袈衣空自愁 누습가의공자수

한자풀이

禾 벼 화	禾穀화곡, 禾苗화묘, 嘉禾가화
계 季 계절 계	季節계절, 季刊계간, 夏季하계
막내, 끝 계	季嫂계수, 季氏계씨
悸 두근거릴 계	動悸동계, 心悸亢進심계항진
두려워할 계	悸慄계율
稽 생각할, 헤아릴 계	稽古계고
머무를 계	稽留계류
조아릴 계	稽顙계상, 稽首계수
익살 계	滑稽골계
균 菌 버섯, 세균, 곰팡이 균	菌絲균사, 細菌세균, 病菌병균, 殺菌살균, 滅菌멸균
년 年 해 년(秊)	年暇연가, 年例연례, 年齡연령, 年俸연봉, 豊年풍년
독 禿 대머리 독	禿頭독두, 禿筆독필
려 黎 검을 려	黎明여명, 黎民여민
藜 명아주 려	藜杖여장
목 穆 화목할 목	和穆화목
병 秉 잡을 병	秉權병권, 秉燭병촉
사 私 사사로울 사	私感사감, 私利私慾사리사욕, 公私공사
서 黍 기장 서	黍粟서속

가을비

혜정

구월의 금강산에 소슬하게 비 내리고
빗속에서 나뭇잎은 모두 가을을 울리네
십 년을 홀로 소리 없이 눈물 흘리니
눈물로 가사만 적시며 부질없이 시름하네

혜정(?~?)

1900년을 전후한 시기의 비구니이다.

- 穎 이삭 빼어날 영   穎悟영오
- 稷 기장, 곡식의 신 직   社稷사직
- 秦 진나라 진   秦晉之好진진지호
  榛 개암나무 진   榛子진자
- 稱 일컬을, 맞을, 칭찬할 칭   尊稱존칭, 稱職칭직, 稱讚칭찬
- 香 향기 향   香料향료, 香氣향기, 焚香분향, 芳香劑방향제
- 和 화할 화   和議화의, 附和雷同부화뇌동, 宥和유화, 和合화합

중국편

垓下歌 해하가

項羽

力拔山兮氣蓋世 역발산혜기개세
時不利兮騅不逝 시불리혜추불서
騅不逝兮可奈何 추불서혜가내하
虞兮虞兮奈若何 우혜우혜내약하

※ 한자풀이

世 대, 세대 세	世襲세습, 世代세대
세상 세	世上세상, 世態세태, 世波세파, 末世말세, 處世처세
맏 세	世孫세손
泄 샐 설	漏泄누설, 排泄배설, 泄瀉설사
칠, 준설할 설	浚渫준설
貰 세낼, 빌릴 세	專貰전세
용서할 세	貰赦세사
葉 잎 엽	枝葉지엽, 金枝玉葉금지옥엽, 葉書엽서
성 섭	迦葉가섭
蝶 나비 접	蝴蝶夢호접몽
諜 염탐할 첩	諜報첩보, 間諜간첩, 防諜방첩, 諜者첩자
牒 편지 첩	家牒가첩, 請牒狀청첩장, 通牒통첩
공문서, 장부 첩	牒報첩보, 簿牒부첩, 移牒이첩
堞 성가퀴 첩	
喋 말 민첩할 첩	喋喋첩첩
피 흐를 첩	喋血첩혈

해하가

항우

힘은 산을 뽑을 만하고 기운은 산을 덮을 만한데
때가 불리하여 오추마는 나아가지 않는구나
오추마가 달리지 않으니 이를 어찌할 것인가
우희야 우희야 너를 어찌한단 말이냐

항우(B.C.232~B.C.202)

중국 진나라 말기의 군인이자, 초한 전쟁 때 초나라의 수장으로 우羽는 자이며, 이름은 적籍이다. 초나라의 명장 항연의 후손으로 처음에는 숙부 항량을 따르며 진나라를 무너뜨려 전쟁 영웅이 된다. 진왕 자영을 폐위시켜 주살한 후로 서초패왕西楚霸王에 즉위함으로써 왕이 되었고, 초 의제를 섭정攝政으로 도와 통치했으나, 그를 암살했다. 뒷날 유방의 도전으로 초한간의 끝없는 싸움을 하다가 패하고 스스로 목숨을 끊었다.

그의 죽음은 중국 위진남북조 시대 이후 문학의 소재로 활용되기 시작했고 원나라 이후 희극의 주인공으로도 등장하였으며, 고려시대 이후의 문학에도 등장한다. 또한 무속신의 한 명으로도 숭배된다. 장기에서 초나라 왕은 항우를 상징한다.

"내가 군사를 일으킨 지 8년 동안 70여 차례 싸우면서 단 한 번도 패한 적이 없다. 모든 싸움에 이겨서 천하를 얻었으나 여기서 곤경에 빠졌다. 이것은 하늘이 날 버려서지, 내가 싸움을 잘못한 것은 아니다. 오늘 여기서 세 번 싸워 모두 이기면 하늘이 나를 망하게 한 것이지 내가 싸움을 잘못한 게 아니란 것을 알 것이다."라고 자평했듯이 항우는 자만심에 빠져 패배하였고, 인재를 제대로 등용하지 못하여 망하게 되었다. 자신의 부하를 믿지 못하고 영포, 종리매, 범증마저도 의심하여 잃게 된 것이 큰 패인이 되었다.

大風歌 대풍가

劉邦

大風起兮雲飛揚 대풍기혜운비양
威加內海歸故鄕 위가내해귀고향
安得壯士守四方 안득장사수사방

※ 한자풀이

場 마당 장	場面장면, 上場상장, 登場등장, 罷場파장
傷 상할, 비난할 상	傷心상심, 傷處상처, 傷痕상흔, 中傷중상, 重傷중상
殤 어려서 죽을 상	殤報상보, 殤死상사
陽 볕 양	陽刻양각, 陽氣양기, 陽春佳節양춘가절, 陰陽음양
揚 드높일 양	揚名양명, 揚揚양양, 浮揚艇부양정, 止揚지양
楊 수양버들 양	楊柳양류, 楊枝양지
瘍 헐, 종기 양	潰瘍궤양, 腫瘍종양
腸 창자 장	灌腸관장, 斷腸단장, 腸壁장벽, 大腸대장
暢 화창할, 통할 창	暢達창달, 暢懷창회, 和暢화창, 流暢유창
湯 끓일 탕	湯器탕기, 湯藥탕약, 溫湯온탕, 再湯재탕
국 탕	蔘鷄湯삼계탕
蕩 방탕할 탕	蕩盡탕진, 放蕩방탕, 淫蕩음탕
쓸어버릴 탕	蕩減탕감, 掃蕩소탕
클, 넓을 탕	浩蕩호탕, 蕩平策탕평책
盪 씻을 탕	盪滌탕척, 盪滅탕멸

대풍가

유방

큰 바람 부니 구름이 날아오르네
천하에 위세가 커져 고향에 돌아왔네
어찌하면 훌륭한 장수를 얻어 사방을 지킬까

 유방(B.C.256~B.C.195)

　기원전 210년 진시황제가 죽은 후 기원전 202년 한나라의 유방이 재통일할 때까지 중국은 대혼란을 맞이했다. 진승과 오광이 농민 반란을 일으키면서 그 기세를 이어받아 6국의 귀족들이 각지에서 반기를 들었으며, 결국 반란 지도자들 중 항우와 유방이 천하를 두고 다투게 되었다. 진나라 말기 혼란을 마감하고 천하를 두 번째로 통일한 사람이 유방이다.
　그는 강소성 패현 사람으로 양친의 이름조차 모르는 미천한 농민 출신이었다. 4형제 중 셋째였던 유방은 농사 짓기가 싫어서 백수건달白手乾達로 방탕한 세월을 보냈다. 그는 서른 살 무렵 패현 하급 관리인 정장이 되었으며 지역 유지인 여공의 딸과 결혼했다. 기원전 208년 아직 세력이 미미했던 유방은 반진 세력 중 가장 규모가 컸던 항량과 항우를 찾아가 합류했다. 항량이 진나라 장수 장한과의 싸움에서 죽고 유방과 항우가 반진의 주축 세력이 되었는데, 기원전 206년 유방은 항우보다 빨리 진나라 수도 함양에 입성하여 자영의 항복을 받아내고 진나라를 멸망시켰다.
　유방은 진나라 법 중 '살인죄는 사형, 상해죄는 징역, 절도죄는 징역'이라는 세 가지 법만 남기고 나머지는 폐지하는 '약법삼장約法三章'을 선포하여 민심을 얻었다. 기원전 205~기원전 203년까지 유방은 항우에게 밀리는 형국이었으나 탁월한 인재를 등용하고 민심을 얻어 해하에서 기원전 202년에 숙적 항우를 대파하고 천하의 주인이 되었다.

短歌行단가행

曹操

對酒當歌대주당가
人生幾何인생기하
譬如朝露비여조로
去日苦多거일고다
慨當以慷개당이강
憂思難忘우사난망
何以解憂하이해우
唯有杜康유유두강
靑靑子衿청청자금
悠悠我心유유아심
但爲君故단위군고
沈吟至今침음지금
呦呦鹿鳴유유녹명
食野之苹식야지평
我有嘉賓아유가빈
鼓瑟吹笙고슬취생
明明如月명명여월
何時可掇하시가철
憂從中來우종중래

不可斷絕 불가단절

越陌度阡 월맥도천

枉用相存 왕용상존

契瀾談讌 계란담상

心念舊恩 심념구은

月明星稀 월명성희

烏鵲南飛 오작남비

繞樹三匝 요수삼잡

何枝可依 하지가의

山不厭高 산불염고

海不厭深 해불염심

周公吐哺 주공토포

天下歸心 천하귀심

※ 한자풀이

思 생각 사	思考사고, 思慮사려, 思慕사모, 思索사색
려 慮 생각할 려	心慮심려, 無慮무려, 念慮염려, 考慮고려
濾 거를 려	濾過紙여과지
鑢 줄, 갈 려	鑢紙여지
시 媤 시집, 시댁 시	媤家시가, 媤宅시댁, 媤叔시숙
터 攄 펼, 늘어놓을 터	攄得터득, 攄破터파, 攄懷터회

단가행

조조

술 앞에서 노래하라
인생이 얼마나 되더냐
아침이슬 같으리니
지난날의 많은 고통
슬퍼하며 탄식해도
근심 잊기 어렵구나
무엇으로 근심풀까
그건 오직 술뿐일세
푸르고 푸른 그대 옷깃
내 마음 아득하도다
다만 그대 때문에
이제껏 깊은 시름에 잠겼었네
우우 우는 사슴 무리
들에서 햇쑥을 뜯는다
내게도 좋은 손님 오셨으니
비파 타고 생황도 불리
밝기는 달과 같은데
어느 때 그것을 딸 수 있으랴
마음속에서 우러나는 근심

끊어버릴 수가 없구나

논둑 밭둑 누비면서

왕림하여 안부를 물어오네

마음이 통하여 즐겨 이야기 나누고

마음속으로 옛 은혜를 생각하네

달 밝고 별 드문데

까막까치 남쪽으로 날아간다

나무를 서너 차례 빙빙 맴돌들

어느 가지에 의지할 수 있을까

산은 높음을 싫어하지 않고

바다는 깊음을 싫어하지 않네

주공처럼 어진 선비를 환영한다면

천하는 진심으로 귀의하리

조조 (155~220)

중국 후한 말기의 정치가. 자는 맹덕孟德, 아명은 아만阿瞞. 20세에 효렴의 천거를 받아 낭관이 되었으며, 낙양 북부위·의랑 등을 역임했다. 황건적의 난을 진압할 때 두각을 나타내 여러 보직을 맡았다. 중평 6년(189) 말, 진류에서 군사를 일으키고 관동의 주군과 합세하여 동탁을 토벌한다. 건안 원년(196) 헌제를 영접하여 허현에 도읍을 정하고 사공 겸 거기장군 대리가 된다. 이때부터 황제를 끼고 정치적으로 주도적인 지위를 차지한다. 둔전법屯田法을 시행하고 수리사업을 일으켜 경제력을 증강시키는 한편, 10년간 정벌 전쟁으로 여포·원술·원소·유표 등 할거割據 세력을 평정하고, 중국 북부를 통일해나간다. 건안 13년(208), 스스로 승상이 되어 형주를 손에 넣는다. 그러나 적벽대전에서 손권·유비의 연합군에 패퇴한다. 건안 21년(216)에는 위왕의 자리에 올랐다. 『삼국지연의』에 '간웅奸雄의 전형典型'으로 묘사되어 있다.

七步詩칠보시

曹植

煮豆燃豆萁자두연두기

豆在釜中泣두재부중읍

本是同根生본시동근생

相煎何太急상전하태급

※ 한자풀이

大	큰 대	大器晩成대기만성, 大抵대저, 大義대의, 大勢대세
분 奮	떨칠 분	興奮흥분, 奮然분연, 奮發분발
상 爽	시원할 상	淸爽청상, 爽快상쾌, 快然쾌연, 豪爽호상
석 奭	클, 쌍백 석	範奭범석
주 奏	아뢸 주 연주할 주	奏請주청 奏樂주악, 伴奏반주, 演奏연주, 吹奏취주
천 天	하늘 천	天地천지, 天稟천품, 天惠천혜, 天眞爛漫천진난만
遷	옮길 천 바꿀 천	遷都천도, 遷移천이 變遷변천, 播遷파천, 左遷좌천
탈 奪	빼앗을, 잃을 탈	奪氣탈기, 奪取탈취, 却奪각탈, 剝奪박탈, 掠奪약탈
태 太	클, 매우, 처음 태	太平태평, 太極태극, 太陽태양, 太古태고, 太半태반, 太甚태심, 太初태초
	콩 태	豆太두태
	汰 씻을 태	沙汰사태
	일 태	淘汰도태
투 套	투식 투 덮개 투	常套상투, 語套어투, 套式투식 外套외투, 封套봉투

칠보시

조식

콩깍지 태워 콩을 삶으니

콩이 솥 안에서 우는구나

본래 한 뿌리에서 났건만

어찌 이리 급하게 삶아대나

조식(192~232)

　중국 삼국시대 중원을 누비던 조조의 다섯째 아들로 태어났다. 자는 자건子建, 시호가 사思이고 진陳에 봉해져서 진사왕陳思王으로도 불린다. 중국의 가장 위대한 서정시인抒情詩人이며 아버지 조조가 중국 영토의 1/3에 해당하는 북부지방을 지배할 때 태어났다. 너무나 재능이 출중하여 조조는 다섯째 조식을 특별히 총애하고 후계자로까지도 생각할 정도였다. 조조의 유씨 부인 소생 조앙은 장수와의 싸움에서 죽었고, 변씨 부인 소생으로 조비·조창·조식·조웅의 네 아들이 있었다. 넷째 조웅은 몸이 약해 별 활약을 못했고, 조비는 통이 크고 문무를 겸비하였고, 둘째 조창은 궁술과 마술이 빼어났고 맹수와 격투할 정도로 힘이 장사였다.

　셋째 조식은 총기가 있고 시문에 뛰어나 조조가 특별하게 아꼈다. 공융·진림 등 건안칠자들과 사귀었으며, 오언시를 완성시킨 것으로 평가받고 있다. 이백과 두보가 나오기 이전 시대를 대표하는 시인으로 평가받고 있다. 조조가 죽자 조비가 위왕 자리를 계승했다. 조식은 형이 두려워 조문弔問을 오지 못했는데, 형이 아우를 불러 일곱 걸음 내에 형제를 주제로 하되 '형兄'과 '제弟'자를 넣지 않고 시를 지으라고 명한다. 이것이 그 유명한 「칠보시七步詩」이며 조비는 조식이 지은 시를 보고 눈물을 흘리며 단을 내려와 조식을 끌어안았다고 한다.

四詩사시

陶淵明

春水滿四澤춘수만사택
夏雲多奇峰하운다기봉
秋月揚明輝추월양명휘
冬嶺秀孤松동령수고송

※ 한자풀이

譯　번역할 역　　　　　意譯의역, 通譯통역, 譯官역관, 飜譯번역
　釋 풀 석　　　　　　釋放석방, 釋然석연, 解釋해석, 保釋보석
　驛 역말 역　　　　　驛站역참, 簡易驛간이역, 驛勢圈역세권
　　繹 풀, 연달을 역　演繹法연역법, 絡繹낙역
　鐸 방울 탁　　　　　木鐸목탁, 鐸鈴탁령, 振鐸진탁
　擇 가릴, 뽑을 택　　採擇채택, 擇日택일, 揀擇간택
　　澤 못 택　　　　　澤畔택반, 沼澤소택
　　　　윤 택　　　　光澤광택, 潤澤윤택
　　　　은혜, 덕택 택　德澤덕택, 恩澤은택, 惠澤혜택

사계절

도연명

봄 물은 사방 연못에 가득 차고

여름 구름엔 기이한 봉우리 많네

가을 달은 밝은 빛을 발하고

겨울 고개엔 외로운 소나무 빼어나네

도연명(365~427)

동진·유송 대의 시인으로 당나라 이전 남북조시대 최고 시인으로 평가받는다. 동진시대 지방의 하급 관리로 관직 생활을 하기도 했으나, 일평생 은둔隱遁하며 시를 지었다. 술의 성인으로 불리며 전원시인의 최고봉으로 꼽는다.

365년 강서성의 심양에서 태어난 그는 본명이 잠潛, 자가 원량元亮 또는 연명淵明이다. 지방 하급 관리였던 아버지가 12살 때 죽고 가난했기 때문에 농사를 거들며 학문을 익혔다. 농사만으로 생계를 유지하기 어려웠던 도연명은 집안과 노모를 위해 수없이 출사하여 하급 관리 생활을 하였으나 대부분 1년을 넘기지 못하였다. 그의 자유로운 성품이 관리 생활에 맞지 않았던 이유도 있지만, 당시 관리 사회의 혼탁混濁함에 염증을 느꼈던 것이다.

405년 친척의 권유로 다시 팽택 현령에 임명되었으나 80여 일 만에 사직하였다. 도연명은 「귀거래사」에서 은거에 대한 염원을 밝혔다. 그는 작품 서문에서 시집간 여동생의 죽음으로 관직을 버린다고 했지만 "돌아가자, 전원이 황폐해지려고 하는데, 어찌 아니 돌아갈쏘냐."라는 문구로 은둔을 선언했다.

421년 도연명은 송나라 조정에도 출사하지 않고 농사에만 전념했다. 427년 그는 가난과 질병을 이기지 못하고 62세로 생을 마감하였다. 대표작으로는 「오류선생전」, 「도화원기」, 「귀거래사」 등이 있다.

飮酒 음주

陶淵明

結廬在人境 결려재인경
而無車馬喧 이무거마훤
問君何能爾 문군하능이
心遠地自偏 심원지자편
採菊東籬下 채국동리하
悠然見南山 유연견남산
山氣日夕佳 산기일석가
飛鳥相與還 비조상여환
此中有眞意 차중유진의
欲辨已忘言 욕변이망언

음주

도연명

사람 사는 곳에 초가집 지었으나
시끄러운 거마 소리 끊기고
그대에게 묻노니 어찌 이럴 수 있나
마음이 멀어지니 지역도 절로 외지네
동쪽 울타리 밑에서 국화를 꺾다가
그윽하게 남산을 바라보네
산기운 저녁이라 아름답고
나는 새들도 서로 함께 돌아가네
이 안에 참뜻이 있는 걸
말해주려 하나 이미 말을 잊었네

歲暮세모

謝靈運

殷憂不能寐은우불능매
苦此夜難頹고차야난퇴
明月照積雪명월조적설
朔風勁且哀삭풍경차애
運往無淹物운왕무엄물
年逝覺已催연서각이최

※ 한자풀이

能　능할 능　　　　能動능동, 能牽능률, 能熟능숙, 能達능달
웅 熊 곰 웅　　　　熊女웅녀, 熊膽웅담, 熊津웅진
태 態 모양 태　　　擬態法의태법, 變態변태, 態勢태세, 態度태도
파 罷 파할 파　　　罷免파면, 罷場파장, 罷市파시
　　고달플, 곤할 피(疲)　罷備피비, 罷困피곤, 罷衰피쇠

쉬모

사영운

깊은 근심에 잠을 못 이루니

고통에 이 밤도 지나기 어렵네

밝은 달은 쌓인 눈을 비추고

북풍은 매섭고도 슬프게 부는구나

세월 앞에 멈추어 있는 것이 없으니

흐르는 세월의 빠름을 깨닫네

사영운(385~433)

동진과 남조 송宋의 시인이다. 진군 양하 사람이었으나, 진晉이 남쪽으로 옮긴 후에는 회계로 본거를 옮긴 명문 출신이다. 주로 자연 시인으로 알려져 있다. 영가 태수를 지냈다. 그러나 파쟁으로 인하여 자주 면직당하다가 결국 유배 중에 사형당했다. 그는 여산사廬山寺를 지원했는데, 독실한 불교신자로서 불교 경전을 번역하고 종교적인 작품을 쓰기도 하였다.

그러나 그가 문학적인 명성을 얻게 된 것은 그의 시, 특히 드넓은 남부 산천에서 영적인 감흥을 얻은 데서 비롯되었다. 환상적幻想的이고 내용이 풍부했던 그의 시는 당시의 시풍을 선도했다. 일찍이 비평가들은 그와 동향이자 같은 시대 시인 도연명의 목가적 '전원시田園詩'보다 그의 '산수시山水詩'를 높이 평가하기도 했다.

중국 중세 문학의 경향을 규정한 6세기의 저작 『문선文選』에서도 그의 시는 다른 6조 시인의 시보다 많이 실려 있다.

長歌行장가행

沈約

靑靑園中葵청청원중규
朝露待日晞조로대일희
陽春布德澤양춘포덕택
萬物生光輝만물생광휘
常恐秋節至상공추절지
焜黃華葉衰혼황화엽쇠
百川東到海백천동도해
何時復西歸하시부서귀
少壯不努力소장불노력
老大徒傷悲노대도상비

※ 한자풀이

止 그칠 지　　　　　停止정지, 行動擧止행동거지, 沮止저지
귀 歸 돌아올 귀　　　歸京귀경, 歸鄕귀향, 歸農귀농, 歸巢本能귀소본능
긍 肯 뼈에 붙은 살 긍　肯綮긍경
　　즐길, 긍정할 긍　首肯수긍, 肯定긍정
기 企 꾀할 기　　　　企劃기획, 企圖기도, 企望기망, 企業기업
삽 澁 떫을 삽　　　　澁味삽미
　　막힐, 껄끄러울 삽　澁滯삽체, 難澁난삽
　　말 더듬을 삽　　澁訥삽눌
지 址 터 지　　　　　寺址사지, 城址성지, 遺址유지
　　祉 복 지　　　　　福祉복지, 祉祿지록, 祥祉상지
　　趾 발가락 지　　　趾骨지골
치 齒 이 치　　　　　齒列치열, 義齒의치, 蟲齒충치, 齒石치석
　　나이 치　　　　　年齒연치, 齒德치덕
　　늘어설 치　　　　不齒불치

장가행

심약

푸릇푸릇 채소밭의 아욱

아침이슬 햇볕에 마르기를 기다리네

따뜻한 봄은 은택을 펴서

만물이 그 생기를 발한다네

항상 두려운 것은 가을철이 와서

누렇게 나뭇잎이 시드는 것이라네

모든 냇물은 동해로 흘러들면

언제나 다시 서쪽으로 돌아갈까

젊을 적에 노력하지 않으면

늙어서는 부질없이 애달프리

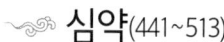

심약(441~513)

자는 휴문休文, 오흥군 무강 사람이다. 관직은 상서령까지 이르렀다. 박학다식博學多識하고 여러 종류의 역사서를 저술했는데, 그중 『송서宋書』는 24사 가운데 하나이다.

그의 시풍은 화려하고 수식에 치중했으며, 음운의 조화, 정교한 대구를 사용했다. 시가의 성률론, 즉 '사성팔병설'을 제창했으며 사조 등과 함께 '영명체永明體'를 창시했다. 후대 율시의 형성과 변려문의 발전에 중요한 영향을 끼쳤다. 저작으로 『심은후집沈隱侯集』이 있다.

登幽州臺歌 등유주대가

陳子昂

前不見古人 전불견고인
後不見來者 후불견내자
念天地之悠悠 염천지지유유
獨愴然而涕下 독창연이체하

※ 한자풀이

| 倉 | 곳집 창 | 倉庫창고, 倉廩창름, 穀倉곡창, 船倉선창 |
| | 급할, 당황할 창 | 倉卒間창졸간 |

創 비롯할, 벨 창 　　創造창조, 創傷창상, 創立창립, 創意창의
槍 창 창 　　竹槍죽창, 旗幟槍劍기치창검, 槍術창술
蒼 푸를 창 　　蒼空창공, 蒼生창생, 蒼然창연
滄 큰바다 창 　　滄茫창망, 滄桑之變창상지변, 滄波창파
愴 슬퍼할 창 　　悲愴비창, 愴然창연, 酸愴산창
瘡 부스럼 창 　　蓐瘡욕창, 惡瘡악창
艙 선창 창 　　船艙선창, 艙底창저, 艙間창간
搶 빼앗을 창 　　搶奪창탈
傖 천할 창 　　傖父창부

而 말 이을 이 　　哀而不悲애이불비, 而立이립
　 뿐 이 　　而已이이

耐 견딜 내 　　耐久내구, 耐性내성, 耐震내진, 堪耐감내, 忍耐인내

유주대에 올라

진자앙

전세의 옛사람도 볼 수가 없고
후세에 오는 사람도 볼 수가 없네
천지의 아득함을 생각하니
나 홀로 서글퍼 눈물 흘리네

진자앙(661~701)

자는 백옥伯玉, 재주 서흥 사람이다. 국사에 관한 상소문을 올려 측천무후의 칭찬을 받고 인대정자에 임명되었으며 나중에 우습유가 되었다. 관직에 있을 때, 과감히 간언했으며 거란족 정벌에 나선 군대를 따라가기도 했다. 뒤에 관직을 그만두고 고향에 돌아갔다가, 모함을 받아 옥에서 죽었다.

그의 시는 육조시대의 나약하고 화려한 시풍을 일소하고 한漢·위魏시대의 힘찬 풍격을 드높였다. 「감우시感遇詩」 38수는 조정의 폐단을 비판하고 변방의 군인과 백성들의 고통을 반영했으며, 재능은 있으면서도 인정받지 못하는 자신의 비애감을 나타냈다. 내용이 드넓고 풍격이 호탕하여 당시 혁신의 선구적인 작품이 되었다.

「등유주대가登幽州臺歌」는 고금을 살펴보고 깊은 울분鬱憤을 표현했으며 비분강개悲憤慷慨하는 정조가 드러나 역대로 전송되고 있다.

그의 산문 또한 육조시대 변려체騈儷體의 기풍을 개혁했는데, 질박質朴하고 고아高雅한 언어구사는 후대의 고문운동에 영향을 주었다. 『진백옥집陳伯玉集』이 있다.

望月懷遠 망월회원

張九齡

海上生明月 해상생명월
天涯共此時 천애공차시
情人怨遙夜 정인원요야
竟夕起相思 경석기상사
滅燭憐光滿 멸촉연광만
披衣覺露滋 피의각로자
不堪盈手贈 불감영수증
還寢夢佳期 환침몽가기

※ 한자풀이

舛 어그러질 천   舛駁천박, 舛訛천와

[걸] 傑 준걸 걸(杰)   豪傑호걸, 傑物걸물, 傑作걸작, 傑出걸출
    桀 왕이름 걸   桀紂걸주, 暴桀폭걸, 凶桀흉걸
[련] 憐 불쌍히 여길 련   憐憫연민, 可憐가련, 哀憐애련, 同病相憐동병상련
[린] 隣 이웃 린   隣近인근, 善隣선린, 隣接인접
    麟 기린 린   麒麟기린, 麟筆인필
    鱗 비늘 린   逆鱗역린, 鱗甲인갑, 鱗介인개
    燐 도깨비불 린   燐火인화, 燐光인광, 野燐야린
[순] 瞬 눈깜짝할 순   一瞬일순, 瞬息間순식간
    舜 순임금 순   堯舜요순, 舜禹순우

달을 보며 먼 곳을 생각하다

장구령

바다 위로 밝은 달 떠오르니
하늘 저 끝에서 이 시간 함께하네
그리운 님 긴긴 밤 원망하며
밤중에 일어나 님 생각 하겠지
촛불 다해도 아름다운 달빛 가득하고
걸친 옷은 이미 이슬에 젖었네
손에 가득 담아 님에게 보내줄 수 없으니
다시 잠들어 꿈속에서나 만나자 기약하네

장구령(678~740)

일명 박물博物, 자는 자수子壽, 소주 곡강 사람이다. 당나라 중종 경룡 연간(707~710)에 진사가 되었다. 734년 중서령 장열의 뒤를 이어 중서령이 되었다. 당시 장구령은 과거 출신 관료의 지위 옹호를 위해 이임보에 비타협적인 태도를 취했기에 두 사람은 격렬하게 대립했다. 736년에는 이임보의 참소讒訴에 의해 형주대도독부 장사로 좌천되었으며, 사후 형주대도독에 추증되었다.

장구령은 일찍이 안녹산을 제거해야 한다고 주장했는데, 나중에 현종이 그의 선견지명을 칭찬하였다. 문학사에서도 시의 복고復古에 힘을 기울였다. 저작으로는 『당승상곡강장선생문집唐丞相曲江張先生文集』 20권과 『천추금경록千秋金鏡錄』 5권 등이 있다.

回鄕偶書 회향우서

賀知章

離別家鄕歲月多 이별가향세월다
近來人事半消磨 근래인사반소마
唯有門前鏡湖水 유유문전경호수
春風不改舊時波 춘풍불개구시파

少小離家老大回 소소이가노대회
鄕音無改鬢毛衰 향음무개빈모쇠
兒童相見不相識 아동상견불상식
笑問客從何處來 소문객종하처래

※ 한자풀이

音　소리 음　　　音感음감, 防音방음, 音聲음성, 音質음질
　暗 어두울 암　明暗명암, 暗影암영, 暗記암기
　諳 욀 암　　　諳誦암송

고향에 돌아와 짓다

하지장

고향을 떠난 지 오랜 세월 지나
근래의 인사 대부분 사라졌고
오직 문앞의 경호의 물만
봄바람에 물결이 예전같다네

어려서 고향 떠나 늙어서 돌아오니
사투리는 여전한데 머리만 희었네
아이들은 마주봐도 알아보지 못하고
웃으며 어디서 온 손님인지 묻네

하지장(659~744)

자는 계진季眞, 말년에 스스로 호를 사명광객四明狂客이라 했다. 측천무후 증성 원년(695)에 을미과에 장원급제하여 태자빈객 등의 관직을 역임했다. 본성이 활발하고 구애받지 않아 '청담풍류淸淡風流'란 명성을 얻었다. 86세에 관직을 떠나 고향으로 갔으며, 얼마 되지 않아 세상을 떠났다. 하지장의 시문은 절구가 뛰어난데 대다수 작품은 소실되었고 현재 『전당시全唐詩』에 19편이 수록되어 있다. 벼슬길도 순탄順坦하여 은퇴 시 황제가 어시御詩를 하사下賜하고 백관이 전송했다. 두보의 시 「음중팔선가飮中八仙歌」에 등장하는 첫 번째 인물이다.

題老松樹 제노송수

宋之問

歲晚東巖下 세만동암하
周顧何悽惻 주고하처측
日落西山陰 일락서산음
衆草起寒色 중초기한색
中有喬松樹 중유교송수
使我長歎息 사아장탄식
百尺無寸枝 백척무촌지
一生自孤直 일생자고직

※ 한자풀이

西	서녘 서	東奔西走동분서주, 西紀서기
潭	潭 못 담	潭淵담연, 澄潭징담, 潭思담사
	譚 말씀 담	民譚민담, 怪譚괴담, 奇譚기담
요	要 구할, 종요로울 요	需要수요, 訣要결요, 要點요점, 要求요구
	腰 허리 요	腰痛요통, 纖腰섬요, 腰折腹痛요절복통
直	곧을, 번들 직	直感직감, 當直당직, 愚直우직, 正直정직
	값 치(値)	直千金치천금
덕	悳 큰 덕(德의 古字)	恩悳은덕
식	植 심을 식	植木식목, 植樹식수, 移植이식
	殖 불릴 식	繁殖번식, 增殖증식, 生殖생식
직	稙 올벼, 벼 심을 직	稙禾직화
촉	矗 곧을 촉	矗石樓촉석루
치	置 둘 치	措置조치, 位置위치, 放置방치, 置之度外치지도외
	値 값 치	價值가치, 數值수치
	만날 치	遭值조치, 値遇치우

늙은 소나무

송지문

동쪽 바위 아래 한 해가 저무는데

둘러보니 어찌 이리 서글픈지

해 지는 서산은 음산하고

뭇 풀들은 차가운 빛이네

그 속에 큰 소나무 있어

나를 길게 탄식케 하네

백 척 높이에 잔가지 하나 없이

일생 동안 홀로 외롭고 곧구나

송지문(656~712)

초당의 궁정시인, 자는 연청延淸. 675년 진사시에 합격하고 측천무후에게 시재를 인정받아 심전기와 함께 궁정시인으로 활동했다. 두 사람을 병칭하여 '심송沈宋'으로 일컫는다. 그의 시풍은 육조六朝 이래의 화려함이 짙게 깔려 있으나 형식적으로 완전하게 정돈된 율시律詩를 지음으로써 율시의 음률을 집대성하였다.

渡漢江도한강

宋之問

嶺外音書斷영외음서단
經冬復歷春경동부역춘
近鄉情更怯근향정갱겁
不敢問來人불감문래인

한강을 건너며

송지문

고개 너머로 소식 끊긴 채
겨울을 지내고 또 봄을 지냈다
고향 가까워지니 마음이 다시 두려워져
오는 고향 사람에게 감히 묻지 못한다

春曉 춘효

　　　　　　　　　　　　　　　　孟浩然

春眠不覺曉 춘면불각효
處處聞啼鳥 처처문제조
夜來風雨聲 야래풍우성
花落知多少 화락지다소

※ 한자풀이

帝 임금 제		帝王제왕, 帝政제정, 帝宸제신, 皇帝황제
	啼 울 제	啼哭제곡, 啼泣제읍, 啼血제혈
	蹄 발굽 제	馬蹄마제, 牛蹄우제, 駝蹄타제
	締 맺을 체	締結체결, 締交체교, 締盟체맹
	諦 살필 체 진리, 깨달음 체/제	諦觀체관, 諦念체념, 要諦요체 眞諦진제
鳥 새 조		鳥獸조수, 籠鳥戀雲농조연운, 鳥類조류
	鳴 울 명	共鳴공명, 鳴箭명전, 悲鳴비명
	鳳 봉새 봉	鳳凰봉황, 鳳仙花봉선화, 鳳翼봉익
	鳶 솔개 연 연 연	鳶肩연견 紙鳶지연, 飛鳶비연, 風鳶풍연
	烏 까마귀 오 검을 오 어찌 오	烏鵲橋오작교, 烏飛梨落오비이락 烏竹오죽 烏有오유
	嗚 탄식할 오	嗚呼오호, 嗚泣오읍, 噫嗚희오
	鶴 두루미 학	鶴首苦待학수고대, 鶴舞학무, 鶴髮학발

봄날 아침

맹호연

봄잠에 새벽인 줄 몰랐건만
곳곳에서 들려오는 새소리
간밤에 비바람 소리 들리더니
꽃잎은 얼마나 졌을까

맹호연(689~740)

　당나라 시인이다. 이름은 호浩, 자는 호연이다. 어린 시절 고향에 묻혀 지내다가 장안으로 가서 진사과에 응시하였으나 실패한 이후로 평생 벼슬을 하지 못했다. 각지를 자유로이 유람했으며 장구령에게 초빙되어 막객幕客으로 지내다가 얼마 후 병으로 죽었다.
　시의 소재는 넓지 않은 편으로 주로 전원의 산수 경치와 떠돌아다니는 나그네의 심정을 묘사한 것이 많다. 시어가 자연스럽고 풍격이 청담淸淡하며 운치가 깊어서 당대의 대표적인 산수시인으로 꼽힌다. 왕유와 더불어 이름을 날렸으므로 '왕王·맹孟'이라 병칭된다. 맹양양으로도 불리며 저서에 『맹호연집』 4권이 있다.

九月九日憶山東兄弟 구월구일억산동형제

王維

獨在異鄉爲異客 독재이향위이객

每逢佳節倍思親 매봉가절배사친

遙知兄弟登高處 요지형제등고처

遍揷茱萸少一人 편삽수유소일인

※ 한자풀이

朱	붉을 주	印朱 인주, 朱書 주서, 近朱者赤 근주자적
殊	다를 수	特殊 특수, 殊常 수상, 殊勳 수훈
洙	물가 수	性洙 성수
銖	저울눈, 적은 양 수	銖兩 수량, 銖寸 수촌, 銖分 수분
茱	수유 수	山茱萸 산수유
珠	구슬 주	珠玉 주옥, 眞珠 진주, 念珠 염주
誅	벨 주	苛斂誅求 가렴주구, 誅滅 주멸
	꾸짖을 주	誅責 주책
株	그루 주	守株待兎 수주대토, 株式 주식, 株價 주가

臾	잠깐 유	須臾 수유
諛	아첨할 유	阿諛苟容 아유구용, 諛諂 유첨
萸	수유 유	茱萸 수유
廋	곳집, 노적가리 유	廋積 유적

중양절에 산동의 형제를 그리며

왕유

홀로 타향에 있으면서 이방인이 되니

매번 명절 되면 가족 생각 배가 되네

멀리서도 알겠지 형제들 높은 곳에 올랐을 때

두루 수유꽃 꽂는데 한 사람이 적다는 것을

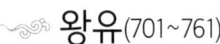

왕유(701~761)

　당나라 시인으로 자는 마힐摩詰이다. 지방 관리의 집안에서 태어나 어릴 때부터 문장과 음악에 재능을 보였다. 과거에 합격한 뒤, 지방으로 좌천되어 10년 동안 실의의 시절을 보내고 중앙 정부로 돌아왔다. 736년 악명 높은 이임보가 재상이 되어 율령정치가 쇠퇴하기에 이르자 정치에 실망하게 되었다. 그러나 관직을 버리지는 못하고 관료로서 순조롭게 승진하는 한편, 망천 지역에 거대한 별장을 지어 은거했다. 안녹산의 난 때 투항한 것이 빌미가 되어 난이 평정된 뒤에 관직 박탈 처분을 받기도 했다. 상서우승의 직위에 있을 때 세상을 떠났기 때문에 '왕우승'이라 부르기도 한다.

　그의 시는 "도잠과 사영운의 흐름을 계승하여 새로운 자연미를 완성했다."는 평가를 받으며, 고담枯淡 속에서도 풍성한 감각을 지닌 작품이 많다. 열성적인 불교신자이기도 했고, 산수화의 거장으로서 후세에 남종화의 시조로 추앙받게 되었다. 그가 시화를 통해 추구한 것은, 현세를 누리면서 은둔隱遁을 즐기는 이상적인 문인의 경지였다.

鹿柴녹채

王維

空山不見人공산불견인
但聞人語響단문인어향
返景入深林반경입심림
復照靑苔上부조청태상

녹채

왕유

텅 빈 산에 사람은 없고
사람소리 메아리만 들릴 뿐
깊은 숲으로 비쳐드는 햇살
다시 푸른 이끼 위에 비친다

登觀雀樓 등관작루

王之渙

白日依山盡 백일의산진
黃河入海流 황하입해류
欲窮千里目 욕궁천리목
更上一層樓 갱상일층루

※ 한자풀이

衣　옷 의　　　　　　衣裳의상, 衣冠의관, 繡衣수의, 衣服의복
　사 蓑 도롱이 사(簑)　蓑笠사립, 蓑衣사의, 單蓑단사
　쇠 衰 쇠약할 쇠　　　衰渴쇠갈, 衰頹쇠퇴, 老衰노쇠
　　　상복 최　　　　　斬衰참최
　의 依 의지할 의　　　依支의지, 依存의존, 歸依귀의
　　　좇을 의　　　　　依法의법, 依例의례
　　　전과 같을 의　　　舊態依然구태의연
　충 衷 속마음 충　　　衷心충심, 苦衷고충, 衷情충정
　표 表 거죽 표　　　　表明표명, 師表사표, 表具표구, 表現표현

黃　누를 황　　　　　　黃泉황천, 黃昏황혼, 黃塵萬丈황진만장
　광 廣 넓을 광　　　　廣狹광협, 廣告광고, 廣義광의
　　　鑛 쇳돌 광　　　　鑛脈광맥, 鑛工業광공업, 鑛物광물
　　　曠 빌 광　　　　　曠野광야
　확 擴 넓힐 확　　　　擴大확대, 擴散확산, 擴聲확성
　황 磺 유황 황　　　　硫磺유황
　횡 橫 가로 횡　　　　橫斷횡단, 橫書횡서, 橫隊횡대, 橫說竪說횡설수설
　　　사나울 횡　　　　橫暴횡포
　　　제멋대로 할 횡　　橫領횡령, 橫行횡행, 專橫전횡
　　　뜻밖에 횡　　　　橫財횡재, 橫死횡사

관작루에 올라

왕지환

밝은 해는 산자락으로 기울고

황하는 바다로 흘러드는데

천 리 밖까지 바라보고 싶어

다시 한 층 누각을 더 오른다

왕지환(688~742)

　당나라 때 사람으로, 자는 계릉季陵이고, 호방한 성격에 항상 칼을 차고 다녔다고 한다. 당시 악공들이 지은 노래에 실려 많이 가창되었으나 현재 남은 시는 6수뿐이라고 한다.

　남은 시 중 가장 유명한 것이 「등관작루」인데 관작루는 산서성에 위치한 누각으로 북주北周 시기에 세워졌다. 원元 초기에 발생한 전쟁과 황하강 범람으로 훼손되었으나 당唐의 건축 형식을 본떠 복원하여 현재의 모습으로 남아 있다. 황새 서식지 위에 자리잡고 있어 현재의 명칭으로 불리게 되었다. 관작루는 중국 고대 4대 유명한 누각 중 하나이다. 무창의 황학루, 동정호의 악양루, 남창의 등왕각, 그리고 이 관작루가 바로 그것이다.

閨怨규원

王昌齡

閨中少婦不知愁규중소부부지수
春日凝粧上翠樓춘일응장상취루
忽見陌頭楊柳色홀견맥두양류색
悔敎夫壻覓封侯회교부서멱봉후

※ 한자풀이

疑 의심할 의   疑心의심, 疑猜의시, 疑訝의아, 懷疑회의
- 礙 거리낄 애   拘礙구애, 障礙장애, 無礙무애
- 凝 엉길 응   凝固응고, 凝視응시, 凝結응결, 凝縮응축
- 擬 비길, 흉내낼 의   擬聲語의성어, 模擬考査모의고사
- 癡 어리석을 치   癡情치정, 癡呆치매

勿 말 물   勿論물론, 勿驚물경
- 吻 입술 문   接吻접문
- 刎 목 자를 문   刎頸之交문경지교
- 物 만물 물   萬物만물, 物件물건, 物外閒人물외한인
- 怱 바쁠 총(悤)   怱忙총망, 怱奔총분
- 聰 총명할 총   聰明총명, 聰氣총기
- 蔥 파 총   蔥竹之交총죽지교
- 忽 문득, 소홀할 홀   忽然홀연, 忽待홀대, 疏忽소홀
- 惚 황홀할 홀   恍惚황홀, 慌惚황홀
- 笏 홀 홀   投笏투홀

아내의 원망

왕창령

규방의 젊은 아낙네 근심을 몰라

봄날에 화장하고 누각에 오르네

문득 길가의 버들색을 보고는

남편 벼슬 구하러 보낸 것을 후회하네

왕창령(688~755)

자는 소백少伯으로, 727년 진사에 급제하고 734년 박학굉사博學宏詞의 시험에 합격하여 범수현의 위尉가 되었다. 그러나 소행이 좋지 못하다 하여 좌천된다. 그러나 기실은 왕창령이 조정의 허례허식을 비판하고 불합리한 정사를 직언하길 서슴지 않아 당한 일이었다. 안녹산의 난이 발발하자 고향으로 돌아가 은둔하였는데, 그에게 앙심을 품은 자사 여구효閭丘曉에게 피살당했다고 한다.

그의 칠언절구는 미려하고 능란해 이백과 비견된다고 한다. 고적·왕지환 등과 교류하였다. 시집에『왕창령시집王昌齡詩集』5권,『보유補遺』1권이 있다.

除夜제야

高適

旅館寒燈獨不眠여관한등독불면
客心何事轉凄然객심하사전처연
故鄕今夜思千里고향금야사천리
霜鬢明朝又一年상빈명조우일년

※ 한자풀이

官 벼슬 관　　　　官吏관리, 貪官汚吏탐관오리, 依官杖勢의관장세
　管 대롱 관　　　血管혈관, 管絃樂관현악
　　주관할 관　　主管주관, 管掌관장, 管制塔관제탑
　館 집 관　　　　公館공관, 旅館여관, 別館별관
　琯 옥피리 관　　白琯백관, 玉琯옥관
　棺 널 관　　　　蓋棺개관, 石棺석관, 剖棺斬屍부관참시

朝 아침 조　　　　朝夕조석, 朝變夕改조변석개
　조정 조　　　　朝服조복, 朝廷조정, 王朝왕조
　廟 사당 묘　　　宗廟종묘, 東廟동묘, 文廟문묘
　潮 밀물, 조수 조　潮流조류, 思潮사조, 赤潮적조, 風潮풍조
　嘲 비웃을 조　　嘲弄조롱, 自嘲자조, 嘲笑조소

그믐밤

고적

여관 찬 등불 아래 홀로 잠 못 이루니
나그네 마음 무슨 일로 이리 서글픈가
오늘 밤 고향 생각하니 천 리 길인데
흰 머리에 내일 아침이면 또 한 살 먹지

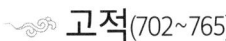

고적(702~765)

중국 당대의 시인, 자는 달부達夫. 어려서 가난을 경험했기 때문에 서민의 아픔과 고난을 잘 알고 있었다. 50세에 비로소 과거에 급제하고 구위丘尉에 봉해졌으나, 벼슬을 버린 후에 하서河西로 가서 가서한의 서기가 되었다. 안사의 난이 끝난 뒤, 회남淮南과 검남劍南의 절도사가 되었다.

감정이 분방하고 품고 있는 뜻을 그대로 드러낸 그의 시는 언어가 강하면서도 소박하고 풍격이 깊으면서도 호탕하다. 칠언고시를 잘 지었고, 불우한 심정을 표현하거나 백성들의 한을 슬퍼한 작품 등은 모두 감동을 안겨준다.

동북 서북 변경에 간 적이 있어 당대 중앙 정부와 소수 민족과의 관계나 당군 내부의 폐단에 대해 매우 잘 알고 있었으며, 이것이 시 속에 반영되어 있다. 그중 「연가행燕歌行」은 웅장하면서 쓸쓸한 변방요새邊方要塞의 풍경과 병사들의 고달픈 생활, 자신의 몸을 잊고 나라에 충성하고자 하는 정신을 그린 작품으로 정조가 비장하다. 작품으로『고상시집高常侍集』이 있다.

磧中作적중작

岑參

走馬西來欲到天주마서래욕도천
辭家見月兩回圓사가견월양회원
今夜不知何處宿금야부지하처숙
平沙萬里絶人煙평사만리절인연

※ 한자풀이

辛 매울 신	辛苦신고, 香辛料향신료, 艱辛간신, 辛勝신승
辜 허물 고	無辜무고, 辜功고공, 恤辜휼고
辯 말 잘할 변	辯護변호, 言辯언변, 訥辯눌변, 達辯달변
辨 구별할 변	辨別力변별력, 辨明변명, 辨證변증
辭 말씀 사	辭說사설, 致辭치사, 辭典사전
사양할, 물러날 사	固辭고사, 不辭불사, 辭表사표
薛 성 설	薛聰설총
宰 재상 재	宰相재상, 宰臣재신
다스릴 재	主宰주재
滓 찌끼 재	殘滓잔재, 滓濁재탁, 泥滓니재
辦 힘쓸 판	辦公費판공비, 買辦資本매판자본, 總辦총판

사막에서

잠삼

하늘 끝에 닿고자 서쪽으로 말을 달려
집을 떠나고 달이 두 번 차고 기울었네
오늘밤 어디서 묵을 건지 알 수가 없고
만 리의 사막에는 인가 연기도 끊겼구나

 **잠삼**(715~770)

중국 당나라 시인으로 잠가주岑嘉州라고 칭한다. 호북성 강릉 출생. 태종 때 재상 장문본의 증손으로 744년에 진사가 되었다. 안서의 절도사 서기관으로 두 번에 걸쳐 북서변경 요새의 사막지대에 종군한 체험을 살려서 쓴 새외시塞外詩는 풍부한 상상력과 이국정서를 생생하게 그려 당시唐詩 가운데서 독자적인 지위를 차지한다. 그는 755년 안사의 난이 일어나자 중국으로 돌아왔다. 황제에 대한 충성을 지켜 안사의 난이 진압된 뒤 768년에 은퇴할 때까지 계속 여러 지방의 지방장관 자리를 유지했다.

당나라 시의 전성기를 이룩한 성당 시인들 중에는 이백·두보 같은 거장들이 있었는데, 이 세대에 속하는 잠삼은 어법과 운율을 혁신함으로써 '율시'에 새로운 활력을 불어넣었다. 그는 젊은 시절 직접 경험한 이국적인 중앙아시아를 자주 시의 무대로 삼아 '변경시인'으로 널리 알려졌다. 저서로 『잠가주집岑嘉州集』이 있다.

題都城南莊 제도성남장

崔顥

去年今日此門中 거년금일차문중
人面桃花相映紅 인면도화상영홍
人面不知何處在 인면부지하처재
桃花依舊笑春風 도화의구소춘풍

※ 한자풀이

| 壯 씩씩할, 젊을 장 | 壯觀장관, 壯談장담, 壯烈장렬, 壯丁장정, 壯年장년, 壯元장원 |

莊 장중할, 바를 장 — 莊嚴장엄, 莊重장중, 莊言장언
  별장 장 — 山莊산장, 別莊별장
粧 단장할 장 — 丹粧단장, 治粧치장, 化粧화장

中 가운데 중 — 中央중앙, 中庸중용, 中間중간, 中毒중독
 串 꿸 관 — 串柿관시, 串童관동, 魚串어관
   땅이름 곶 — 長山串장산곶, 甲串갑곶, 竹串島죽곶도
 仲 버금 중 — 仲兄중형, 仲秋중추, 伯仲之勢백중지세
 忠 충성 충 — 忠誠충성, 忠情충정, 竭忠갈충, 忠告충고
 沖 화할 충(冲) — 沖氣충기
   빌 충 — 沖虛충허
   어릴, 날아오를 충 — 沖天충천, 沖年충년
 患 근심, 병 환 — 病患병환, 憂患우환, 患難환난, 宿患숙환

도성 남쪽의 별장

최호

지난해 오늘 이 집 문 안에서
그 얼굴과 복사꽃 서로 붉게 빛났었는데
지금 그 얼굴 어디에 있을까
복사꽃은 예전같이 봄바람에 웃고 있건만

최호(704~754)

당나라 하남성 개봉 사람으로 개원 11년에 진사에 급제하였고, 천보 연간에 상서사훈원외랑을 지냈다. 젊어서는 도박을 즐겼고, 주색에 깊이 빠졌으며 재주가 뛰어났으나 행동이 경박하여 젊어서 쓴 시는 시의가 부염浮艶하였지만, 만년에는 수양이 깊어지고 시체詩體도 변하여 풍골이 강하게 드러나고 있다. 그가 지은 「황학루」는 너무 유명해서, 이백이 황학루를 유람하다가 그의 시를 보고는 "눈 앞에 보이는 멋진 풍경에도 시가 나오지 않는다. 최호가 쓴 시가 머리 위에 걸려 있기 때문이다."라는 말만 남기고 그냥 떠났다고 한다.

그 후 이 일을 마음속에 둔 이백은 「등금릉봉황대」, 「앵무주」 등의 시를 남겼는데, 이는 최호와 겨루어보겠다는 경쟁심의 발로였다. 「황학루」는 후대인들에게도 호평을 받았으며, 송나라 엄우는 최호를 당시 칠언율시의 일인자로 꼽았다. 『신당서』에는 최호가 반드시 미인만을 부인으로 취하고, 결혼 후 약간의 불만이 있으면, 이혼해버리고 다시 예쁜 여자를 부인으로 맞았다고 한다. 여기에 최호가 너댓 번 결혼했다고 되어 있다.

登黃鶴樓 등황학루

崔顥

昔人已乘黃鶴去 석인이승황학거
此地空餘黃鶴樓 차지공여황학루
黃鶴一去不復返 황학일거불부반
白雲千載空悠悠 백운천재공유유
晴川歷歷漢陽樹 청천역력한양수
芳草萋萋鸚鵡洲 방초처처앵무주
日暮鄉關何處是 일모향관하처시
煙波江上使人愁 연파강상사인수

황학루에 올라

최호

옛사람 이미 황학을 타고 떠나버려
지금 이곳에는 황학루만 남았구나
황학은 한번 날아가 다시 오지 않고
천 년 세월 흰 구름만 유유히 떠다니네
맑은 강물에는 한양 땅의 나무가 또렷이 비치고
앵무주에는 향기 나는 풀들이 무성하게 자라나네
해는 저물고 고향 땅은 어디에 있는가
강에 자욱한 물안개가 사람들의 수심을 더하네

靜夜思 정야사

李白

牀前看月光 상전간월광
疑是地上霜 의시지상상
擧頭望山月 거두망산월
低頭思故鄕 저두사고향

※ 한자풀이

夜 밤 야　　　　　　晝夜주야, 夜半逃走야반도주, 夜勤야근
　液 즙 액　　　　　溶液용액, 唾液타액, 液化액화, 樹液수액
　腋 겨드랑이 액　　腋毛액모, 腋臭症액취증, 腋汗액한

是 옳을, 이(斯) 시　　是正시정, 是認시인, 是是非非시시비비
　匙 숟가락 시　　　十匙一飯십시일반, 茶匙다시, 銀匙은시
　湜 물 맑을 식　　　湜湜식식, 淸湜청식
　提 끌 제　　　　　提報제보, 提示제시, 提案제안, 前提전제, 提携제휴
　題 제목, 표지 제　題目제목, 主題주제, 命題명제
　　　물을 제　　　問題문제
　堤 둑 제　　　　　防潮堤방조제, 防波堤방파제, 堤防제방

고요한 밤의 그리움

이백

침상 앞에서 달빛을 보니

땅 위에 서리가 내린 듯

고개 들어 산 위에 뜬 달을 보며

고개 숙여 고향을 생각하네

 이백(701~762)

자는 태백太白, 호는 청련거사淸蓮居士, 시선詩仙이라고 불리며, 두보와 함께 중국 시사의 거성으로 추앙받는다. 이백은 서역의 쇄엽碎葉에서 태어났다. 그가 페르시아인이라는 설도 있는데, 아버지가 서역과의 무역에 종사하는 상인이어서 서역과 중국 본토를 오갔다 하니 사실일지도 모른다. 5세 때 일가가 촉蜀, 지금의 사천성 성도 부근으로 이주하여 자유분방하게 살았다.

한때는 협객의 세계에 몸을 던지기도 했고, 한때는 도사와 함께 산속에서 수백 마리 새를 기르며 살기도 했다. 민산岷山·대천산戴天山·아미산峨眉山 등 촉의 명산에 오르기도 했다. 그리고 25세 때 촉을 떠나 양자강을 따라 내려가 드넓은 중국의 수도 장안으로 향했다. 이백은 아버지의 지원이 있었던 듯 경제적으로 어려움을 겪지 않고, 수도 장안에서 수행한 도사 신분으로, 즉석에서 시를 짓는 시인으로 유명인사가 되었다.

742년, 곧 이백의 나이 42세에 비로소 조정의 부름을 받아 한림공봉이라는 직위에 올라 현종 황제를 알현할 수 있었다. 그러나 현종은 도교에 심취해 불로장생不老長生을 염원하면서 양귀비를 탐미耽美했다. 즉 궁정을 한층 향락적인 분위기로 만들기 위해 하나의 장식물로 이백을 등용한 것이다.

望廬山瀑布 망여산폭포

李白

日照香爐生紫煙 일조향로생자연
遙看瀑布掛長川 요간폭포괘장천
飛流直下三千尺 비류직하삼천척
疑是銀河落九天 의시은하낙구천

여산폭포를 바라보며

이백

해가 향로봉에 비치니 자색 연기 피어오르고

멀리서 폭포를 바라보니 긴 냇물을 걸어놓은 듯

곧바로 아래로 삼천 자를 날아 떨어지니

하늘에서 은하수가 떨어지는 듯하구나

 자신에게 앙심을 품은 고력사의 모함에 환멸을 느낀 이백은 744년 44세가 되던 봄에 1년 반의 궁중생활을 뒤로 하고 장안을 떠났다. 다시 방랑 생활로 돌아온 이백은 북으로 남으로 발길 닿는 대로 떠돌았다. 그 사이 천하는 변란의 시대로 접어들었다. 외적의 침입에 755년 안녹산의 난이 일어났고, 그 이후 9년간의 전란으로 양귀비는 죽고 현종이 퇴위했다.

 이백은 전란을 피해 여산으로 갔다가 현종의 아들인 영왕을 보필하게 되었다. 그 뒤 셋째 왕자가 숙종으로 즉위하자 영왕 세력은 반란자로 몰리게 된다. 우여곡절 끝에 사면은 되었으나, 그의 나이 59세로 큰 뜻을 세우기에는 너무 늦었다.

 이백은 62세로 생을 마감했다. 어느 날 이백이 양자강 채석기에서 뱃놀이를 하다가 "술에 취해 강물에 비친 달을 잡으려고 강물에 뛰어들었다."는 설이 있다.

山中問答 산중문답

李白

問余何事栖碧山 문여하사서벽산
笑而不答心自閑 소이부답심자한
桃花流水杳然去 도화유수묘연거
別有天地非人間 별유천지비인간

산중문답

이백

나에게 푸른 산에 무슨 일로 사느냐 묻는다면
웃으며 답하지 않지만 마음 절로 한가롭네
복사꽃이 흐르는 물에 아득히 떠내려가니
별천지요 인간세상이 아니라네

江村강촌

杜甫

淸江一曲抱村流청강일곡포촌류
長夏江村事事幽장하강촌사사유
自去自來堂上燕자거자래당상연
相親相近水中鷗상친상근수중구
老妻畵紙爲碁局노처화지위기국
稚子敲針作釣鉤치자고침작조구
多病所須唯藥物다병소수유약물
微軀此外更何求미구차외갱하구

※ 한자풀이

包 쌀 포	包裝포장, 包容포용, 包括포괄, 內包내포
砲 대포 포	大砲대포, 發砲발포, 砲煙포연
胞 세포 포	同胞동포, 細胞세포, 僑胞교포
抱 안을 포	抱擁포옹, 懷抱회포, 抱腹絕倒포복절도
飽 배부를 포	飽食포식, 飽滿포만, 飽聞포문
鮑 절인 물고기 포	管鮑之交관포지교, 鮑尺포척
泡 거품 포	水泡수포, 泡沫포말, 氣泡기포
咆 고함 지를 포	咆哮포효, 咆勃포발, 鳴咆명포
庖 부엌 포	庖廚포주, 庖屋포옥, 庖丁포정
疱 물집 포	水疱수포, 疱疹포진, 疱瘡포창
袍 도포 포	道袍도포, 袍笏포홀, 綿袍면포
炮 구울 포	炮烙之刑포락지형

강촌

두보

맑은 강 한 굽이 마을을 안고 흐르고
긴 여름 강촌에는 일마다 그윽하네
저절로 오가는 것은 집 위의 제비요
서로 친근한 것은 물 가운데 갈매기라네
늙은 아내는 종이에 그려 바둑판을 만들고
어린 아들은 바늘을 두드려 낚시바늘 만드네
많은 병에 모름지기 필요한 것은 약물뿐이니
하찮은 몸이 이것 외에 또 무엇을 구하리오

두보(712~770)

자는 자미子美. 이백과 더불어 중국의 최고 시인으로 일컬어진다. '두릉의 포의布衣' 또는 '소릉의 야로野老'라고 불리는 것은 장안의 남쪽 근교에 있는 두릉 땅에 두보의 선조가 살았기 때문이다. 두보는 7세 때부터 시를 지었다고 하며, 일찍 어머니를 여의고 낙양의 숙모 밑에서 자랐는데, 그의 시에 대한 재능은 낙양의 명사들에게 인정을 받았다. 하지만 과거에 급제를 하지 못하고 곤궁한 생활을 계속해야 했다. 두보의 눈은 차츰 사회의 모순으로 향하게 되었고, 그의 시는 사회의 불합리한 실정을 여실히 그려내고 있다.

이백과 병칭하여 이두李杜라 불리며 뛰어난 문장력과 사회상을 반영한 두보의 시는 후세에 시로 표현된 역사라는 뜻으로 '시사詩史'라 불리기도 했다. 각지를 방랑하는 과정에서 고적 등과 교유하였다. 그는 냉철한 사실주의자요, 위대한 인도주의자인 동시에 충군애민忠君愛民의 애국자로 평가된다. 근체시의 모범이 되는 율시律詩와 당시의 시대적 아픔을 담은 1,500여 수의 시를 남겼으며, 작품으로 「북정北征」, 「추흥秋興」 등이 있다.

春望 춘망

杜甫

國破山河在 국파산하재
城春草木深 성춘초목심
感時花濺淚 감시화천루
恨別鳥驚心 한별조경심
烽火連三月 봉화연삼월
家書抵萬金 가서저만금
白頭搔更短 백두소갱단
渾欲不勝簪 혼욕불승잠

춘망

두보

나라는 망했어도 산하는 그대로고
성은 봄이 되어 초목이 무성하네
시절을 느껴 꽃을 봐도 눈물 흘리고
한스러운 이별에 새울음에도 마음 놀라네
전쟁의 봉화가 석 달간 이어졌으니
고향의 편지는 만금보다 값지구나
흰머리는 긁을수록 더욱 짧아져
온전히 비녀조차 감당하지 못하네

遊子吟 유자음

孟郊

慈母手中線 자모수중선
遊子身上衣 유자신상의
臨行密密縫 임행밀밀봉
意恐遲遲歸 의공지지귀
誰言寸草心 수언촌초심
報得三春暉 보득삼춘휘

※ 한자풀이

密	빽빽할, 비밀 밀	密輸밀수, 緊密긴밀, 稠密조밀, 秘密비밀, 密使밀사, 密偵밀정
蜜	꿀 밀	蜜語밀어, 蜜月旅行밀월여행, 蜜柑밀감
謐	고요할 밀	靜謐정밀, 寂謐적밀, 謐然밀연
軍	군사 군	軍事군사, 白衣從軍백의종군, 軍備군비
運	옮길 운 운수 운	運搬운반, 運營운영, 運送운송 運數운수, 天運천운, 幸運행운
渾	흐릴 혼	渾沌혼돈, 渾濁혼탁, 雄渾웅혼
揮	휘두를 휘 지시할 휘 날아갈 휘	揮毫휘호, 發揮발휘 指揮지휘 揮發휘발
輝	빛날 휘	輝煌燦爛휘황찬란, 光輝광휘
暉	빛 휘	暉映휘영

길 떠나는 아들의 노래

맹교

자애로운 어머니 손의 바느질로

길 떠날 아들의 옷을 지으셨네

떠날 때 꼼꼼하게 꿰매신 건

아들이 늦게 돌아올까 걱정해서라

누가 말하리 한 치 풀과 같은 마음으로

봄 볕 같은 어머니 은혜를 보답할 수 있다고

맹교(751~814)

당나라 중기의 시인으로 자는 동야東野이다. 46세의 나이로 간신히 과거에 합격하여 시작한 관리 생활은 변변치 못하였으며, 가정적으로 불우하였다. 한유가 한번 보고는 망형지교忘兄之交를 맺어 시주詩酒를 창화唱和할 정도였다. 나이는 맹교가 17년이나 위였는데, 한유의 문우인 장적과도 친분을 맺었으며, 시명은 한맹韓孟으로 병칭되었다.

그는 일생을 매우 빈한하게 지냈기 때문에 그의 시에는 자신의 곤궁한 생활과 민간의 고통이 깊이 반영되어 있다. 한유와 비슷한 경향으로 표현의 기이奇異를 중시하여 독특한 풍격을 형성했으나, 때로는 지나치게 난삽難澁한 흠도 있다. 북송의 강서시파에 영향을 끼쳤으며, 저서에 『맹동야시집孟東野詩集』 10권이 있다.

春雪춘설

韓愈

新年都未見芳華신년도미견방화
二月初驚見草芽이월초경견초아
白雪卻嫌春色晚백설각혐춘색만
故穿庭樹作飛花고천정수작비화

※ 한자풀이

俞 그럴 유　　　　　俞音유음
　輸 실어 나를 수　輸送수송, 輸出수출, 空輸공수, 運輸業운수업
　　 질 수　　　　　 贏輸영수
　愉 즐거울 유　　　愉快유쾌, 愉樂유락, 愉歡유환
　愈 더욱 유　　　　愈甚유심, 愈盛유성, 愈愈유유
　逾 넘을 유　　　　逾月유월, 逾越유월
　踰 넘을 유　　　　踰年유년, 踰歷유력, 踰嶺유령
　喻 깨우칠 유　　　比喻비유, 直喻직유, 諷喻풍유, 隱喻은유
　揄 희롱할 유　　　揶揄야유, 揄袂유메, 挑揄도유
　楡 느릅나무 유　　楡柳유류, 楡莢錢유협전
　諭 깨우칠, 타이를 유　諭示유시, 譬諭비유, 諭旨유지
　鍮 놋쇠 유　　　　鍮器유기, 眞鍮진유
　癒 병 나을 유　　　治癒치유, 快癒쾌유

봄눈

한유

새해 들어 도무지 꽃이 안 보이더니
이월 들어 돋는 새싹 경이롭구나
하얀 눈도 더디 오는 봄빛을 꺼려
뜨락의 나무마다 눈꽃 지어놓았네

 한유(768~824)

자는 퇴지退之, 시호는 문文이다. 어려서 고아였고 처음 과거에 응시했을 때는 인습에 얽매이지 않은 문체 때문에 좋은 평가를 받지 못해 낙방했다. 그 후 25세에 진사에 급제, 여러 관직을 거쳐 이부시랑까지 지냈다. 사후에는 예부상서로 추증되었다.

유학이 침체되던 시기에 유학을 옹호했던 그는 당나라 헌종이 불사리佛舍利에 참배한 데 대해 끝까지 간한 일로 인해 1년간 조주자사로 좌천左遷되었고, 평생을 불우하게 지내야 했다. 유학을 옹호하기 위해 그때까지 다소 소홀히 하던 『맹자』·『대학』·『중용』·『주역』을 광범위하게 인용했다. 후대 성리학자들이 이 책에서 기초개념을 취했고, 한유는 성리학의 기초를 놓은 셈이다. 한유는 당시 유행하던 규칙적인 운율과 고사성어로 가득 찬 변려문을 배격했고, 위의 책들을 만든 옛 학자들처럼 자유롭고 간결한 문체의 사용을 주장했다.

江雪 강설

柳宗元

千山鳥飛絕 천산조비절

萬徑人蹤滅 만경인종멸

孤舟簑笠翁 고주사립옹

獨釣寒江雪 독조한강설

※ 한자풀이

從	좇을 종	從軍종군, 服從복종, 從事종사, 順從순종, 主從주종
	세로 종	從隊종대
	사촌 종	從兄종형, 從孫종손
	조용할 종	從容종용
	~에서, ~부터 종	從前종전
聳	솟을 용	聳上용상, 聳出용출
	두려워할 용	聳然용연
縱	세로 종	縱斷종단, 縱書종서, 縱橫종횡
	놓아줄 종	七縱七擒칠종칠금
	멋대로 할 종	放縱방종
蹤	자취 종 (踪)	蹤跡종적, 失蹤실종, 昧蹤매종
慫	권할 종	慫慂종용, 慫兢종긍, 慫搖종요

강눈

유종원

온 산에는 새의 날갯짓 끊어지고
길마다 사람 자취 사라졌네
외로운 배 위에 도롱이 쓴 늙은이
눈 내리는 찬 강에서 홀로 낚시하네

 유종원(773~819)

자는 자후子厚, 하동 출신이어서 유하동柳河東으로도 불린다. 일찍이 유우석 등과 함께 왕숙문의 혁신단체에 참가했으나, 실패하여 영주사마로 좌천되었다. 후에 유주자사를 지내 유유주柳柳州라고도 한다. 한유와 함께 고문운동을 제창하여 거의 천 년 동안 귀족 출신의 문인들에게 애용된 변려문에서 작가들을 해방시키려고 했다. 한유韓愈와 함께 당송 8대가에 속하여 '한류韓柳'라고 병칭된다. 그러나 철학상으로는 한유와 큰 견해 차이를 보여 천天의 의지 유무에 관해 논쟁을 벌였다.

그의 산수유기는 널리 알려져 있는데, 특히 경물의 특징을 묘사하는 데 뛰어났다. 유명한「영주팔기永州八記」가운데「고무담서소기鈷鉧潭西小記」는 돌을,「소석담기小石潭記」는 담수어를,「원가갈기袁家渴記」는 초목을 묘사했는데, 서로 다른 각각의 사물을 생생하게 그리고 있다. 또한 세상에 대한 울분鬱憤을 자연 풍경에 이입移入하고, 속세와 떨어져 있는 기이한 산수에 마음의 울분을 기탁寄託하여 작품에 반영했다. 문집으로『유하동집柳河東集』이 있다.

秋詞추사

劉禹錫

自古逢秋悲寂寥자고봉추비적료
我言秋日勝春朝아언추일승춘조
晴空一鶴排雲上청공일학배운상
便引詩情到碧霄변인시정도벽소

※ 한자풀이

肖	닮을, 같을 초	不肖불초, 肖像畫초상화, 肖像權초상권
削	깎을 삭	削減삭감, 添削첨삭, 刻削각삭
屑	가루 설	碎屑器쇄설기, 木屑목설
消	끌, 사라질 소	消滅소멸, 消化소화, 消長소장, 消音소음
逍	거닐 소	逍風소풍, 逍遙소요
宵	밤 소	晝宵주소, 宵月소월
霄	하늘 소	霄壤之判소양지판
銷	쇠 녹일, 다할 소	意氣銷沈의기소침, 銷金소금, 銷暑소서
趙	나라이름, 성 조	趙璧조벽
哨	망볼 초	哨兵초병, 步哨보초, 哨戒초계, 哨所초소
梢	나무끝 초	末梢말초, 梢頭초두
稍	점점 초	稍蠶食之초잠식지, 稍稍초초
	작을 초	稍解文字초해문자
	녹봉 초	稍食초식
硝	화약 초	硝煙초연, 硝酸초산, 硝石초석
峭	가파를 초	峻峭준초

가을 노래

유우석

예로부터 가을 되면 슬프고 쓸쓸하다는데
나는 가을날이 봄날 아침보다 좋다네
맑은 하늘 학 한 마리 구름을 헤치고 비상하면
문득 시심에 이끌려 푸른 하늘로 오르네

 유우석(772~842)

자는 몽득夢得. 낙양洛陽 사람이다. 일찍이 왕숙문王叔文의 개혁단체에 참가하여 환관·번진 세력에 반대했다. 그러나 이에 실패한 후, 낭주사마로 좌천되었다가 후에 연주자사가 되었다. 유종원과 매우 교분이 두터워서 '유류劉柳'라고 병칭되기도 했으며, 항상 백거이와 시문을 주고받는 등 사이가 좋아서 '유백劉白'이라고도 병칭되었다.

그의 시는 통속적이면서도 청신하며 「죽지사竹枝詞」가 유명하다. 철학적인 「천론天論」에서는 천인天人의 구별에 대해 논증했다. 즉 천인감응天人感應의 음덕설陰德說을 반박하고 '하늘과 인간은 상승相勝한다'는 설과 '상용相用된다'는 설을 주장하여 하늘이 인간 세상의 길흉화복을 더 이상 주재主宰할 수 없다고 했다. 또 유신론有神論에 대한 근원적이면서도 깊이 있는 분석을 내놓았다. 즉 법제가 잘 행해져서 상벌이 분명하다면 사람들은 천명天命에 바라는 게 없겠지만, 만일 법제가 흐트러져 있어서 상벌이 분명하지 않다면 사람들은 오로지 천명에 기도할 수 밖에 없다는 것이다.

그는 말년에는 불교에 대해서도 타협적인 자세를 보였다. 저서로는 『유빈객집劉賓客集』(『유몽득집劉夢得集』이라고도 함)이 있다.

菊花국화

元稹

秋叢繞舍似陶家추총요사사도가
遍繞籬邊日漸斜편요리변일점사
不是花中偏愛菊불시화중편애국
此花開盡更無花차화개진갱무화

※ 한자풀이

取 가질 취		取捨選擇취사선택, 取得취득, 竊取절취
叢 모을, 떨기 총		叢書총서, 論叢논총, 叢論총론, 芳叢방총, 花叢화총
撮 취할 촬		撮要촬요
찍을 촬		撮影촬영
자밤 촬		撮土촬토, 撮壤촬양
最 가장 최		最善최선, 最適최적, 最初최초
趣 뜻 취		趣味취미, 趣旨취지, 情趣정취, 趣向취향
聚 모을 취		聚落취락, 屯聚둔취, 聚散취산
娶 장가들 취		娶妻취처, 娶得취득, 婚娶혼취

국화

원진

국화가 집 둘레 감돌아 도연명 집인 듯
빙 둘러 쳐진 울타리 너머로 해가 저무네
꽃 중에서 국화만 좋아하는 것은 아니지만
이 꽃이 다 피었다 지면 더는 꽃이 없다네

원진(779~831)

자는 미지微之, 고문古文의 회복에 영향을 끼쳤다. 원진은 과거시험에 합격하여 관직에 들어섰으며, 잠시 감찰어사를 지냈다. 관직에 있으면서 백거이가 이끄는 유명한 문학 단체에 참여했다. 유교사상을 신봉했던 이 단체는 문학을 교화와 사회개혁의 도구로 인식하여, 당시의 세련된 문학 풍조를 거부하고 도덕적인 주제의 회복과 솔직한 고전 문학의 양식을 제창했다.

원진은 백거이와 더불어 사회적 저항과 관련된 옛 민가의 전통을 되살리려고 했다. 전통에 따른 시와 함께 '신악부'로도 유명하지만, 그보다 단편소설로 더욱 잘 알려져 있다. 심각한 도덕적·사회적 목적을 위해 당시의 배경, 인물 주제를 전통적인 전기의 형식에 담아냈다. 그의 반 자전적인 소설 「앵앵전鶯鶯傳」과 같은 작품은 중국 문학에서 설화說話장르의 새로운 기준을 마련했다.

雪夜설야

白居易

已訝衾枕冷이아금침냉
復見窓戶明부견창호명
夜深知雪重야심지설중
時聞折竹聲시문절죽성

※ 한자풀이

牙	어금니 아	象牙상아, 齒牙치아
	대장기 아	牙城아성
	거간꾼 아	牙錢아전
邪	간사할 사	奸邪간사, 邪氣사기, 邪心사심, 思無邪사무사
	어조사 야	怨邪원야
芽	싹 아	萌芽맹아, 發芽발아, 麥芽맥아, 胎芽태아
雅	맑을 아	雅淡아담, 雅量아량, 優雅우아
訝	의심할 아	疑訝의아, 訝惑아혹, 怪訝괴아
穿	뚫을 천	穿孔천공, 貫穿관천, 穿耳천이

눈 오는 밤

백거이

잠자리 차가워 의아스럽더니
다시 보니 창문이 환하게 밝구나
깊은 밤 눈이 두텁게 내린 걸 알겠으니
가끔 대나무 꺾이는 소리 들리네

백거이(772~846)

　자는 낙천樂天이고, 호는 취음선생醉吟先生, 향산거사香山居士 등이다. 낙양 부근의 신정에서 태어났다. 어려서부터 두뇌가 명석하여 5, 6세 때 이미 시를 지었다고 한다. 그의 집안은 가난한 학자 집안으로 안녹산의 난 이후에는 비교적 낮은 가계 출신에게도 기회가 열려, 800년 29세로 진사과에 합격하고 32세에 황제의 친시에 합격했으며, 그 무렵에 지은 「장한가長恨歌」는 장안의 자랑거리일 정도로 유명하였다.

　시선詩仙 이백은 시를 한 잔 술에 막힘없이 써내려갔고, 시성詩聖 두보는 지은 시를 열 번 손질해서 완성했다고 하는데, 백거이는 시를 지어 길거리의 노파에게 보여주고 그녀가 뜻을 알 때까지 쉽게 고친 후 완성했다고 한다.

　또한 그는 훌륭한 친구들를 많이 사귀었는데, 친구들과 주고받은 시문에는 친애의 정이 물씬 배어 있다. 특히 원진·유우석과의 사이에 오간 글을 모은 『원백창화집元白唱和集』과 『유백창화집劉白唱和集』은 중당시대의 문단을 화려하게 장식한 우정의 결실이라 일컬어진다.

　장경 4년(824) 친구 원진에 의해 『백씨장경집』 50권이 편찬되었다. 835년 백거이는 60권본의 『백씨문집』을 동림사에 봉납했고, 이듬해 65권본을 낙양의 성선사에, 3년 후 67권본을 소주 남선사에 봉납했다. 842년 이전의 50권 이외에, 후집後集 20권을 정리하고, 845년 5권의 속후집續後集을 편찬함으로써 모두 75권의 대집大集을 완성했다. 846년 8월, 75세의 나이로 생애를 마감했다.

古墳 고분

白居易

古墳何代人 고분하대인
不知姓與名 부지성여명
化爲路傍土 화위노방토
年年春草生 연년춘초생

옛 무덤

백거이

옛 무덤 주인은 어느 시대 사람인가
성도 이름도 알 수가 없네
길가의 흙으로 바뀌어
해마다 봄풀이 돋아나네

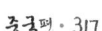

春望詞 춘망사

薛濤

花開不同賞 화개부동상
花落不同悲 화락부동비
欲問相思處 욕문상사처
花開花落時 화개화락시

攬草結同心 남초결동심
將以遺知音 장이유지음
春愁正斷絕 춘수정단절
春鳥復哀吟 춘조부애음

風花日將老 풍화일장로
期約猶渺渺 기약유묘묘
不結同心人 불결동심인
空結同心草 공결동심초

那堪花滿枝 나감화만지

翻作兩相思 번작양상사

玉箸垂朝鏡 옥저수조경

春風知不知 춘풍지부지

※ 한자풀이

監	볼 감	監督감독, 監査감사, 監視감시
	감옥 감	監房감방, 監獄감옥, 收監수감
	벼슬이름 감	監司감사
감	鑑 거울 감	鏡鑑경감
	모범, 본보기 감	龜鑑귀감
	살필 감	鑑識감식, 鑑別감별, 鑑定감정, 鑑賞감상
	훈계, 교훈 감	鑑戒감계
람	覽 볼 람	觀覽관람, 閱覽열람, 博覽會박람회, 回覽회람
	濫 넘칠 람	氾濫범람, 濫伐남벌, 濫用남용
	藍 쪽 람	靑出於藍청출어람, 甘藍감람, 藍實남실
	籃 대바구니 람	搖籃요람, 魚籃어람, 竹籃죽람
	攬 가질, 당길 람	攬要남요, 收攬수람
	襤 남루할 람	襤褸남루
함	艦 배 함	艦艇함정, 巨艦거함, 潛水艦잠수함
	檻 난간, 우리 함	檻送함송, 獸檻수함, 檻致함치

중국편 · 319

봄날의 원망

설도

꽃이 피어도 같이 즐길 이 없고
꽃이 져도 같이 슬퍼할 이 없네
그리운 님 어디 계신지 묻고파라
꽃 피고 꽃 지는 이 시절에

풀 뜯어 마음을 하나로 묶어
님에게 보내려 마음 먹다가
봄시름에 정녕코 애는 끊어지고
봄새들이 다시 구슬피 우네

꽃잎은 바람에 나날이 시들어가고
만날 기약 여전히 아득하기만 한데
마음을 함께한 임과는 맺어지지 못한 채
공연히 풀 매듭만 짓고 있네요

어찌할까 가지마다 피어난 저 꽃

괴로워라 서로서로 괴로움 되어

날려 가서 두 사람의 그리움 되었네

봄 바람은 이 마음 아는지 모르는지

 설도(768~832)

    당나라 여류 시인이다. 자는 홍도洪度이다. 장안 사람으로 아버지 설운의 사후에 성도에서 살았다. 8세에 시를 짓기도 하였다. 14세에 아버지가 죽고 가세가 기울어 16세에 기녀가 되었다. 기녀로서 설도는 당시 절도사로 부임해 온 무원형·이이간·단문창 등의 명사들과 교류하였다. 특히 설도가 18세에 서천 절도사로 부임해 온 위고는 그녀를 몹시 아껴 막부 연회에 불러 시를 짓도록 하고, 조정에 비서성의 교서랑校書郎직에 임명해달라고 주청하였으나 받아들여지지 않았다. 이후 그녀는 문인들로부터 여교서女校書라 불리게 되었다.
    만년에는 여도사의 옷을 입고 벽계방에 살면서 음시루를 세웠다. 설도의 무덤은 사천성 성도시 망강루 공원에 있으며 묘비는 그녀의 묘지명과 함께 당시 검남 절도사로 있던 단문창이 '서천여교서설도홍도지묘西川女校書薛濤洪度之墓'라고 써주었다고 한다.

孟夏맹하

賈弇

江南孟夏天 강남맹하천
紫竹筍如編 자죽순여편
蜃氣爲樓閣 신기위루각
蛙聲作管絃 와성작관현

※ 한자풀이

合	합할, 맞을 합 홉 홉	合格합격, 合邦합방, 保合보합, 合議합의 十合십홉
급 給	줄 급	給與급여, 給食급식, 需給수급, 供給공급
나 拿	잡을 나(拏)	拿捕나포, 拿鞠나국
답 答	대답할 답	應答응답, 答訪답방, 答禮답례, 答狀답장
습 拾	주을 습 열 십	拾得습득, 收拾수습 三拾삼십, 拾萬십만
탑 塔	탑 탑 탈 탑	佛塔불탑, 司令塔사령탑, 石塔석탑, 尖塔첨탑 搭乘탑승, 搭載탑재, 搭船탑선
흡 恰	닮을 흡 흡족할 흡	恰似흡사, 恰然흡연, 恰好흡호 洽足흡족, 普洽보흡, 協洽협흡

초여름

가엄

강남의 초여름 날씨에
자주색 대나무 죽순 엮듯 솟아나네
아지랑이는 누각이 되고
개구리 소리는 관현악 되네

 **가엄**(770~?)

복주의 장락 사람으로, 당나라 대종代宗 대력 연간에 진사에 급제하였고 교서랑校書郞을 지냈다.

訪隱者不遇방은자불우

賈島

松下問童子송하문동자
言師採藥去언사채약거
只在此山中지재차산중
雲深不知處운심부지처

※ 한자풀이

隱 숨을 은 　　불쌍히 여길 은	隱蔽은폐, 隱忍自重은인자중, 隱密은밀 惻隱之心측은지심
穩 평온할 온	穩健온건, 穩當온당, 穩全온전, 平穩평온
童 아이 동	童心동심, 惡童악동, 童話동화
撞 칠 당	撞球당구, 自家撞着자가당착, 撞擊당격
憧 동경할 동	憧憬동경, 憧憧동동, 愚憧우동
瞳 눈동자 동	瞳孔동공, 瞳睛동정, 綠瞳녹동
鐘 쇠북 종	鐘閣종각, 打鐘타종, 晩鐘만종

은자를 못 만나다

가도

소나무 아래에서 아이에게 물었더니
답하길 스승님은 약초 캐러 가셨는데
이 산에 계시기는 하지만
구름 깊어 계신 곳을 모른다 하네

가도(777~841)

당나라 시인이다. 자는 낭선浪仙·낭선閬仙이다. 범양 사람으로 처음에는 진사시험에 실패하고 승려가 되어 법호를 무본無本이라 불렀다. 이후 낙양에 나와 한유에게 문장을 배웠고, 그 재주와 학식을 인정받아 환속해 진사로 뽑혔다. 송나라 시인 소동파는 가도를 맹교와 함께 '교한도수郊寒島瘦'라 불렀다. 835년에 장강현의 주부가 되어, 841년 보주사창참군이 되었다가 사호로 부임하라는 명을 받고, 부임 전에 쇠고기를 과식해 65세에 죽었다.

당나라의 유명한 문인이자 장안의 경조윤인 한유가 장안거리를 거닐면서 시작에 골몰하였던 가도에게 충고해서 생긴 말이 '퇴고推敲'이다. 미는 것과 두드리는 것이란 말로 글을 지을 때 문장을 가다듬는 것을 의미한다. "승고월하문僧敲月下門"에서 가도가 스님이 달 아래 문을 미는 것(推)이 좋은지 두드리는 것(敲)이 좋은지 고민하니 한유가 '고敲'가 좋겠다 하여, 그 이후 퇴고推敲는 "글 지을 때 문장을 가다듬다"라는 뜻이 된 것이다.

劍客검객

　　　　　　　　　　　　　　　　賈島

十年磨一劍십년마일검
霜刃未曾試상인미증시
今日把贈君금일파증군
誰有不平事수유불평사

검객

가도

십 년 동안 한 자루 칼을 갈아
서릿발 같은 칼날 아직 시험하지 못했네
오늘 칼을 잡고 그대에게 주니
어느 누가 부정한 일 저지르랴

憫農 민농

李紳

春種一粒粟 춘종일립속
秋收萬顆子 추수만과자
四海無閑田 사해무한전
農夫猶餓死 농부유아사

鋤禾日當午 서화일당오
汗滴禾下土 한적화하토
誰知盤中飧 수지반중손
粒粒皆辛苦 입립개신고

※ 한자풀이

且	또 차 우선, 구차할 차	重且大중차대, 且驚且喜차경차희, 淸且淺청차천 且置차치, 苟且구차
사 査	조사할 사	調査조사, 査察사찰, 査證사증, 檢査검사
의 宜	마땅 의	宜當의당, 時宜適切시의적절, 便宜店편의점
誼	옳을, 정분 의	友誼우의, 情誼정의, 厚誼후의
저 沮	막을 저	沮止저지, 沮害저해, 沮抑저억
詛	저주할 저	詛呪저주, 詛祝저축, 詛盟저맹
狙	원숭이 저 엿볼 저	狙公저공, 猿狙원저 狙擊저격, 狙詐저사
咀	씹을 저	咀嚼저작, 涵咀함저
조 祖	할아버지 조	祖上조상, 始祖시조, 鼻祖비조, 曾祖증조
組	짤 조	組閣조각, 組立조립, 組成조성, 組合조합
助	도울 조	協助협조, 內助내조, 扶助부조, 助演조연
租	조세 조	租稅조세, 租界조계, 租借조차
粗	거칠 조	粗惡조악, 粗粕조박, 粗雜조잡, 粗暴조포
阻	막힐 조	積阻적조, 阻隔조격, 阻限조한

불쌍한 농민

이신

봄에 한 알 곡식을 심어
가을에 만 알 곡식을 거두네
사방에 놀리는 밭이 없건만
농부는 오히려 굶어 죽는다네

김을 매다 해가 정오가 되니
땀방울이 곡식 아래 흙으로 떨어지네
누가 알리 쟁반 위의 밥이
알알이 모두 농부의 괴로움인 것을

이신(780~846)

자는 공수公垂, 당나라 강소성 무석 사람으로, 진사가 된 뒤 국자감조교를 지냈고 무종 때에는 재상이 되었으며 뒤에 회남절도사를 지냈다. 시호는 문숙文肅이다.

夢天 몽천

李賀

老兎寒蟾泣天色 노토한섬읍천색
雲樓半開壁斜白 운루반개벽사백
玉輪軋露濕團光 옥륜알로습단광
鸞佩相逢桂香陌 난패상봉계향맥
黃塵淸水三山下 황진청수삼산하
更變千年如走馬 갱변천년여주마
遙望齊州九點煙 요망제주구점연
一泓海水杯中瀉 일홍해수배중사

하늘에서 꿈꾸다

이하

늙은 토끼 추운 두꺼비 하늘빛에 흐느끼고

구름 누각 반쯤 열려 하얀 달빛 비치네

옥수레 이슬 속에 굴러 둥근 빛 젖었고

계수나무향 그윽한 길에서 패옥 찬 선녀를 만났네

먼지 누렇고 물 맑은 삼신산 아래는

어느 새 천 년 세월이 주마등처럼 흘러갔고

저 멀리 바라보니 중국 땅은 아홉 가닥 연기요

출렁이는 바닷물은 술잔 속에 찰랑이네

이하(791~817)

당나라는 중국 역사상 시詩의 극성기였다. 이백을 시선詩仙, 두보를 시성詩聖, 왕유를 시불詩佛이라 한다면, 이하는 시귀詩鬼라 불린다. 당 황실의 종친으로 하남성 의양현 복창 사람이며, 자는 장길長吉이다. 스무 살이 되어 진사시에 응시하려 했지만 이미 명성이 너무 높았던 그를 시기하는 무리들이 많았다. 이하의 부친 이름 '진숙晉肅'의 진晉자가 진사시의 진進자와 동음으로 피휘해야 한다는 주장 때문에 진사시에 참가하지 못하여 벼슬길이 막혔다.

이후 이하는 전심전력 시작에 몰두하였다. 매일 아침 당나귀를 타고 집을 나섰는데, 뒤에 비단 자루를 든 시동을 따르게 했다. 산책하다가 시상이 떠오르면 그 시구를 적어 자루 속에 넣었다. 하지만 스물일곱에 큰 병이 들었다. 그의 병이 심해졌을 때 갑자기 하늘에서 붉은 옷을 입은 사자使者가 나타나 그를 불렀다. "옥황상제께서 새로 백옥루를 지으셨으니 그대가 나와 함께 가서 축문祝文을 지어야겠소."라고 했다. 과연 이하는 얼마 후 세상을 떠났다. 후대인들은 이 이야기를 근거로 "천상수문天上修文(천상에서 문장을 짓다)"이란 성어를 만들어, 그가 천상의 부름을 받아 글을 짓기 위해 떠났다고 여겼다.

山行산행

杜牧

遠上寒山石徑斜원상한산석경사
白雲生處有人家백운생처유인가
停車坐愛楓林晩정거좌애풍림만
霜葉紅於二月花상엽홍어이월화

※ 한자풀이

| 余 나 여 | 余等여등, 余輩여배 |

도	途 길 도	途中도중, 前途전도, 方途방도, 別途별도
	塗 바를 도	塗料도료, 糊塗호도, 塗裝도장
	길 도	塗聽塗說도청도설
	진흙 도	塗炭도탄, 一敗塗地일패도지, 塗泥도니
사	斜 기울, 비낄 사	傾斜경사, 斜陽사양, 斜視사시
서	徐 천천히 서	徐行서행, 徐脈서맥, 徐緩서완, 徐冷서냉
	敍 펼, 쓸 서	敍情서정, 敍述서술, 敍事서사, 自敍자서
여	餘 남을 여	餘裕여유, 餘談여담, 餘念여념, 餘波여파
제	除 덜, 버릴 제	除去제거, 掃除소제, 削除삭제, 除雪제설
	나눌 제	加減乘除가감승제
	벼슬 줄 제	除授제수

| 生 날 생 | 生疎생소, 生命생명, 生死생사, 生面不知생면부지 |

룡	隆 높을, 성할 륭	隆起융기, 隆盛융성, 隆替융체
산	産 낳을 산	産母산모, 家産가산, 倒産도산, 量産양산
살	薩 보살 살	菩薩보살, 布薩포살
생	甥 생질 생	甥姪생질, 外甥외생
	牲 희생할 생	牲犢생독, 犧牲희생, 牲酒생주
성	性 성품 성	性品성품, 根性근성, 優性우성, 性質성질
	姓 성씨 성	姓氏성씨, 百姓백성, 姓銜성함
소	甦 깨어날 소	甦生소생, 甦息소식

산행

두목

멀리 스산한 가을산의 비탈진 돌길 오르니
흰 구름 피어나는 곳에 인가가 있구나
수레를 멈추고 앉아 늦가을 단풍숲 즐기니
서리 맞은 잎이 이월의 꽃보다 붉구나

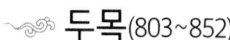 두목(803~852)

경조 만년 사람으로서 자는 목지牧之, 호는 번천樊川으로, 만당의 시인이다. 시풍은 화려하면서도 웅장한 것으로 정평이 났다. 두목은 명문귀족 출신이나 아버지가 일찍 돌아가신 탓에 어릴 때부터 고독하게 자랐다. 그는 감찰어사, 중서사인 등 벼슬을 하였다.

당조의 사회적 모순이 매우 첨예尖銳한 시기에 두목은 정치에 대해 큰 관심을 가지고 역사적 교훈을 연구하는 데 힘을 기울였으며, 당조 앞에 당면한 여러 가지 위기를 만회挽回해보려고 애썼다. 그는 지배계급들의 음탕淫蕩한 생활에 대해 불만을 표시하였으며, 백성의 질곡桎梏을 동정하고 번진藩鎭의 할거割據를 반대하였다. 그는 중앙집권을 강화하여 외적의 침입을 물리치고 국가의 통일을 수호하려고 하였다.

두목은 역사 사실을 제재로 하여 봉건 집권자들의 퇴폐적인 생활을 풍자하였으며, 「과화청궁過華淸宮」에서는 전형적인 역사적 사실로 당조 말기 제왕들의 사치한 생활을 풍자諷刺하였다. 그의 시는 당조 후기 문학에 깊은 영향을 미쳤다. 이상은과 함께 세인들은 '소이두小李杜'라고 불렀다. 죽음에 임박하여 스스로 묘지명을 쓰고 작품은 모두 불태워버렸다고 한다.

無題무제

李商隱

相見時難別亦難상견시난별역난
東風無力百花殘동풍무력백화잔
春蠶到死絲方盡춘잠도사사방진
蠟炬成灰淚始乾납거성회누시건
曉鏡但愁雲鬢改효경단수운빈개
夜吟應覺月光寒야음응각월광한
蓬來此去無多路봉래차거무다로
靑鳥殷勤爲探看청조은근위탐간

※ 한자풀이

乙	둘째 천간 을	甲乙갑을, 甲論乙駁갑론을박
乾	하늘, 마를 건	乾坤一擲건곤일척, 乾燥건조, 乾期건기
乞	빌 걸	乞求걸구, 乞食걸식, 乞人걸인, 乞命걸명
九	아홉 구	九折羊腸구절양장, 九孔구공, 九重深處구중심처
究	궁구할 구	探究탐구, 窮究궁구, 學究학구, 硏究연구
仇	원수, 짝 구	仇家구가, 仇怨구원, 仇敵구적, 仇匹구필
鳩	비둘기 구	鳩首會議구수회의, 鳩合구합, 鳩杖구장
乭	이름 돌	甲乭갑돌, 乭石돌석
亂	어지러울 란	亂動난동, 亂舞난무, 亂刺난자, 錯亂착란
旭	빛날 욱	旭日昇天욱일승천, 旭光욱광, 紅旭홍욱
札	편지 찰	書札서찰, 名札명찰, 開札개찰, 現札현찰
丸	알 환	彈丸탄환, 砲丸포환, 丸藥환약

무제

이상은

서로 만나기도 어렵지만 이별 또한 어려워

봄바람은 힘이 없어 온갖 꽃 다 시든다

봄누에는 죽어서야 실 뽑기를 다하고

촛불은 재가 되어서야 눈물이 마른다네

새벽 거울에 구름 같은 머리 변함을 시름하고

밤에 시 읊조리며 달빛 차가움을 느끼리라

봉래산은 여기서 먼 길이 아니거니

파랑새야 살며시 나를 위해 찾아가 보렴

이상은(812~858)

자는 의산義山. 당나라 말기를 대표하는 시인으로 두목·온정균과 함께 '이두李杜', '온이溫李'라고 불렸다. 처음에는 신관료파 우당의 거물인 영호초에게 재능을 인정받아 과거에 합격했으나, 영호초가 사망한 뒤에는 반대파인 왕무원의 비호庇護를 받아 그의 사위가 되었다. 신분이 낮은 그로서는 어쩔 수 없는 선택이었으나 절조節操가 없다는 평을 받게 되었고, 왕무원이 세상을 떠난 뒤에는 영호초 소속 우당 사람들에게 배척을 당해 불행한 삶을 살아야 했다.

그는 당나라 말기 혼란스러운 시기에 독자적인 시풍을 창조해냈다. 다정다감한 수사적 기교와 함께 번잡하게 보일 정도로 고전을 많이 인용하였다. 인용방식도 독특해 정사나 경서류를 비롯하여 패사稗史, 속전俗傳으로까지 범위가 확대되었다. 그는 스스로 엄선한 언어의 마력으로 현실을 넘어선 환상의 세계를 만들어냈고, 모호한 언어 속에서 애절하고 어둡고 침울한 정조를 자아냈다. 이러한 시풍은 당나라 말기와 송나라 초기에 걸쳐 많은 아류를 낳고 '서곤체西崑體'라 불리면서 일세를 풍미風靡하기도 했다.

陶者도자

梅堯臣

陶盡門前土도진문전토
屋上無片瓦옥상무편와
十指不霑泥십지부점니
鱗鱗居大廈인린거대하

※ 한자풀이

臣　신하 신　　　　臣妾신첩, 君臣군신, 奸臣간신, 臣僚신료
　臨 임할 림　　　　臨時임시, 臨政임정, 降臨강림, 臨迫임박
　臥 누울 와　　　　臥病와병, 儐臥비와, 臥龍와룡
　宦 벼슬 환　　　　宦路환로, 宦情환정
　　 내시 환　　　　宦官환관, 宦侍환시
　姬 계집 희　　　　舞姬무희, 美姬미희, 姬妾희첩
　熙 빛날 희　　　　熙笑희소, 熙熙희희

기와 굽는 이

매요신

문앞의 흙이 다하도록 기와를 만들어도

자기 집 지붕에는 기와조각 하나 없네

열 손가락에 진흙 한 점 묻히지 않아도

비늘 같은 큰 기와집에 사는데

 매요신(1002~1060)

    자는 성유聖兪, 북송의 시인으로 고문운동과 관련된 새로운 시 형식을 출발시키는 데 기여했다. 매요신은 송의 다른 관료출신 시인들과 마찬가지로 과거시험을 통해 관직에 진출했지만, 정치 경력은 그다지 두드러지지 않았다. 관직에 있으면서 관리이자 고문운동의 대표적 옹호자였던 구양수를 만나 친구가 되었다.

    이들 고문운동 주창자들은 문학이 현시대의 생활을 반영하여 비평批評해야 한다고 생각했다. 따라서 매요신은 사회적·정치적인 문제를 시의 초점焦點으로 삼았고 일상적인 사건과 사람들 속에서 소재를 찾았다. 당시에는 사詞의 형식이 유행했는데, 이것은 애정을 노래한 민요에서 유래되어 정교한 표현과 과장법을 사용했다. 그러나 매요신은 이를 거부하고 과거의 율시律詩로 돌아가 보다 평이平易하고 산문적散文的인 형식을 완성하여 그의 주제의식과 소재에 보다 적합한 시를 완성했다.

遠山원산

歐陽脩

山色無遠近산색무원근
看山終日行간산종일행
峰巒隨處改봉만수처개
行客不知名행객부지명

※ 한자풀이

彎 구부러질 만   彎曲만곡, 彎月만월, 彎弓만궁
[란] 鸞 난새 란   鸞駕난가, 鸞殿난전, 祥鸞상란
[련] 戀 그리워할 련   戀愛연애, 戀慕연모, 失戀실연, 戀歌연가
[만] 灣 물굽이 만   港灣항만, 臺灣대만, 灣商만상
    蠻 오랑캐 만   野蠻야만, 蠻行만행, 蠻勇만용, 蠻酋만추
[변] 變 변할 변   變節변절, 激變격변, 變革변혁, 變化변화
    재앙 변   變故변고, 事變사변, 逢變봉변
[섭] 爕 화할, 불꽃 섭 爕和섭화

먼산

구양수

산 빛은 원근의 구분이 없고

산을 보며 종일토록 걷는다

가는 곳마다 봉우리 모양 달라서

나그네는 그 이름 알 수가 없네

구양수(1007~1072)

자는 영숙永叔, 호는 취옹醉翁·육일거사六一居士, 시호는 문충文忠으로 당송 팔대가의 한 사람이다. 정치가로서 유교원리를 통해 정계를 신랄辛辣하게 비판했으며, 당대의 대문장가인 한유의 작품에 영향을 받아 평이하고 간결한 고문체 부흥에 힘썼다.

구양수는 1030년 진사시험에 장원급제하여 낙양의 유수추관을 제수除授받았다. 1036년 범중엄을 옹호했다는 이유로 이릉으로 좌천되었으며, 이곳에서 『신오대사』를 저술했다. 구양수는 여기서 엄격하고 공정한 사관에 입각해서 정치적 소외세력인 순교자殉教者·반란자叛亂者·매국노賣國奴 등에 대해서도 별도의 지면을 할애하여 다루었는데, 이것은 전대에 역사가들은 생각할 수도 없는 파격적인 일이었다. 1054년에는 수도로 소환되어 한림학사가 되었다. 1057년에는 지공거에 임명되어 고문체로 답안을 작성한 사람들을 합격시키는 등 자신의 문학관을 심사에 적용했다는 비판을 들었으나, 변려문보다 고문을 중시하는 획기적인 조치로 중국문학의 새로운 지평을 열었다.

산동의 지방관으로 있을 때 동향 후배인 왕안석이 제정한 신법을 반대하여 청묘법青苗法을 실시하지 않았다. 1071년 태자소사太子小師가 되어 은퇴했다. 그는 취옹정이 있는 영주에서 은퇴 후의 생을 보낼 생각이었으나, 그곳에서 몇 달 만에 66세의 일기로 생을 마쳤다.

初夏초하

曾鞏

雨過橫塘水滿堤우과횡당수만제
亂山高下路東西난산고하노동서
一番桃李花開後일번도리화개후
惟有青青草色齊유유청청초색제

※ 한자풀이

番 차례, 번들 번 · 番號번호, 番地번지, 不寢番불침번, 當番당번
  반 潘 성 반   米潘미반, 潘岳반악
    磻 반계 반   磻溪隧錄반계수록
    蟠 서릴 반   蟠居반거, 潛蟠잠반, 蟠石반석
  번 翻 번역할 번   飜譯번역, 飜案번안
    뒤집을 번   飜覆번복, 飜意번의
    蕃 불을, 무성할 번   蕃盛번성, 蕃昌번창, 蕃阜번부
    藩 울타리, 제후 나라 번   藩國번국, 藩侯번후, 藩籬번리
  심 審 살필 심   陪審員배심원, 誤審오심, 審理심리, 審判심판
    瀋 물이름 심   瀋陽심양, 瀋水심수
  파 播 씨 뿌릴 파   播種파종, 直播직파
    옮길, 달아날 파   播遷파천
    퍼뜨릴 파   傳播전파
    嶓 휠 파   嶓嶓파파, 嶓然파연

초여름

증공

비가 연못을 지나가니 둑에 물이 가득하고
산은 들쑥날쑥 길은 여기저기 나 있네
한바탕 복사꽃 오얏꽃 피고 나더니
푸릇푸릇 풀빛으로 온통 뒤덮혔네

증공(1019~1083)

북송의 문인이다. 자는 자고子固, 시호는 문정文定, 남풍에서 출생하였다. 한유·유종원·소순·소식·소철·구양수·왕안석과 더불어 '당송팔대가'로 일컬어지며, 증조曾肇·증포曾布·증우曾紆·증굉曾紘·증협曾協·증돈曾敦과 더불어 '남풍칠증南豊七曾'으로도 일컬어진다. 세상에서 '남풍선생南豊先生'으로 불리기도 했다. 12세 때「육론六論」을 썼다.

1057년 구양수가 주최한 과거에 소식·소철 형제와 함께 급제한 후 문풍文風을 일신해서 명성을 얻었다. 중앙부서와 통주·양주·홍주·제주·복주·명주 등의 지주를 역임했고 부임지마다 민중의 안녕과 행복을 꾀하는 선정을 베풀어 치적을 쌓았다. 먼 혈통의 인척 관계에 있는 왕안석과는 1041년경에 직접 알게 되어 평생 친하게 사귀었다. 동생인 증포는 신법당의 일원이었지만 증공은 왕안석에게 집접 편지를 보내 반성을 촉구하기도 했다.

서발序跋·잡기雜記류에 우수한 작품이 많고, 고대 서적 정리 교감에 종사하던 시기 작품인「전국책목록서戰國策目錄序」가 유명하다. 시문집에『원풍유고元豊類藁』50권,『속원풍유고續元豊類藁』40권,『융평집隆平集』30권이 있다.

梅花매화

王安石

墻角數枝梅장각수지매
凌寒獨自開능한독자개
遙知不是雪요지불시설
爲有暗香來위유암향래

※한자풀이

嗇 아낄 색   吝嗇인색, 節嗇절색, 嗇用색용
穡 거둘 색   稼穡가색
墻 담 장   堵墻도장, 隔墻有耳격장유이, 路柳墻花노류장화
薔 장미 장   薔棘장극, 薔薇장미
檣 돛대 장   檣竿장간, 檣頭장두, 檣樓장루

매화

왕안석

담 모퉁이의 몇 가지 매화는
추위를 무릅쓰고 홀로 피었구나
그것이 눈이 아닌 줄 어렴풋이 알겠으니
그윽한 향기가 불어오기 때문이네

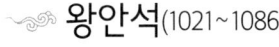 왕안석(1021~1086)

자는 개보介甫, 호는 반산半山이다. 무주 임천현에서 태어났고 어려서부터 총명하여 한 번 본 것은 좀처럼 잊지 않았고, 어린 시절부터 공부하기를 즐겼다고 한다. 지방관이던 부친 왕익을 따라 여러 지방에서 생활했다. '균수법均輸法', '청묘법靑苗法', '시역법市易法', '모역법募役法', '보마법保馬法', '보갑법保甲法' 등의 신법을 시행했다. 하지만 당쟁이 격화되고 정치가 혼란에 빠지면서 큰 성과를 거두지는 못하였다.

1058년 송의 인종仁宗에게 「만언서萬言書」를 올렸다. 이 글은 후에 그가 시행하게 될 정책의 기초 이론을 서술한 것이지만 당시에는 시행되지 않았다. 1060년 조정에 들어갔고, 1067년 신종神宗 즉위 후에는 한림학사가 되어 황제의 신뢰를 얻었다. 1069년 참지정사가 되어 다양한 내용의 개혁 정책을 실행에 옮겼다. 그러나 개혁의 토대인 재정 문제가 악화되고 기근饑饉까지 겹쳐서 개혁에 대한 불만이 높아가고 내외의 사퇴 압력이 거세지면서 물러나게 되었다.

왕안석은 강한 신념을 가진 사람이었으나 때로는 타인의 의견을 무시하기도 하여 그의 행동과 동기에 대해 의심받기 일쑤였다. 당송팔대가의 한 사람으로 꼽힐 정도로 뛰어난 문장가로 만년에 쓴 시들은 한가로운 어조이지만 비장한 개혁의지를 나타내고 있다.

山中 산중

王安石

隨月出山去 수월출산거
尋雲相伴歸 심운상반귀
春晨花上露 춘신화상로
芳氣着人衣 방기착인의

산속에서

왕안석

달을 따라 산을 나섰다가
구름 찾아 함께 돌아오네
봄날 새벽 꽃잎에 이슬 맺혔고
꽃 향기는 옷자락에 묻어나네

春遊춘유

王令

春城兒女縱春遊춘성아녀종춘유
醉倚層臺笑上樓취의층대소상루
滿眼落花多少意만안낙화다소의
若何無個解春愁약하무개해춘수

※ 한자풀이

夭 일찍 죽을 요   夭折요절, 壽夭수요
  笑 웃을 소   微笑미소, 失笑실소, 苦笑고소, 談笑담소
  沃 기름질 옥   沃畓옥답, 肥沃비옥, 沃饒옥요, 沃野옥야
  妖 요사할 요   妖妄요망, 妖怪요괴, 妖氣요기, 妖婦요부
  添 더할 첨   添盞첨잔, 別添별첨, 添加첨가, 添削첨삭
  呑 삼킬 탄   甘呑苦吐감탄고토, 呑咽탄연, 呑恨탄한, 竝呑병탄

若 같을, 만약 약   萬若만약, 明若觀火명약관화
  반야 야   般若반야
  匿 숨길 닉   隱匿은닉, 匿名익명, 匿伏익복, 藏匿장닉
  諾 대답할, 허락할 락   承諾승낙, 內諾내락, 許諾허락, 快諾쾌락
  惹 이끌 야   惹起야기, 惹端야단, 惹出야출
  慝 사특할 특   邪慝사특, 慝姦특간, 慝淑특숙

봄놀이

왕령

봄날 성 안의 아녀자들 마음껏 봄을 즐기고
취하여 층대에 기대고 누대에 올라 웃음 짓네
눈앞 가득 떨어지는 꽃잎에 내 마음 졸이는데
봄의 수심을 풀어주는 이는 왜 아무도 없을까

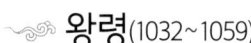 **왕령**(1032~1059)

송나라 시인으로 자는 봉원逢原이다. 비록 27세에 요절했지만, 그는 송나라 시인들 가운데 가장 기개가 활달한 시를 지었으며, 문장에도 뛰어나『논어주論語註』10권과『맹자강의孟子講義』5권을 지었다. 한유와 맹교의 영향을 많이 받았다. 왕안석은 그의 재능을 높이 사서 깊은 친교를 맺었으며, 아내 오씨吳氏의 여동생을 왕령에게 시집보냈다.

저서로는『광릉선생문집廣陵先生文集』이 있다.

題西林壁 제서림벽

蘇軾

橫看成嶺側成峰 횡간성령측성봉

遠近高低各不同 원근고저각부동

不識廬山眞面目 불식여산진면목

只緣身在此山中 지연신재차산중

※ 한자풀이

眞 참 진	眞談진담, 眞面目진면목, 眞心진심, 眞相진상
愼 삼갈 신	愼重신중, 恪愼각신, 謹愼근신
塡 메울 전	充塡충전, 裝塡장전, 補塡보전
顚 정수리 전	山顚산전
근본, 시작 전	顚末전말
넘어질, 뒤집힐 전	顚倒전도, 顚覆전복, 七顚八起칠전팔기
癲 미칠 전	癲狂전광, 癲癇전간, 癲狗전구
鎭 누를 진	鎭靜劑진정제, 鎭壓진압, 鎭火진화, 鎭山진산
嗔 성낼 진	嗔怒진노, 嗔責진책, 嗔喝진갈, 嗔色진색

서림의 벽에 쓰다

소식

가로로 보면 고갯마루 곁에서 보면 봉우리

멀고 가까움 높고 낮음이 제각각이네

여산의 참모습을 알 수 없는 것은

이 몸이 여산 속에 있기 때문이라네

소식(1036~1101)

자는 자첨子瞻, 호는 동파東坡이다. 시詩·사詞·서예書藝에도 능했으며 당송팔대가의 한 사람이다. 황정견·미불·채양과 함께 송대 서예를 대표하는 4대가이다. 또한 아버지 소순, 동생 소철과 함께 삼소三蘇라고 일컬어지는데 가족 모두가 당송팔대가에 속하는 명문가이다.

그의 형제는 1056년 가을에 동시에 진사가 되었고 이듬해 예부에서 주관하는 시험에 나란히 급제했지만 모친상을 당해 고향으로 돌아갔다. 1068년 신종이 즉위하자 왕안석을 중심으로 개혁법을 단행하자 신법에 비판적이었던 소식은 노골적으로 반대의사를 표명하여 옥살이를 하고 좌천되는 등 유배생활과 은거생활을 반복하며 자신의 울분과 한탄을 「적벽부赤壁賦」로 남기기도 했다. 그의 작품에는 작가의 마음이 자연스럽게 묻어나는 자유분방自由奔放함이 고스란히 드러난다.

소식은 서예에도 뛰어났다. 그는 필체 자체보다도 글씨 쓴 사람의 정신과 기백이 드러나는 것을 중요하게 생각했다. 뿐만 아니라 그의 죽화竹畵는 기교 없는 단순함으로 후에 문인화를 부흥시키는 기반이 되었다. 그는 대나무를 그릴 때 "자신의 마음에 대나무가 있어야 한다."고 말하면서 글이나 그림에 있어서 자신의 마음을 드러내는 것이 얼마나 중요한지를 설파한 바 있다.

다른 문인들과 달리 그의 시문집은 생전에 간행되어 많은 인기를 누렸다. 『동파집東坡集』40권과 『동파후집東坡後集』20권을 비롯 『주의奏議』, 『내제집內制集』, 『외제집外制集』, 『응소집應召集』까지 합친 『동파칠집東坡七集』은 100권이 넘으며, 『동파전집東坡全集』이라 불리기도 한다.

洗兒戲作 세아희작

蘇軾

人皆養子望聰明 인개양자망총명
我彼聰明誤一生 아피총명오일생
惟願孩兒愚且魯 유원해아우차로
無災無難到公卿 무재무난도공경

※ 한자풀이

亥 열두째지지 해   亥時해시

㉮ 刻 새길 각   刻骨難忘각골난망, 刻苦각고, 刻印각인, 浮刻부각
    시각, 몰인정할 각   刻薄각박, 時刻시각
㉯ 垓 지경 해   垓字해자, 垓心해심
   該 그, 갖출 해   該當해당, 該地해지, 該博해박
   駭 놀랄 해   駭怪罔測해괴망측, 震駭진해
   骸 뼈 해   骸骨해골, 遺骸유해, 殘骸잔해
   咳 기침 해   咳嗽해수, 咳喘해천, 咳唾해타
   孩 아이 해   兒孩아해, 孩提해제
㉰ 核 씨 핵   核心핵심, 結核결핵, 核家族핵가족, 果核과핵
   劾 캐물을 핵   彈劾탄핵, 劾論핵론, 劾奏핵주

아이를 씻기며

소식

사람들은 모두 자식을 기르며 총명하길 바라지만
나는 저 총명함으로 일생을 그르쳤네
오직 바라는 건 이 아이가 어리석고 미련하여
재앙 없고 어려움 없이 공경에 이르는 것이네

梅花매화

黃庭堅

梅蕊觸人意매예촉인의
冒寒開雪花모한개설화
遙憐水風晚요련수풍만
片片點汀沙편편점정사

※ 한자풀이

化 화할 화 　　感化감화, 變化변화, 化粧화장, 化育화육
　訛 그릇될 와 　訛傳와전, 訛言와언, 訛謬와류
　貨 재화 화 　　財貨재화, 良貨양화, 雜貨잡화, 百貨백화
　花 꽃 화 　　挿花삽화, 花壇화단, 花信화신, 花鬪화투
　靴 신 화 　　軍靴군화, 長靴장화, 靴工화공, 洋靴店양화점

매화

황정견

매화 꽃술 사람 마음 간질이며
추위 무릅쓰고 눈 같은 꽃 피웠네
아리따워라 저녁 물가에 바람이 이니
한 잎 두 잎 물가 모래밭에 지는구나

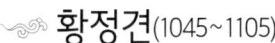 황정견(1045~1105)

　북송의 시인이다. 자는 노직魯直, 호는 산곡山谷·부옹涪翁이며, 소식 문하의 제1인자이다. 23세에 진사에 급제했으나, 국사원의 편수관이 된 이외 관리생활은 불우했다. 소식의 문하로 장로·조보지·진관과 함께 '소문사학사蘇門四學士'로 불린다. 소식과 함께 소황蘇黃으로 칭해져서 북송시인의 대표적 존재가 되었다.
　12세기 전반은 황정견 일파의 시풍이 세상을 풍미하였는데, 황정견이 강서江西 출신이었기 때문에 '강서파'로 칭해졌다. 서법가書法家로도 이름이 높아 소식·미불·채양과 함께 4대가로 꼽히고, 지극한 효성으로 부모를 공양하여 이십사효二十四孝 중 한 명으로도 꼽는다. 불교를 독실하게 신봉했고 차를 좋아하여 20년 넘게 술 대신 차를 마셨다. 정치적으로 부침浮沈이 있었으며 유배지에서 병사했다. 저서로 『예장황선생문집豫章黃先生文集』, 『산곡금취외편山谷琴趣外篇』을 남겼다.

絶句 절구

陳師道

書當快意讀易盡 서당쾌의독이진
客有佳人期不來 객유가인기불래
世事相違每如此 세사상위매여차
好懷百歲幾回開 호회백세기회개

※ 한자풀이

決	정할 결	決斷결단, 決心결심, 決定결정, 決行결행, 決勝결승
	터질 결	決裂결렬
결 缺	흠, 이지러질 결	缺點결점, 缺席결석, 缺陷결함, 缺格결격
訣	이별할 결	訣別결별, 永訣式영결식
	비방 결	秘訣비결, 妙訣묘결, 要訣요결
抉	도려낼, 드러낼 결	剔抉척결, 抉摘결적
예 袂	소매 메	袂別메별, 分袂분메
쾌 快	빠를 쾌	快速쾌속, 快調쾌조, 快差쾌차
	쾌할 쾌	痛快통쾌, 快刀亂麻쾌도난마, 快感쾌감

절구

진사도

마음에 맞는 책은 다 읽기 쉽고

좋은 손님은 때가 되어도 오지 않는다

세상 일 어긋나는 것이 늘 이와 같으니

좋은 흥취 평생토록 몇 번이나 생기겠나

 진사도(1052~1101)

송대의 시인으로, 자는 이상履常·무기無己, 호는 후산거사後山居士이다. 젊어서 증공에게 배웠고 뒤에 소식의 추천을 받아 태학박사, 비서성정자로 일하였다. 일생동안 가난했기 때문에 사망했을 때는 친구가 관을 사주어 장례를 치렀다고 한다.

그의 시는 두보를 본보기로 하였고 슬픔과 애수에 잠긴 시가 많았다. 그는 시를 지을 때 생각이 떠오르면 아내와 자식을 이웃에 보내놓고 방석을 덮어쓰고 시를 지었다는 일화가 유명하다. 저서로 『후산선생집後山先生集』, 『후산사後山詞』가 있다.

春雨춘우

陸游

春陰易成雨춘음이성우
客病不禁寒객병불금한
又與梅花別우여매화별
無因一倚欄무인일의란

※ 한자풀이

塞 변방, 요새 새 　　막을, 막힐 색	塞翁之馬새옹지마, 要塞요새 梗塞경색, 拔本塞源발본색원, 窮塞궁색, 窒塞질색
寨 목책 채	木寨목채, 要寨요채
寒 찰 한	惡寒오한, 寒氣한기, 防寒帽방한모
因 인할 인	心因性심인성, 因果應報인과응보, 起因기인
烟 연기 연(煙)	禁烟금연, 烟氣연기, 砲烟포연, 烟幕彈연막탄
恩 은혜 은	恩惠은혜, 恩恤은휼, 恩德은덕, 恩師은사
姻 혼인 인	姻戚인척, 親姻친인, 婚姻혼인
咽 목구멍 인 　　목메일 열 　　삼킬 연	耳鼻咽喉科이비인후과, 咽頭인두, 咽領인령 嗚咽오열, 硬咽경열 吞咽탄연, 下咽하연, 含咽함연

봄비

육유

봄 구름은 비가 되기 쉽고

나그네 병들어 추위를 못 막네

또 매화꽃과 이별하자니

이유 없이 난간에 기대어본다

육유(1125~1210)

　남송의 시인으로 자는 무관務觀, 호는 방옹放翁이며, 월주 산음 사람이다. 북송과 남송의 교체기에 태어났다. 남송 조정이 중원中原 지역을 금金나라에 빼앗기고 굴욕적인 화친책을 통해 겨우 명맥을 유지해가던 시기에 금에 대한 항전과 국토의 회복을 주장하며 살았던 시인이다. 그의 불굴의 기상과 강인한 투쟁의식은 그의 수많은 우국시憂國詩를 통해 끊임없이 표출되었으며, 그 헌신성과 진정성으로 인해 오늘날까지 중국을 대표하는 최고의 우국시인憂國詩人으로 추앙推仰받고 있다. 아울러 전후로 50년 동안 도합 만 수에 달하는 시를 남기고 있어 중국 최다작가最多作家로서의 명성 또한 지니고 있다.

　육유가 살던 시기는 문학적으로 북송 중기 황정견의 영향으로 강서시풍이 득세하던 시기였으나, 육유는 이러한 격변의 상황 속에서 강서시파의 영향력에서 벗어나 독자적이고 개성적이며 호방하고 격정적인 필치로 중원의 회복과 오랑캐 섬멸殲滅을 주장하는 비분강개悲憤慷慨한 심정을 토로하였다. 38세에 진사가 되어 기주통판을 지냈다. 만년에는 효종·광종의 실록 및 『삼조사』를 완성하였다. 저서로 『검남시고』, 『위남문집』, 『남당서』 등이 있다.

喜晴희청

范成大

窓間梅熟落蔕창간매숙낙체
墻下筍成出林장하순성출림
連雨不知春去연우부지춘거
一晴方覺夏深일청방각하심

한자풀이

旬 열흘 순 　　旬刊순간, 上旬상순, 下旬하순, 七旬칠순
　殉 따라죽을 순 　殉職순직, 殉國순국, 旬葬순장, 殉死순사
　荀 풀이름 순 　　荀子순자, 荀草순초
　筍 죽순 순 　　　雨後竹筍우후죽순
　詢 물을 순 　　　詢計순계, 諮詢자순
　絢 무늬, 고울 현　絢爛현란, 絢美현미, 彩絢채현

개인 날

범성대

창가에 매실 익어 꼭지 떨어지고

담 아래 죽순 돋아 숲을 이루었네

연일 오는 비에 봄 가는 줄 몰랐더니

날씨 개이고 보니 여름이 깊어졌네

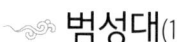

범성대(1126~1193)

　남송의 시인으로 자는 치능致能, 호는 석호거사石湖居士, 오현 사람이다. 소흥 연간에 진사가 되었고 관직은 참지정사에 이르렀다. 지방관으로 부임하는 곳마다 공적을 쌓았다. 금나라에 사신으로 간 적이 있는데, 언변言辯이 바르고 힘차서 사신의 사명을 훌륭하게 수행했다. 만년에 석호石湖에서 은거했다.

　시에서 명성을 얻어 육유·양만리·우무와 함께 '남송4대가'라 일컬어진다. 백성의 고통을 그린「최조행催租行」,「후최조행後催租行」등의 시는 농민들이 자식을 팔아 세금을 바쳐야 하는 참상慘狀을 묘사한 것으로, 백거이의 신악부시新樂府詩의 전통을 계승했다. 그의 유명한 연작시「사시전원잡흥四時田園雜興」60수는 농민들의 생활·노동·고락을 그린 고대 전원시의 전형적인 작품으로 송·명·청의 전원시에 영향을 주었다.

　그의 시풍은 어느 한 격식에 얽매이지 않아 변화가 많다. 그는 문장과 사詞·부賦에서 탁월했는데「관와궁부館娃宮賦」는 송대 부 가운데 걸작으로 꼽힌다. 시풍은 섬세纖細하고 부드러우나 호방豪放한 작품도 있다. 작품집으로『석호시집石湖詩集』,『석호사石湖詞』등이 있다.

春日 춘일

朱熹

勝日尋芳泗水濱승일심방사수빈
無邊光景一時新무변광경일시신
等閑識得東風面등한식득동풍면
萬紫千紅總是春만자천홍총시춘

※ 한자풀이

無	없을 무	無念無想무념무상, 無顔무안, 無難무난
무 舞	춤출 무	舞文弄法무문농법, 舞踊무용, 舞臺무대
蕪	거칠 무	荒蕪地황무지, 蕪穢무예, 蒼蕪창무
憮	어루만질 무	憮然무연, 歡憮환무, 慰憮위무
撫	어루만질 무	愛撫애무, 安撫안무, 撫鎭무진
愚	어리석을 우	愚鈍우둔, 愚昧우매, 愚弄우롱, 愚直우직
만 萬	일만, 수많을 만	萬壽無疆만수무강, 萬能만능, 萬全만전, 萬邦만방
매 邁	갈, 뛰어날 매	邁進매진, 超邁초매, 高邁고매, 英邁영매
려 勵	힘쓸 려	勉勵면려, 督勵독려, 激勵격려, 奬勵장려
礪	숫돌 려	礪石여석, 礪山여산
우 遇	만날 우	待遇대우, 境遇경우, 不遇불우, 禮遇예우
偶	짝, 우연 우	配偶者배우자, 偶然우연, 偶發우발
禹	성씨 우	禹王우왕
寓	붙여살 우 빗댈, 부칠 우	寄寓기우, 寓居우거 寓話우화, 寓意우의
隅	모퉁이 우	隅曲우곡, 四隅사우, 天隅천우
嵎	산굽이 우	山嵎산우, 嵎夷우이, 封嵎봉우

봄날

주희

맑은 날 꽃 찾아 사수 가에 왔더니
끝없는 광경이 일시에 싱그럽네
봄바람이 얼굴에 불어오자 알았네
울긋불긋 꽃이 피어 온통 봄이란 걸

 주희(1130~1200)

남송의 학자로, 자는 원회元晦·중회仲晦, 호는 회암晦庵·회옹晦翁 등이다. 지방 관리의 아들로 태어났는데 18세에 대과에 급제하였다. 당시에 그 시험에 급제한 사람들의 평균 연령은 35세였다. 조정에 대한 그의 정치적인 비판과 이성적인 자세는 수용되지 않았지만 그의 철학 체계만큼은 유일한 관학으로 인정받았는데, 이 같은 풍조는 19세기 말까지 지속되었다.

송나라 때 성립한 신유학인 성리학은 훈고주석을 중심으로 하던 종전의 유학을 일신하여, 우주 자연의 근본 원리에서 사회, 인류, 개인 수양에 이르기까지 일관된 체계 속에 장대한 철학을 만들어냈으나 초학자에게는 난해한 학문이었다. 그래서 주희는 친구인 여조겸과 함께 송학의 기초를 닦은 북송의 주돈이·정호·정이·장재의 저서에서 그 학문의 진수를 나타내는 말 622조를 선별하고, 이를 14권으로 분류하여 초학자를 위한 입문서로 삼았다. 그것이 바로 『근사록近思錄』이다. 이 책에는 성리학의 주요 개념이 거의 망라되어 있다.

『논어』와 『맹자』에 대한 집주集註를 저술하면서 자신의 철학적 사상을 반영하였고, 한국·중국·일본의 지식인에게 큰 영향을 끼쳤다. 주희는 역사에도 관심을 가져 사마광의 『자치통감』의 축약縮約과 재편집再編集을 지휘, 1172년 『자치통감강목』을 완성했다.

偶成우성

朱熹

少年易老學難成소년이로학난성
一寸光陰不可輕일촌광음불가경
未覺池塘春草夢미각지당춘초몽
階前梧葉已秋聲계전오엽이추성

※ 한자풀이

前 앞 전		前後전후, 前程萬里전정만리, 前代未聞전대미문
	箭 화살 전	毒箭독전, 鳴箭명전, 快箭쾌전
	剪 가위 전	剪枝전지, 剪斷전단, 碎剪쇄전
	煎 달일, 지질 전	煎餠전병, 煎茶전다, 煎藥전약
皆 다 개		皆勤개근, 皆兵制개병제, 擧皆거개
	階 섬돌 계	階級계급, 階段계단, 位階위계, 品階품계
	偕 함께 해	偕老해로, 偕樂해락, 偕偶해우
	諧 화할, 희롱할 해	諧謔해학, 諧和해화, 諧語해어
	楷 본보기 해	楷式해식, 楷模해모
	서체 해	楷書해서

우연히 지음

주희

소년은 늙기 쉽고 학문은 이루기 어려우니
짧은 시간이라도 가벼이 여기지 말라
연못가의 봄풀은 꿈에서 깨지도 않았는데
섬돌 앞 오동잎은 이미 가을 소리를 내는구나

下橫山灘頭望金華山 하횡산탄두망금화산

楊萬里

山思江情不負伊 산사강정불부이
雨姿晴態總成奇 우자청태총성기
閉門覓句非詩法 폐문멱구비시법
只是征行自有詩 지시정행자유시

※ 한자풀이

次 버금, 다음 차	次善차선, 次席차석, 次期차기, 次位차위
姿 모양 자	姿態자태, 雄姿웅자, 姿色자색, 姿勢자세
資 재물 자	資産자산, 資源자원, 資料자료, 資材자재
恣 마음대로, 방자할 자	放恣방자, 僭恣참자, 恣行자행
諮 물을 자	諮問자문, 諮決자결, 諮謀자모
瓷 사기그릇 자	靑瓷청자, 瓷器자기, 素瓷소자

句 글귀 구	句讀구두, 驚句경구, 詩句시구, 語句어구
拘 거리낄 구	拘束구속, 拘礙구애, 不拘불구
狗 개 구	狗尾續貂구미속초, 鷄鳴狗盜계명구도
佝 꼽추 구	佝僂구루
苟 진실로, 구차할 구	苟安구안, 艱苟간구, 苟免구면, 苟且구차
枸 구기자 구	枸杞子구기자, 枸橘구귤, 枳枸지구
鉤 갈고리 구	鉤餌구이, 鉤用구용
駒 망아지 구	千里駒천리구, 隙駒극구, 白駒백구

금화산 바라보며

양만리

산과 강의 마음 사람을 속이지 않으니

비가 오나 개이나 그 모습 언제나 아름답네

문 닫고 시 짓는 건 옳은 시법 아니니

길 나서기만 하면 저절로 시가 지어지네

양만리(1127~1206)

남송의 시인으로, 자는 정수廷秀, 호는 성재誠齋, 길수 출신이다. 소흥 연간에 진사가 되었고, 일찍이 비서감을 지냈다. 성품이 강직하여 금나라에 항전해야 한다고 주장했으며, 당시 권력을 잡고 있던 재상 한탁주를 위한 「남원기」를 지으라는 명을 거절하여 사람들의 칭찬을 받았다.

시인으로 육유·범성대·우무와 함께 '남송4대가'로 불리며 명성을 떨쳤다. 다작 시인으로 유명한 그는 평생 동안 2만여 수의 시를 지었는데, 지금은 4,200여 수만이 남아 있다. 초년에 그는 강서시파를 배웠으나 중년에는 왕안석과 만당의 시를 배웠다.

그의 시는 변화가 다채롭고 구성과 구상이 기발했으며, '대자연을 본보기로 삼는다'는 원칙으로 '성재체'라는 독특한 시체를 만들었다. 생기 있고 자연스러운 시어를 사용했고 상상력이 풍부하여 참신하고도 정교한 것이 특징이다. 또한 풍경의 특성과 변화를 잘 포착했다. 해학과 유머가 가득하여 당시 사람들은 '살아 있는 필치'라고 일컬었다고 한다. 한때 그는 국사와 민생 문제에 관한 시를 쓴 적이 있으며 산문과 시부에도 뛰어났다. 유명한 작품으로는 「천려책千慮策」, 「오계부浯溪賦」 등이 있고, 문집으로 『성재집誠齋集』이 전한다.

水中山花影 수중산화영

楊萬里

閉轎那知山色濃 폐교나지산색농
山花影落水田中 산화영락수전중
水中細數千紅紫 수중세수천홍자
點對山花一一同 점대산화일일동

물속의 산꽃 그림자

양만리

가마 문 닫고서 짙은 산빛을 어찌 알까

산꽃 그림자 눈물 속에 떨어져서

물속에 작고 많은 울긋불긋 꽃송이들

산꽃과 맞춰보니 하나하나 똑같구나

蘇小小墓 소소소묘

林景熙

歌扇風流憶舊家 가선풍류억구가
一丘落月幾啼鴉 일구낙월기제아
芳魂不肯爲黃土 방혼불긍위황토
猶幻燕支半樹花 유환연지반수화

※ 한자풀이

羽 깃 우　　　　　羽客우객, 羽褐우갈
선 扇 부채 선　　　扇風機선풍기, 舞扇무선, 羅扇나선
　　煽 부추길 선　　煽動선동, 煽惑선혹, 煽誘선유, 煽熾선치
습 習 익힐 습　　　習得습득, 練習연습, 修習수습, 習慣습관
옹 翁 늙은이 옹　　老翁노옹, 翁壻옹서, 翁姑옹고
완 翫 즐길, 가지고 놀 완　翫味완미, 翫具완구, 翫賞완상, 愛翫犬애완견
익 翼 날개 익　　　右翼우익, 鶴翼陣학익진, 輔翼보익
한 翰 붓 한　　　　翰林한림, 筆翰필한
　　　 편지 한　　公翰공한, 書翰서한, 札翰찰한

소소소의 무덤

임경희

부채 들고 풍류 즐기던 옛집을 추억하니
언덕 위에 달이 지고 갈가마귀 울어댄다
꽃다운 혼이라도 황토가 되기 싫었던지
연지처럼 나무 반쪽에 꽃이 피었네

 **임경희**(1242~1310)

남송의 시인이다. 이름을 경희景曦로도 쓴다. 온주 평양 사람으로, 자는 덕양德暘이고, 호는 제산霽山이다. 원나라 군대가 남하하고 송나라가 망하자 관직에서 물러나 고향에 은거하며 글을 가르치며 살았다. 문집으로 『제산집』이 있다.

梅花매화

趙孟頫

瀟灑江梅似玉人소쇄강매사옥인
倚風無語澹生春의풍무어담생춘
曲中桃葉元非侶곡중도엽원비려
夢裏梨花恐未眞몽리이화공미진

※한자풀이

肅　엄숙할 숙　　　自肅자숙, 肅淸숙청, 嚴肅엄숙, 靜肅정숙, 肅虔숙건
　蕭 쓸쓸할 소　　 蕭瑟소슬, 蕭條소조, 蕭寂소적
　簫 퉁소 소　　　 風簫풍소, 吹簫취소, 簫笛소적
　嘯 읊조릴, 휘파람 소　嘯詠소영
繡　수놓을, 비단 수　錦繡江山금수강산, 繡紋수문, 刺繡자수, 繡衣수의
淵　못, 깊을 연　　 深淵심연, 淵源연원, 淵嶽연악

매화

조맹부

말쑥한 강가의 매화는 미인 같아서

바람에 기대 말없이 봄에 담담히 피어나네

마을의 복사 꽃잎은 원래 짝이 못 되고

꿈속의 배꽃은 가짜일까 두렵네

조맹부(1254~1322)

중국 원나라 때 관료·문인·화가로, 본래는 송나라 왕족의 후손이었다. 자는 자앙子昂, 호는 송설松雪·구파鷗波·수정궁도인水精宮道人 등이며, 오흥 사람이다. 그는 시詩·서書·화畫에 모두 능했는데, 후대의 서예에 큰 영향을 준 흔히 '송설체'라 불리는 독창적인 글씨를 만들었다.

서법에 뛰어나 한국·일본에까지 큰 영향을 끼쳤으나, 강건剛健하지 못하여 유약柔弱하다는 비판도 있다. 화법 또한 독창적이어서 글씨를 쓰는 붓과 그림을 그리는 붓은 같은 사용법을 가지고 있다는 이론을 세웠다. 시 작품으로는 『송설재집松雪齋集』이 있는데, 그중 뛰어난 작품이 많다.

吐月峯 토월봉

高啓

四更棲鳥驚 사경서조경

山白初上月 산백초상월

起開東闇看 기개동암간

正在雲峯缺 정재운봉결

※ 한자풀이

己	몸 기	自己자기, 克己극기, 一己之心일기지심
記	기록할 기	記事기사, 記錄기록, 表記표기
紀	벼리, 기율 기	紀綱기강, 紀律기율
	적을 기(記)	紀念기념, 紀行기행, 本紀본기
	해 기	紀元기원, 西紀서기, 世紀세기
起	일어날 기	勃起발기, 蜂起봉기, 起床기상, 起草기초, 起因기인
忌	꺼릴 기	忌憚기탄, 忌諱기휘, 禁忌금기
杞	구기자 기	枸杞子구기자, 杞柳기류
	나라이름 기	杞憂기우
配	짝 배	配偶배우, 配合배합, 分配분배, 配給배급
妃	왕비 비	王妃왕비, 妃嬪비빈, 后妃후비

달 뜨는 봉우리

고계

한밤중에 둥지에 자던 새 놀라더니
산이 밝아지며 달이 막 떠오르네
일어나 동쪽 누각 문을 열고 바라보니
바로 구름 봉우리 사이에 떠 있네

고계(1336~1373)

자는 계적季迪, 호는 사헌槎軒·청구자青邱子이다. 원나라 말기 혼란기에 태어나 명나라가 건국할 때, 태조 주원장의 부름을 받아 『원사元史』 집필에 참여했으나, 요직이 주어지자 그 자리를 고사하고 고향인 소주로 돌아갔다. 그런데 소주의 장관 위관이 모반혐의謀叛嫌疑를 받게 되자 그도 연루連累되어 허리가 잘리는 형벌로 목숨을 잃고, 그의 작품은 모두 불태워졌다. 지금 전해지는 2,000여 수의 시는 그가 죽은 지 70여 년이 지난 뒤에 수집·간행된 것이다.

그는 한위漢魏에서 당송唐宋에 이르는 시인들의 장점을 모아놓은 듯한 다채로운 창작 경향을 보인다. 원나라 말기의 지루하고 나태한 시풍에 새로운 바람을 일으켜 명나라 최고의 시인으로 칭송받았으나, 39세의 젊은 나이로 횡사하는 바람에 그의 독자적인 시체는 확고하게 정립되지 못하였다. 그의 맑고 단아한 서정성의 이면에 감추어진 고독孤獨과 우울憂鬱은 근대시의 정신으로 통한다는 평가를 받는다.

漁村夕照 어촌석조

李夢陽

西陽下洞庭 서양하동정
網集淸潭上 망집청담상
一丈黃金鱗 일장황금린
可見不可網 가견불가망

※ 한자풀이

罔   없을 망   昊天罔極호천망극, 罔測망측
     속일 망   欺罔기망
     그물 망(網)   罔罟망고
  羈 굴레 기   羈絆기반, 羈束기속, 羈梏기곡, 羈維기유
     나그네 기   羈愁기수
  網 그물 망   總網羅총망라, 網紗망사, 投網투망, 底引網저인망
     惘 멍할 망   惘然망연, 慌惘황망, 憫惘민망
  罰 벌줄 벌   懲罰징벌, 嚴罰엄벌, 誅罰주벌, 一罰百戒일벌백계
  罪 허물 죄   斷罪단죄, 餘罪여죄, 罪囚죄수, 罪質죄질, 罪悚죄송

어촌의 석양

이몽양

석양이 동정호에 질 무렵
그물이 맑은 물가에 모여들지만
한 길 되는 황금 비늘을
볼 수는 있으나 잡을 수는 없다네

이몽양(1472~1529)

자는 헌길獻吉, 호는 공동空同, 섬서 경양 출신이다. 할아버지가 도박賭博으로 가산의 대부분을 탕진해 집안이 매우 가난했다. 1494년 진사시험에 합격했고, 1498년에 북경에서 이동양을 비롯한 시인·작가들과 사귀었다.

그는 전칠자前七子로 불리는 의고파擬古派의 주요 인물이 되어 옛 작가들을 모방할 것을 주장했는데, 문文은 진대秦代·한대漢代의 것을 본받고 시詩는 반드시 성당盛唐을 본받으라고 했다. 문집으로『공동선생집空同先生集』이 전해 내려온다.

途中도중

陳子龍

屈指淮上書굴지회상서
故人應已覯고인응이구
那知百種愁나지백종수
都在緘書後도재함서후

※ 한자풀이

子 아들 자	子孫자손, 子婦자부, 子息자식, 父子부자
孔 구멍 공	孔子공자, 氣孔기공, 鼻孔비공, 骨多孔症골다공증
孫 손자 손	孫子손자, 外孫외손, 世孫세손, 後孫후손
遜 겸손할 손	謙遜겸손, 遜位손위, 恭遜공손
도망할, 피할 손	遜遁손둔
못할, 뒤질 손	遜色손색
遊 놀 유	遊興유흥, 遊覽유람, 夢遊몽유, 野遊야유
游 헤엄칠 유	游泳유영, 游女유녀, 游樂유락
字 글자 자	字句자구, 字意자의, 活字활자, 字典자전
仔 자세할 자	仔細자세, 仔詳자상, 仔肩자견, 仔蟲자충
存 있을 존	共存공존, 存在존재, 實存실존, 存續존속
學 배울 학	學問학문, 晩學만학, 博學박학, 學窓학창
孝 효도 효	孝道효도, 孝誠효성, 孝心효심, 孝行효행
哮 성낼, 으르렁거릴 효	咆哮포효, 怒哮노효, 跳哮도효
酵 삭일 효	醱酵발효, 酵母효모, 酵素효소
厚 두터울 후	濃厚농후, 厚顏無恥후안무치, 厚待후대
吼 울 후	獅子吼사자후, 吼怒후노, 叫吼규후, 鳴吼명후

길을 가다가

진자룡

회수 가로 편지 보낸 날 헤아리니
친구는 응당 그 편지 보았으리
그러나 어찌 알랴 온갖 근심이
그 편지의 이면에 있다는 것을

진자룡(1608~1647)

　명말의 관료·시인으로, 자는 와자臥子, 호는 일부軼符·대준大樽이다. 명나라가 망하자 승려가 되었다. 그 후 청에 대항하여 싸우나 끝내 강에 투신해 순국하였다. 후일 청나라 건륭제는 그에게 충유忠裕라는 시호를 추증하였다.
　그의 문학은 전후칠자를 계승하였으며, 문장은 현실을 반영하고 자신의 진실한 감정을 드러내야 한다고 주장하였다. 문집으로 『진충유공집』이 있다.

青山청산

王士禎

新雨過青山 신우과청산
漠漠寒煙織 막막한연직
不見秣陵城 불견말릉성
坐愛秋江色 좌애추강색

※ 한자풀이

戈　창 과　　　　　干戈간과, 矛戈모과
戒 경계할 계　　　訓戒훈계, 齋戒재계, 警戒경계
械 기계 계　　　　器械기계, 機械기계
戟 창 극　　　　　刺戟자극, 戟盾극순, 曲戟곡극
戊 다섯째천간 무　戊夜무야, 戊戌무술, 戊年무년
茂 무성할 무　　　茂林무림, 茂盛무성, 蔓茂만무
成 이룰 성　　　　成就성취, 成功성공, 成立성립, 成熟성숙
城 재 성　　　　　京城경성, 城柵성책, 孤城고성, 洛城낙성
誠 정성 성　　　　致誠치성, 至誠지성, 竭誠갈성
盛 성할 성　　　　盛饌성찬, 盛裝성장, 盛衰성쇠, 盛業성업
晟 밝을 성
戍 수자리 수　　　戍樓수루, 戍鼓수고, 戍甲수갑
戌 열한째지지 술　甲戌갑술, 戌葵술규, 戌時술시
越 넘을 월　　　　越等월등, 優越우월, 移越이월, 追越추월, 超越초월
戎 병장기 융　　　戎馬융마, 戎服융복
　　오랑캐 융　　　戎族융족
絨 가는 베 융　　　絨緞융단, 絨衣융의, 製絨제융
賊 도둑 적　　　　賊反荷杖적반하장, 寇賊구적, 山賊산적, 倭敵왜적

청산

왕사진

새로 내린 비 청산을 지나니
찬 안개 흐릿하게 베를 짜는 듯
말릉성은 보이지 않아도
가을 강의 풍경 앉아서 사랑하노라

왕사진(1634~1711)

사후에 청나라 옹정제의 이름과 같아서 건륭제가 '사정士禎'이란 이름을 하사했다. 자는 자진子眞·이상貽上, 호는 완정阮亭·어양산인漁洋山人. 산동 신성 사람이다. 1655년(순치12)에 진사가 되었고 여러 관직을 거쳐 형부상서를 지냈다. 일찍이 명말 청초 시인 전겸익·오위업에게 알려졌으며 형 왕사록·왕사우와 더불어 '3왕'으로 불렸다. 또한 시인 주이존과 함께 '주왕朱王'으로 병칭되었다.

당시 최고 시인으로 시뿐만 아니라 고문과 사詞에도 뛰어났으며 '신운설神韻說'을 제창했다. 그의 신운설은 송대 엄우嚴羽의 『창랑시화滄浪詩話』를 계승한 것인데, 그가 어렸을 때, 형 왕사록이 왕유·맹호연·왕창령·위응물·유종원의 시를 본받도록 한 것이 그의 주장에 큰 영향을 주었다고 한다. 특히 사공도의 『이십사시품二十四詩品』 가운데 "한 자도 쓰지 않고 멋을 다 표현한다."라는 문구를 좋아하여 문자의 기교技巧를 버리고 언외言外의 무한한 맛을 추구했다. 저서로 『거이집居易集』, 『지북우담池北偶談』, 『향조필기香祖筆記』, 『어양시집漁洋詩集』 등이 있다.

虞兮 우혜

吳偉業

千夫辟易楚重瞳 천부벽역초중동
仁謹居然百戰中 인근거연백전중
博得美人心肯死 박득미인심긍사
項王此處是英雄 항왕차처시영웅

※ 한자풀이

重 무거울 중　　重農중농, 嚴重엄중, 重傷중상, 輕重경중
　 겹칠 중　　　重複중복, 重言復言중언부언, 重疊중첩
　動 움직일 동　動力동력, 微動미동, 激動격동, 力動역동
　董 바로잡을 동　骨董品골동품, 董督동독, 董狐之筆동호지필
　種 씨 종　　　種子종자, 播種파종, 毒種독종, 罕種한종, 特種특종
　鍾 술잔, 모을 종　鍾鉢종발, 鍾愛종애
　　쇠북 종(鐘)　鍾乳石종유석, 打鍾타종
　腫 종기 종　　腫氣종기, 腫脹종창, 浮腫부종, 腫瘍종양
　踵 발꿈치 종　踵古종고, 踵至종지, 踵接종접
　衝 찌를 충　　衝動충동, 衝擊충격, 要衝地요충지, 衝突충돌
　慟 서러워할 통　慟哭통곡, 哀慟애통, 慟泣통읍
　熏 불길 훈　　熏灼훈작, 熏劑훈제, 熏燒훈소
　薰 향풀 훈　　薰風훈풍, 香薰향훈, 薰氣훈기
　勳 공(功) 훈　功勳공훈, 勳章훈장, 武勳무훈, 敍勳서훈
　壎 질나팔 훈　弄壎농훈

우미인이여

오위업

천 명 병사도 초나라 항우를 피해 달아나고

백 번 싸움에도 어질고 신중하여 태연하였네

미인을 얻고자 죽으려 마음 먹었으니

항우는 바로 이 때문에 영웅이로다

오위업(1609~1670)

명말 청초의 시인으로, 자는 준공駿公, 호는 매촌梅村이다. 강소 태창 사람이다. 어린 시절 장부張溥를 스승으로 삼고 복사復社의 일원이 되었다. 1631년(숭정4) 진사가 되어 한림원 편수관을 제수받았다. 명이 망한 후 벼슬을 하지 않고 은거생활을 했다.

그의 시에는 멋과 운치韻致가 있으며, 칠언율시와 칠언가행이 특히 유명하다. 「원원곡圓圓曲」, 「영화궁사永和宮詞」, 「임회노기행臨淮老妓行」 등은 모두 당시의 일을 서술하고 망국의 아픔을 그린 것이다. 이 외에 민생의 고통을 반영한 시도 있다. 그는 당시唐詩를 숭상하여 청대 초기 시파 가운데 하나인 종당파宗唐派를 주도했다. 사詞 역시 호방豪放하면서도 비장미悲壯美가 있다. 또한 전기傳奇 「말릉춘秣陵春」, 잡극 「통천대通天臺」, 「임춘각臨春閣」 등은 모두 역사적인 사실을 빌려 변해버린 세상에 대한 감회感懷를 표현하고 있으며, 명에 대한 그리움을 담고 있다. 문집으로 『매촌집梅村集』, 『매촌가장고梅村家藏稿』 등이 있다.

新雷 신뢰

張維屛

造物無言却有情조물무언각유정
每於寒盡覺春生매어한진각춘생
千紅萬紫安排著천홍만자안배착
只待新雷第一聲지대신뢰제일성

※ 한자풀이

長　긴 장	長考장고, 生長생장, 長點장점, 長廣舌장광설
어른 장	長幼有序장유유서
참 張 베풀, 뽐낼 장	擴張확장, 張本人장본인, 張皇장황, 誇張과장, 伸張신장, 出張출장
帳 장막 장	帳幕장막, 揮帳휘장
장부 장	帳簿장부, 記帳기장, 日記帳일기장
참 脹 부을 창	膨脹팽창, 脹滿창만, 腫脹종창
漲 넘칠 창	漲溢창일, 漲濤창도, 泛漲범창

봄우레

장유병

조물주는 말이 없어도 생각이 있어

추위가 끝날 때마다 봄이 온다네

울긋불긋 온갖 꽃들 늘어놓고

봄우레 첫 소리만 기다리네

 **장유병**(1778~1859)

청나라의 관리·시인으로, 자는 자수子樹, 호는 남산南山이다. 1822년(도광2)에 진사가 되었고, 강서남강부지부 등을 역임했다. 아편전쟁 후 그의 시에는 애국주의적 성격이 짙은 것이 많다. 문집으로 『장남산전집』이 있다.

부록 | 한시漢詩에서 걸어 나온 고사성어 故事成語

1. 佳人薄命 가인박명

아름다운 사람은 운명이 짧다.

■ 소식蘇軾(1036~1101)

북송北宋의 대문장가요 학자이며 관리가 되어서는 일생의 대부분을 정적政敵과의 항쟁으로 보내어 관리로서는 매우 불행하였다. 만년에는 해남도에 귀양을 가서 겨우 용서받고 돌아오는 도중에 강소성의 상주에서 66세의 나이로 죽었다. 소식은 『세아희작洗我戲作』에서 시기猜忌, 모함謀陷, 권모술수權謀術數가 난무하는 세상에서 자신의 자식이 우둔愚鈍해서 그러한 참화慘禍를 비껴가길 기원하였다.

『가인박명』은 여승을 노래한 것이다.

운명이 박한 미인	薄命佳人 박명가인
우윳빛 두 볼에 옻칠한 듯 까만 머리	雙頰凝酥髮抹漆 쌍협응소발말칠
발로 들어온 눈빛은 주옥같이 빛나네	眼光入簾珠的皪 안광입렴주적력
짐짓 흰 비단으로 선녀 옷을 만들고	故將白練作仙衣 고장백련작선의
붉은 연지 발라 본바탕 더럽히지 않네	不許紅膏污天質 불허홍고오천질
오땅의 사투리 귀엽고 부드러워 어린 티 나고	吳音嬌軟帶兒癡 오음교연대아치
무한한 인간의 근심 전혀 알지도 못하네	無限間愁總未知 무한간수총미지
예로부터 가인의 운명은 대체로 박하니	自古佳人多命薄 자고가인다명박
닫은 문에 봄이 저무니 버들꽃도 지네	閉門春盡楊花落 폐문춘진양화락

2. 乾坤一擲 건곤일척

건곤이란 원래 『주역』의 두 괘명으로 이것은 천지天地를 의미하기도 한다. 결정적으로 모험을 걸고 승부를 할 때 쓰이는 말이다. 하늘과 땅을 걸고 큰 승부를 건다는 뜻이다.

■ 한유韓愈(768~824)

이 구절은 한유가 한나라의 유방(B.C.247~B.C.195)과 초나라의 항우(B.C.232~B.C.202)가 "천하를 둘로 나누어 지배하자"던 경계선 홍구鴻溝를 지나면서 그 감회를 표현한 시 「과홍구過鴻溝」에 나타난 표현이다.

천하를 이분함으로써 전쟁을 끝내고 억만창생의 생명을 보존할 수 있었으나, 유방의 책사 장량과 진평은 초나라의 열세를 빌미로 총 공세를 펼치자고 권유한다. 유방은 건곤일척 항우를 공격하여 해하垓下에서 초나라를 멸망시키고 천하를 통일하게 된다.

홍구를 지나며	過鴻溝 과 홍 구
용은 지치고 범은 피곤하여 강언덕을 나누니	龍疲虎困割川原 용 피 호 곤 할 천 원
만천하 백성들의 목숨이 보존되는구나	億萬蒼生性命存 억 만 창 생 성 명 존
누가 군왕에게 말머리를 돌리도록 권하여	誰勸君王回馬首 수 권 군 왕 회 마 수
진정 한판의 승부에 천하를 걸게 했나	眞成一擲賭乾坤 진 성 일 척 도 건 곤

3. 傾國之色 경국지색

경국傾國이 경성傾城과 아울러 미인을 일컫는 말로 쓰이게 된 것은 이연년의 시詩에서 유래한다.

■ 이연년李延年(B.C.141~B.C.87)

한나라 무제 때 음악을 맡은 관리(협률도위協律都尉)로 음악적 재능이 풍부한 사람이었다. 그에게는 절세미인絶世美人 누이동생이 있었다.

아래 시는 이연년이 한무제 앞에서 누이동생의 아름다움을 칭찬하여 노래한 것이다. 한무제는 이때 이미 50고개를 넘고 있었으며 외롭게 지내던 터에 이연년의 누이동생에게 매혹되어 그녀는 총애寵愛를 한 몸에 받았다고 한다. 이 동생이 훗날 이부인李夫人이다. 권력을 얻은 후 교만하게 처신한 이연년은 이부인이 죽은 뒤에 처형되고, 그의 가족도 멸족되었다. 흉노정벌전을 수행한 이광리는 이연년의 동생이다.

<table>
<tr><td>나라를 기울게 하다</td><td>傾國
경 국</td></tr>
<tr><td>북방에 아름다운 여인이 있어</td><td>北方有佳人
북 방 유 가 인</td></tr>
<tr><td>세상에 견줄 이 없이 홀로 빼어나네</td><td>絶世而獨立
절 세 이 독 립</td></tr>
<tr><td>한 번 돌아보면 남의 성을 기울게 하고</td><td>一顧傾人城
일 고 경 인 성</td></tr>
<tr><td>두 번 돌아보면 남의 나라를 기울게 하네</td><td>再顧傾人國
재 고 경 인 국</td></tr>
<tr><td>어찌 성과 나라가 기우는 줄 모르랴</td><td>寧不知傾城與傾國
영 부 지 경 성 여 경 국</td></tr>
<tr><td>아름다운 여인은 다시 얻기 어렵다네</td><td>佳人難再得
가 인 난 재 득</td></tr>
</table>

4. 鼓腹擊壤 고복격양

'고복'은 배를 내놓고 두드리는 일이며, '격양'은 땅을 치는 일로, 배가 불러 만족스럽게 두드리고 땅을 쳐 박자를 맞추며 노래하는 것, 즉 태평연월太平煙月을 즐긴다는 의미다. 이 시는 고대 요임금 시절 시골 노인들이 모여 태평성대를 노래한 것이다.

<table>
<tr><td>고복격양가</td><td>鼓腹擊壤歌
고 복 격 양 가</td></tr>
<tr><td>해 뜨면 나가 일하고</td><td>日出而作
일 출 이 작</td></tr>
<tr><td>해 지면 들어와 쉬며</td><td>日入而息
일 입 이 식</td></tr>
<tr><td>우물을 파서 마시고</td><td>鑿井而飮
착 정 이 음</td></tr>
<tr><td>밭 갈아서 먹으니</td><td>耕田而食
경 전 이 식</td></tr>
<tr><td>임금의 힘이 나에게 무슨 소용이랴</td><td>帝力何有於我哉
제 력 하 유 어 아 재</td></tr>
</table>

5. 孤城落日 고성낙일

원군이 오지 않는 고립된 성과 기울어지는 낙조落照, 즉 세력이 쇠퇴하여 도와주는 사람도 없고 홀로 외롭고 힘든 상태에 처해 있는 것을 비유하는 말이다.

■ 왕유王維(699~759)

왕유는 이백李白·두보杜甫와 함께 성당시대盛唐時代의 대표적인 시인으로, 동양화풍의 고요함과 그윽한 자연시를 수립한 사람이다. 만년에는 은거隱居하면서 담박한 전원생활을 보냈다. 왕유의 전원시는 매우 높은 예술의 성취가 있다. 그는 음악과 서화에도 뛰어났으며, 특히 그의 수묵화는 천기天機가 홀로 이르러 중국 남종화南宗畵의 조종祖宗이 되었다.

위평사를 보내며 · 送韋評事 송위평사

장군을 따라 우현을 취하고자 · 欲逐將軍取右賢 욕축장군취우현

모래밭으로 말을 달려 거연으로 향하네 · 沙場走馬向居延 사장주마향거연

멀리서 알겠노라 한나라 사자가 소관 밖에서 · 遙知漢使蕭關外 요지한사소관외

외로운 성에 지는 해를 근심스레 보는 줄을 · 愁見孤城落日邊 수견고성낙일변

6. 瓜田不納履 과전불납리 李下不整冠 이하부정관

외밭에서 신을 고쳐 신지 말고, 오얏나무 아래에서 갓을 바로잡지 말라는 뜻으로, 다른 사람들로부터 혐의를 받을 행동을 하지 말라는 뜻이다.

■ 작가미상

『예문유취』에는 삼국시대 조조의 아들 조식曹植(192~232)의 작품이라고 하였다.

군자행 · 君子行 군자행

군자는 일을 미연에 방지하여 · 君子防未然 군자방미연

의심받을 처신을 하지 않나니	不處嫌疑間 불 처 혐 의 간
외밭에서는 신을 고쳐 신지 않고	瓜田不納履 과 전 불 납 리
오얏나무 아래선 갓을 고쳐 쓰지 않네	李下不整冠 이 하 부 정 관

7. 口禍之門 구화지문

입은 화를 불러들이는 문이다. 사람은 입을 통해서 모든 생각을 표출하지만 그 부드러운 혀에서 나오는 말은 약藥이 되기도 하고 독毒이 되기도 한다. 또한 훈풍薰風처럼 부드럽기도 하지만, 날카로운 칼이 되어 폐부肺腑를 찌르기도 하는 것이다.

■ 풍도馮道(882~954)

풍도馮道는 당나라 말기에 태어났으며, 당나라가 망한 뒤에도 송나라가 들어설 때까지 53년 동안 다섯 왕조가 흥망했다. 그것은 후당, 후량, 후주, 후진, 후한으로서 오대라 일컫는다. 풍도는 후당으로부터 다섯 왕조에 걸쳐 열 명의 임금을 섬겼을 정도로 처세處世에 능했다. 이 동란의 시기에 73세 장수를 누린 사람이다.

혀	舌詩 설 시
입은 곧 재앙의 문이요	口是禍之門 구 시 화 지 문
혀는 곧 몸을 자르는 칼이다	舌是斬身刀 설 시 참 신 도
입을 닫고 혀를 깊이 감추면	閉口深藏舌 폐 구 심 장 설
가는 곳마다 몸이 편안하다	安身處處牢 안 신 처 처 뢰

8. 國破山河在 국파산하재

나라는 파괴되었어도, 성에 봄이 오니 풀과 나무가 무성하다. 난리가 나서 삶이 피폐疲弊해져도 자연의 섭리는 역사를 계속하여 허무함을 느끼게 한다는 뜻으로, 맥수지탄麥秀之嘆·서리지탄黍離之歎과 일맥상통한다.

■ 두보杜甫(712~770)

당나라 현종玄宗의 천보天寶 15년(756) 6월에 장안이 안녹산安祿山이 이끄는 반란군에 의해 함락되었다. 두보는 장안에서 고향인 봉선현으로 돌아가 가족들과 함께 전란을 피했다. 그리고 태자인 이형李亨(당숙종)이 7월에 영무에서 즉위했다는 소식을 듣자 홀로 배알拜謁하러 가는 도중에 반란군에 체포되어 장안으로 압송되어 포로의 몸이 된다.

「춘망春望」은 두보가 장안성에서 포로의 몸이 된 것을 원망하며 부른 노래다. 두보는 그해 여름, 장안을 탈출하여 봉상鳳翔에 와 있던 숙종肅宗의 행차를 만나고, 그 이듬해 좌습유左拾遺에 임명되어 벼슬길에 나서게 된다.

춘망	春望 춘 망
나라는 망해도 산하는 그대로고	國破山河在 국 파 산 하 재
성은 봄이 되어 초목이 무성하네	城春草木深 성 춘 초 목 심
시절을 느껴 꽃을 봐도 눈물 흘리고	感時花濺淚 감 시 화 천 루
한스러운 이별에 새울음에도 마음 놀라네	恨別鳥驚心 한 별 조 경 심
전쟁의 봉화가 석 달간 이어졌으니	烽火連三月 봉 화 연 삼 월
고향의 편지는 만금보다 값지구나	家書抵萬金 가 서 저 만 금
흰머리는 긁을수록 더욱 짧아져	白頭搔更短 백 두 소 갱 단
온전히 비녀조차도 감당하지 못하네	渾欲不勝簪 혼 욕 불 승 잠

9. 捲土重來 권토중래

한번 싸움에 패한 사람이 다시 힘을 얻어서 흙을 말아 올릴 정도의 기세로 공격해 들어온다는 뜻으로, 오늘날에는 전쟁에 국한된 것이 아니라 "한번 실패해도 다시 도전한다."는 뜻으로 널리 쓰인다.

■ 두목杜牧(803~843)

이 시는 양자강楊子江의 오른쪽 기슭에 있는 오강烏江 유역을 여행하던 두목이, 옛날 여기에서 스스로 목숨을 끊은 초왕楚王 항우(B.C.232~B.C.202)를 생각하며 읊은 시이다. 이곳에 항우를 제사 지내던 사당이 서 있어서 「오강묘시烏江廟詩」라고도 한다. 항우가 해하垓下에서 유방과 마지막 싸움에서 패전하여 이곳으로 도망을 쳐 온 것인데, 항우는 정장의 도강 권유를 뿌리치고 한나라 군대와 싸우다 스스로 목숨을 끊었다.

오강정에서 짓다	題烏江亭詩 제 오 강 정 시
승패는 병가에서 기약할 수 없으니	勝敗兵家不可期 승 패 병 가 불 가 기
부끄러움을 참는 것이 바로 남아라네	包羞忍恥是男兒 포 수 인 치 시 남 아
강동의 자제 중에 호걸이 많으니	江東子弟多豪傑 강 동 자 제 다 호 걸
흙을 마는 기세로 다시 왔다면 승패는 몰랐을 걸	捲土重來未可知 권 토 중 래 미 가 지

10. 槿花一日自爲榮근화일일자위영

"무궁화 꽃은 하루를 피어도 스스로 영화로 여긴다."라는 뜻으로 해석할 수 있지만, "아침에 피었다가 저녁 때 시드는 무궁화와 같이, 사람의 영고성쇠榮枯盛衰는 덧없다."는 의미가 담겨 있다.

■ 백거이白居易(772~846)

「방언放言」5수에 나와 있는 시로, 「방언」의 서문에 의하면, 백거이는 44세 때 조정의 분노를 사서 강주의 사마司馬로 좌천되어 가는 도중에 배 안에서 생각에 잠겨 있다가, 전에 원진元稹(779~831)이 「방언放言」이란 시詩를 보내준 데 대하여, 같은 제목으로 화답하여 지은 것이다. 원진은 백거이와 절친한 사이이며 그도 강릉으로 좌천되어 슬픔에 싸여 있었다.

마음 내키는 대로 읊다	放言 방 언
태산은 터럭을 속일 필요가 없고	泰山不要欺毫末 태 산 불 요 기 호 말
요절한 안자는 장수한 노팽을 부러워 않네	顔子無心羨老彭 안 자 무 심 선 노 팽

소나무 천 년을 살아도 마침내는 썩고	松樹千年終是朽 _{송 수 천 년 종 시 후}
무궁화는 하루를 피어도 스스로 영화로 여긴다	槿花一日自爲榮 _{근 화 일 일 자 위 영}
어찌 세상에 연연해 항상 죽음을 근심하랴	何須戀世常憂死 _{하 수 연 세 상 우 사}
또한 몸을 싫어하여 함부로 삶을 싫어하지 마라	亦莫嫌身漫厭生 _{역 막 혐 신 만 염 생}
삶이 가고 죽음이 오는 것은 모두가 환상이니	生去死來都是幻 _{생 거 사 래 도 시 환}
환상 속의 인간이 슬프고 즐거운 감정에 어찌 얽매이리	幻人哀樂繫何情 _{환 인 애 락 계 하 정}

※ 안자顔子 : 공자孔子의 제자로 32세에 죽음.
　팽조彭祖 : 800년을 살았음.

11. 錦上添花 금상첨화

"비단에 꽃을 더한다."는 뜻으로 좋은 일에 더 좋은 일이 더하여짐을 비유적으로 이르는 말이다.

■ 왕안석王安石(1021~1086)

왕안석은 북송北宋 중기의 군사비 팽창膨脹에 의한 경제적인 파탄破綻을 구하고 도탄塗炭에 빠진 백성들을 위해 획기적인 신법新法을 실시한 정치 사상의 귀재鬼才일 뿐 아니라, 송宋나라 시대의 시풍詩風을 대표하는 시인이기도 하다. 이 시는 그가 만년에 남경南京에서 은둔 생활을 할 무렵의 작품으로 보인다.

즉석으로	卽事 _{즉 사}
강물은 남원으로 흘러 언덕 서쪽으로 기우는데	河流南苑岸西斜 _{하 류 남 원 안 서 사}
바람엔 맑은 빛이 있고 이슬은 꽃과 같네	風有晶光露有華 _{풍 유 정 광 노 유 화}
문 앞 버드나무는 옛적 도연명의 집이요	門柳故人陶令宅 _{문 류 고 인 도 령 댁}
우물가 오동나무는 전날 강총의 집이라	井桐前日總持家 _{정 동 전 일 총 지 가}
좋은 초대 받아 술잔에 술을 기울이니	嘉招欲覆盃中淥 _{가 초 욕 복 배 중 록}
아름다운 노래는 비단 위에 꽃을 더하는구나	麗唱仍添錦上花 _{여 창 잉 첨 금 상 화}

문득 무릉도원의 술과 안주 즐기는 손이 되니 　便作武陵樽俎客 변작무릉준조객
강의 근원에는 아직 붉은 노을 비추고 있으리 　川源應未少紅霞 천원응미소홍하

12. 琴瑟相和 금슬상화

금琴과 슬瑟은 모두 현악기이다. 이 둘을 동시에 탈 때 음률이 잘 어울려서 양자의 울림이 잘 화합한다는 뜻으로 흔히 부부간의 애정을 여기에 비유한다.

아내와 아들이 화합하는 게 　妻子好合 처자호합
슬과 금을 타는 것같네 　如鼓瑟琴 여고금슬
형제가 이미 합하여 　兄弟旣翕 형제기흡
화락하고 또 즐기네 　和樂且湛 화락차담

※ 출전:《시경詩經》

들쭉날쭉 마름풀을 　參差荇菜 참치행채
좌우로 헤치며 따네 　左右采之 좌우채지
아름다운 아가씨를 　窈窕淑女 요조숙녀
금과 슬로 친애하네 　琴瑟友之 금슬우지

※ 출전:《시경詩經》

13. 泥醉 니취

일설에는 니泥라는 벌레가 뼈가 없어 물속에서는 자유자재自由自在로 움직이지만, 물이 없어지면 취하여 진흙같이 된다는 설에서 나온 말이라고 하나, 역시 술에 취해 몸을 흐느적거림을 형용한 것이다.

■ 이백李白(701~762)

일생을 중국 각지의 여행으로 보낸 성당盛唐의 시인 이백은 40대가 되

어서야 장안長安의 궁정시인宮廷詩人이 되었거니와, 그전의 20대, 30대 대부분은 호북성을 중심으로 유람을 하고 다녔다. 그 무렵에 양양 부근의 명소고적名所古蹟을 읊은 시「양양가襄陽歌」에서 니취泥醉를 표현하였다.

이백이 장안에 있을 때 이틀 동안 술에 취해 자고 있었는데, 침향정沈香亭에서 모란꽃을 구경하고 있던 현종玄宗과 양귀비楊貴妃가 불러서 술과 음악을 갖추어 시 한 편을 짓게 하고, 들려 나갈 때 니취해 있었기 때문에, 환관인 고역사高力士의 눈앞에 다리를 내밀고, 신발을 벗기게 하는 등 방약무인傍若無人의 행동을 했다고 전해진다.

양양가	襄陽歌 양 양 가
떨어지는 해 현산의 서쪽으로 넘어가려 하는데	落日欲沒峴山西 낙 일 욕 몰 현 산 서
거꾸로 흰 모자를 쓰고 꽃 아래를 방황하네	倒著接䍦花下迷 도 착 접 리 화 하 미
양양의 어린이들 일제히 손뼉을 치고	襄陽小兒齊拍手 양 양 소 아 제 박 수
거리를 가로막고 다투어 백동제를 노래하네	攔街爭唱白銅鞮 난 가 쟁 창 백 동 제
무슨 일로 웃느냐고 옆사람에게 물었더니	傍人借問笑何事 방 인 차 문 소 하 사
산공이 진흙같이 만취하여 웃는다네	笑殺山公醉似泥 소 쇄 산 공 취 사 니

14. 麥秀之嘆 맥수지탄

번성했었던 옛날 궁궐터에는 보리가 패어 무성하게 자라고 벼와 기장의 잎도 무성하게 자라 있다. 은殷나라의 번창했었던 시절 신하였던 기자箕子는 그 모습을 목도하고 목 놓아 통곡할 수도 없고 속으로 흐느낄 수도 없어 맥수麥秀의 시를 지어 노래했다. 맥수지탄麥秀之嘆은 망한 나라를 탄식한다는 뜻이다. 서리지탄黍離之嘆이라고도 한다.

■ 기자箕子

은殷나라의 주왕紂王은 하夏나라의 걸왕桀王과 함께 폭군暴君의 대표적인 인물이지만, 그 신하 가운데는 훌륭한 사람이 있었다.『논어論語』의「미자편微子篇」에도 "미자는 떠나고, 기자는 종이 되고, 비간은 간하다가 죽었다."고 공자孔子가 말하였다. 기자는 주왕의 친척이었는데, 주왕이 주색酒色에 빠져 폭정暴政을 일삼자 주왕에게 간하였지만, 받아들여지지 않자 자신이 망명하게 되면 임금의 부끄러움을 드러내게 된다고 생각하였다. 그래서 갓도 버리고 머리도 풀어헤쳐 종이 되어 세상에서 숨어버렸다. 그 후 주나라 무왕武王이 은나라를 멸망시켰다. 무왕은 기자의 인품人品에 감동하여 기자를 조선의 왕으로 봉하였다 한다.

이 시는 기자가 멸망한 은나라의 궁궐터를 지나며 지은 것이다.

맥수지탄	麥秀之嘆 맥 수 지 탄
보리이삭 점점 자라고	麥秀漸漸兮 맥 수 점 점 혜
벼와 기장도 무성하네	禾黍油油兮 화 서 유 유 혜
저 교활한 아이는	彼狡僮兮 피 교 동 혜
나와 사이 좋지 않네	不與我好兮 불 여 아 호 혜

15. 明眸皓齒 명모호치

이 말은 밝은 눈동자와 흰 이의 미인을 형용하는 것이다. 두보杜甫의 「애강두哀江頭」에서 묘사되었다. 여기서 명모호치明眸皓齒는 양귀비楊貴妃의 모습을 그린 것이다.

■ 두보杜甫(712~770)

757년 반군에 억류된 두보가 몰래 곡강에 찾아가서 옛날 영화를 회상하는 시이다. 756년 안녹산의 침입으로 서촉으로 피난가던 현종은 거칠어진 민심과 신하들의 요구로 양귀비를 처단하고 눈물을 흘렸다.

강어귀에서 슬퍼하다	哀江頭 애 강 두
소릉의 촌늙은이가 소리 죽여 울면서	少陵野老吞聲哭 소 릉 야 로 탄 성 곡
봄날 곡강 굽이를 남 몰래 걷고 있네	春日潛行曲江曲 춘 일 잠 행 곡 강 곡
강 머리 궁전의 모든 문들 잠겼는데	江頭宮殿鎖千門 강 두 궁 전 쇄 천 문
실버들과 창포 싹 누굴 위해 푸르른가	細柳新蒲爲誰綠 세 류 신 포 위 수 록

옛날 천자의 찬란한 깃발 남원에 내리면	憶昔霓旌下南苑 _{억 석 예 정 하 남 원}
뜰 안의 만물도 생생히 빛나더니	苑中萬物生顔色 _{원 중 만 물 생 안 색}
소양전의 으뜸가는 그 미인은	昭陽殿裏第一人 _{소 양 전 리 제 일 인}
수레를 함께 타고 임금 시중들었네	同輦隨君侍君側 _{동 련 수 군 시 군 측}
수레 앞 재인들은 활과 화살을 매고	輦前才人帶弓箭 _{연 전 재 인 대 궁 전}
백마에 황금재갈 물리었다네	白馬嚼齧黃金勒 _{백 마 작 설 황 금 륵}
몸을 젖혀 하늘 향해 화살을 쏘아 올리면	翻身向天仰射雲 _{번 신 향 천 앙 사 운}
화살 하나에 한 쌍의 새가 떨어졌네	一箭正墜雙飛翼 _{일 전 정 추 쌍 비 익}
밝은 눈동자 흰 이는 지금 어디 있는가	明眸皓齒今何在 _{명 모 호 치 금 하 재}
피로 더럽힌 떠도는 영혼 돌아오지 못하네	血污遊魂歸不得 _{혈 오 유 혼 귀 부 득}
맑은 위수는 동쪽으로 흐르고 검각은 깊은데	淸渭東流劍閣深 _{청 위 동 류 검 각 심}
떠나고 남은 사람 서로 소식 없네	去住彼此無消息 _{거 주 피 차 무 소 식}
인생은 정이 있어 눈물이 가슴을 적시니	人生有情淚霑臆 _{인 생 유 정 누 점 억}
강풀과 강꽃은 어찌 끝이 있으랴	江草江花豈終極 _{강 초 강 화 기 종 극}
해질 녘 오랑캐 말발굽에 성은 먼지 가득해	黃昏胡騎塵滿城 _{황 혼 호 기 진 만 성}
성 남쪽으로 가려다가 성 북쪽을 바라보네	欲往城南望城北 _{욕 왕 성 남 망 성 북}

16. 白髮三千丈 백발삼천장

쌓이는 근심 때문에 흰 머리가 이렇게 길어졌다고 탄식하는 말이다.

■ 이백李白(701~762)

이백의 「추포가秋浦歌」 17수 중의 제15수에 해당되는 부분으로 절구絶句로 되어 있다. 「추포가」는 이백의 시에서는 보기 드물게 고독의 쓸쓸함과 늙은 슬픔을 고요히 차근차근 읊고 있거니와, 낙천적인 이백다운 희롱戱弄의 정신이 배어 있다.

추포가

흰 머리털이 삼천 길
근심 때문에 이같이 길어졌네
모르겠네 밝은 거울 속
어디에서 가을 서리 얻었는지

秋浦歌
추포가

白髮三千丈
백발삼천장
緣愁似個長
연수사개장
不知明鏡裏
부지명경리
何處得秋霜
하처득추상

17. 射人先射馬 사인선사마

상대방을 쓰러뜨리고 굴복시키려면, 그 사람이 의지하고 있는 것을 먼저 쓰러뜨리는 것이 성공의 길이란 뜻이다.

■ 두보 杜甫(712~770)

당唐나라 현종玄宗이 영토 확장을 위하여 변방에 군대를 파견한 것에 대하여 당시 병사들의 마음을 읊은 것이다.

전쟁터에 나가며

활을 쏘려면 마땅히 강한 것을 쏘고
화살을 쓰려면 마땅히 긴 것을 써라
사람을 쏘려면 먼저 말을 쏘고
적을 사로잡으려면 먼저 왕을 사로잡아라
사람을 죽이는 데 또한 한계가 있으니
나라를 세우면 저절로 국경이 있네
만약 침략을 막을 수 있다면
어찌 많은 살상이 있으랴

前出塞
전출새

挽弓當挽強
만궁당만강
用箭當用長
용전당용장
射人先射馬
사인선사마
擒敵先擒王
금적선금왕
殺人亦有限
살인역유한
立國自有疆
입국자유강
苟能制侵陵
구능제침릉
豈在多殺傷
기재다살상

18. 歲月不待人 세월부대인

세월은 사람을 기다려주지 않는다. 즉 시간은 쉬지 않고 지나가는 것이므로 촌각寸刻인들 소홀히해서는 안 된다는 뜻이다.

■ 도연명陶淵明(365~427)

자는 원량元亮, 본명은 잠潛, 자를 연명淵明이라고도 한다. 오류五柳선생이라고 불리며, 사시私諡는 정절靖節이다. 하급 귀족의 가난한 가정에서 태어났고 부친은 일찍 사망했다. 전원과 술을 벗삼아 살다간 시인이다.

잡시	雜詩 잡시
인생은 뿌리가 없어	人生無根蒂 인생무근체
나부끼는 길 위의 티끌과 같네	飄如陌上塵 표여맥상진
나뉘어 흩어져 바람따라 구르니	分散逐風轉 분산축풍전
이것은 이미 일정한 몸 아니네	此已非常身 차이비상신
땅에 떨어지면 형제가 되니	落地爲兄弟 낙지위형제
어찌 꼭 골육의 친척 따질까	何必骨肉親 하필골육친
기쁨을 얻으면 마땅히 즐거워해라	得歡當作樂 득환당작락
한 말의 술로 이웃을 모은다	斗酒聚比隣 두주취비린
원기 왕성한 때는 다시 오지 않고	盛年不重來 성년부중래
하루에 두 새벽은 오기 어렵다	一日難再晨 일일난재신
제때에 이르러 마땅히 힘쓰라	及時當勉勵 급시당면려
세월은 사람을 기다리지 않는다	歲月不待人 세월부대인

19. 小心翼翼 소심익익

자세히 마음을 써서 행동을 삼가는 것을 말한다. 이 시는 주周나라 선왕宣王을 보좌한 재상 중산보仲山甫의 덕을 칭찬한 시이다.

중산보의 덕은 온순하면서도 절도節度가 있었다. 얼굴의 모습은 아름답고 절도가 있었다. 마음을 작게 하여 조심하고 옛날 성현의 가르침을 본받아 위엄 있는 태도를 흐트리지 않았다. 천자天子도 이에 따라 선정善政을 베풀었다고 한다.

여러 백성	蒸民 증민
하늘이 여러 백성을 낳으시니	天生蒸民 천생증민
물건이 있으면 법도가 있다네	有物有則 유물유칙
백성들이 일정한 법도를 지니어	民之秉彝 민지병이
이 아름다운 덕을 좋아하네	好是懿德 호시의덕
하늘이 주나라를 살펴보시고	天監有周 천감유주
밝은 덕으로 강림하기에	昭假于下 소가우하
이 천자를 보호하시어	保茲天子 보자천자
중산보를 낳으셨다네	生仲山甫 생중산보
중산보의 덕이	仲山甫之德 중산보지덕
부드럽고 아름다운 법도가 있다네	柔嘉維則 유가유칙
훌륭한 거동과 훌륭한 낯빛이며	令儀令色 영의영색
마음을 작게 하여 공경하며	小心翼翼 소심익익
옛날의 교훈을 잘 본받으며	古訓是式 고훈시식
위엄 있는 거동에 힘쓰며	威儀是力 위의시력
천자가 이와 같이 따르며	天子是若 천자시약
밝은 명령을 편다네	明命使賦 명명사부

※ 출전 : 《시경詩經》

20. 氷炭不相容 빙탄불상용

그 성질이 전혀 반대여서, 아무래도 타협하기 어려운 사이를 말한다. 이것은 『초사楚辭』 「칠간七諫」에 실려 있는 구절이다. 「칠간」이란 한漢나라 동방삭東方朔이 굴원屈原을 추모

하여 지은 글이다. 이 편에는 굴원이 고향을 떠나 고민하는 모습을 노래하고 있다.

■ **동방삭**東方朔(B.C.154~B.C.92)

어릴 적에 부모를 잃고 형 밑에서 독학한 수재이다. 그의 절친이 그 유명한 사마천이다. 언변이 능수능란해 한나라 무제의 총애를 받았으며, 놀랍도록 괴짜임에도 무제는 그가 하는 대로 내버려두었다. 하지만 법가적 정치를 지향했던 무제는 재담을 넘어선 동방삭의 정치적인 간언은 인정하지 않았다. 동방삭은 무제에게 정치적인 충언을 하다 최후를 맞았다.

칠간	七諫 칠 간
얼음과 숯은 서로 함께하지 못하나니	氷炭不可以相並兮 빙 탄 불 가 이 상 병 혜
내 본디부터 목숨이 길지 못함을 알겠구나	吾固知乎命之不長 오 고 지 호 명 지 부 장
홀로 괴롭게 죽어 즐거움 없음이 애달파라	哀獨苦死之無樂兮 애 독 고 사 지 무 락 혜
내 삶을 다 누리지 못함을 슬퍼한다	惜余年之未央 석 여 년 지 미 앙

※ 불상용不相容은 여기에서는 불가이상병혜不可以相並兮로 썼지만, 뜻은 마찬가지다.

21. 二桃殺三士 이도살삼사

춘추시대 제齊나라 재상인 안영晏嬰은 싸우지 않고 진晉나라의 야망을 물리친 이야기로 유명하다. '이도살삼사二桃殺三士'는 사람의 마음을 조종하는 교묘한 재주이다. 경공景公 때 일이다. 그의 신변을 보호하는 공손접·전개강·고야자 세 무사는 몹시 용맹하여 주변의 선망을 받아왔지만, 때로는 지나친 자신감으로 인하여 참람僭濫한 행동을 서슴지 않게 되었다. 어느 날 재상인 안영이 경공을 배알하기 위하여 세 무사 앞을 지나가게 되었는데, 그들은 인사조차 하지 않고 무례하게 굴었다. 안영은 화가 나서 경공에게 그들을 제거하도록 건의하였지만 경공조차도 손을 쓸 수 없다고 하였다. 그러자 안영이 "저 세 사람에게 복숭아 두 개를 하사하시어 자기의 공로가 크다고 생각하는 사람부터 차례 대로 먹도록 명령하십시오."라고 하였다. 그들은 안영의 말대로 자신의 공적을 다투다가 공손접과 전개강이 먼저 자신의 자만을 뉘우치고 자결을 하고 고야자도 우정을 배반할 수 없다고 자진한다. 『안자춘추晏子春秋』제1권 「간諫」의 하편下篇에 나오며 계략으로 상대방을 자멸시킨다는 뜻이다.
아래의 「양보음梁甫吟」은 삼국시대 서촉西蜀의 재상 제갈량諸葛亮이 지은 시이다.

양보음	梁甫吟 양보음
걸어서 제나라의 성문을 나와	步出齊城門 보 출 제 성 문
멀리 탕음의 마을을 바라본다	遙望蕩陰里 요 망 탕 음 리
마을 가운데 세 무덤이 있으니	里中有三墳 이 중 유 삼 분
연이어 있으며 서로 닮았다	纍纍正相似 누 루 정 상 사
뉘집 무덤인지 물었더니	問是誰家塚 문 시 수 가 총
전개강과 고야씨의 것이라네	田疆古冶氏 전 강 고 야 씨
힘은 능히 남산을 밀어내고	力能排南山 역 능 배 남 산
글은 능히 땅의 이치를 다한다	文能絶地理 문 능 절 지 리
하루 아침에 참언을 입어	一朝被讒言 일 조 피 참 언
두 복숭아로 세 용사를 죽였으니	二桃殺三士 이 도 살 삼 사
누가 능히 이 꾀를 도모하였는가	誰能爲此謀 수 능 위 차 모
제나라의 재상인 안자이다	國相齊晏子 국 상 제 안 자

22. 一日如三秋 일일여삼추

하루 동안 보지 못하면 3년 동안 못 본 것처럼 느껴진다는 뜻이다. 애타게 기다리는 일, 만나고 싶어 그리워하는 정이 점점 심해지는 것을 뜻한다.

저 칡을 캐어	彼采葛兮 피 채 갈 혜
하루를 보지 않으면	一日不見 일 일 불 견
석 달이나 된 것 같다네	如三月兮 여 삼 월 혜
저 쑥을 캐어	彼采蕭兮 피 채 소 혜

하루를 보지 않으면	一日不見 일일불견
삼 년이나 된 것 같다네	如三秋兮 여삼추혜
저 약쑥을 캐어	彼采艾兮 피채애혜
하루를 보지 않으면	一日不見 일일불견
삼 년이나 된 것 같다네	如三歲兮 여삼세혜

※ 출전 : 『시경詩經』

23. 粒粒皆辛苦 입립개신고

입립粒粒이란 곡식의 한 톨 한 톨을 나타내는 말이다. 그 한 톨 한 톨에 농부들의 노고가 배어 있다는 뜻으로, 일을 수행함에 있어서 수고에 수고를 거듭함을 의미한다.

■ 이신李紳(780~846)

이신의 작품 「민농憫農」에 나오며 『고문진보古文眞寶』에 실려 있다. 이신은 원화元和 원년(806)에 진사에 합격하여 842년에 평장사平章事에 임명되었다. 시풍詩風은 「민농」과 같이 교훈적인 내용이 많다. 시인이라기보다는 정치가라고 할 만하며, 이덕유·원진 등과 붕당朋黨을 만들어 문벌사족세력門閥士族勢力의 존재를 도모하며 신흥관료세력과 격렬히 투쟁하였다.

불쌍한 농민	憫農 민농
벼에 김을 매는데 정오가 되니	鋤禾日當午 서화일당오
땀방울이 벼 포기 아래 땅에 떨어지네	汗滴禾下土 한적화하토
누가 알리 소반 가운데 밥이	誰知盤中飧 수지반중손
알알이 모두 농부의 수고로움임을	粒粒皆辛苦 입립개신고

24. 煮豆燃豆萁 자두연두기

콩을 삶는 데 콩깍지를 태운다는 뜻으로, 한 뿌리에서 나온 형제가 서로 다투어 죽이는 것을 의미한다.

■ 조식曹植(192~232)

『삼국지』의 영웅 조조는 장자인 조비曹丕와 셋째 아들 조식曹植과 함께 훌륭한 문재文才를 타고나 '삼조三曹'라고 불리며 건안建安시대의 문학을 꽃피웠다. 특히 조식은 당대 걸출傑出한 문재라고 칭송받아 조조는 그의 문재를 깊이 사랑하고 있었다. 그러나 조비가 후계자가 되어 즉위하니 동생 조식을 제거하려고 기회를 엿보았다. 어느 날 위魏나라 왕 조비는 동생 조식을 불러 일곱 발짝을 걷는 사이에 시를 지으라고 명하였는데 그때 지은 시가 「칠보시七步詩」이다. 이 시를 보고 조비는 깊이 부끄러워하여 안색이 변했다고 한다.

칠보시	七步詩 칠 보 시
콩을 삶는 데 콩깍지를 태우니	煮豆燃豆萁 자 두 연 두 기
콩이 솥 가운데서 운다	豆在釜中泣 두 재 부 중 읍
본래 같은 뿌리에서 나왔는데	本是同根生 본 시 동 근 생
어찌 이리 급히 삶아대는가	相煎何太急 상 전 하 태 급

25. 戰戰兢兢 전전긍긍

전전戰戰은 겁을 집어먹고 떠는 모양이고, 긍긍兢兢은 몸을 삼가고 조심하는 모양이다. 이것은 악정惡政을 한탄한 시이다. 호랑이를 맨 손으로 잡거나, 황하를 맨몸으로 건너지는 못하지만, 눈앞의 손익에만 매달려서 그것이 훗날 큰 재앙이 된다는 것은 알지 못한다. 마음이 있는 사람은 그 악정 속에서도, 깊은 연못가에 임한 것처럼 하고, 또 얇은 얼음을 밟고 걷는 것처럼 불안에 떨며, 두려워하면서 조심해야 한다는 뜻이다.
전전긍긍戰戰兢兢이란 말과 함께 여림심연如臨深淵, 여리박빙如履薄氷도 같은 맥락의 말이다.

감히 맨손으로 호랑이를 잡지 못하고	不敢暴虎 불 감 포 호
감히 걸어서 황하를 건너지 못함을	不敢馮河 불 감 빙 하
사람들은 그 하나는 알지만	人知其一 인 지 기 일

그 밖의 것들은 알지 못하네	莫知其他 막 지 기 타
두려워하고 조심하여	戰戰兢兢 전 전 긍 긍
깊은 연못에 임한 것처럼 하고	如臨深淵 여 림 심 연
얇은 얼음을 밟고 가듯 해야 하네	如履薄氷 여 리 박 빙

※ 출전 : 《시경詩經》

26. 輾轉反側 전전반측

생각과 고민으로 잠을 이루지 못하는 일, 혹은 잠들지 못하고 뒤척거리는 것을 형용하는 말 "전전반측輾轉反側"은 본래 아름다운 여인을 그리워하여 잠을 이루지 못하는 것을 말한다.

물수리	關雎 관 저
구룩구룩 물수리는	關關雎鳩 관 관 저 구
강가 섬에 있다네	在河之洲 재 하 지 주
아름다운 아가씨는	窈窕淑女 요 조 숙 녀
군자의 좋은 짝	君子好逑 군 자 호 구
들쑥날쑥 마름풀을	參差荇菜 참 치 행 채
좌우로 헤치며 딴다네	左右流之 좌 우 류 지
아름다운 아가씨를	窈窕淑女 요 조 숙 녀
자나깨나 구한다네	寤寐求之 오 매 구 지
구하여도 얻지 못하니	求之不得 구 지 부 득
자나깨나 생각한다네	寤寐思服 오 매 사 복
아득하고 아득해라	悠哉悠哉 유 재 유 재
이리저리 뒤척이네	輾轉反側 전 전 반 측
들쑥날쑥 마름풀을	參差荇菜 참 치 행 채
좌우로 헤치며 딴다네	左右采之 좌 우 채 지
아름다운 아가씨를	窈窕淑女 요 조 숙 녀

금과 슬로 친애하네	琴瑟友之 금슬우지
들쑥날쑥 마름풀을	參差荇菜 참치행채
이리저리 삶았네	左右芼之 좌우모지
아리따운 아가씨와	窈窕淑女 요조숙녀
종과 북을 울리며 즐겼네	鍾鼓樂之 종고락지

※ 출전 : 《시경詩經》

27. 滄桑之變 창상지변

창상지변이란 푸른 바다가 변하여 뽕나무 밭이 된다는 말로, 인간세상의 모든 일이 신속하게 변하는 것을 비유한 말이다.

■ 유희이劉希夷(651~679)

675년 진사가 되었고, 송지문의 사위로 비파에 뛰어난 미남이었다. 「대비백두옹代悲白頭翁」 중의 한 구를 양보해달라는 장인의 청을 거절해서 죽임을 당했다는 설이 있다.

백두옹을 대신 슬퍼하다	代悲白頭翁 대비백두옹
낙양성 동쪽에 핀 복숭아꽃과 오얏꽃은	洛陽城東桃李花 낙양성동도리화
날아오고 날아가서 누구 집에 떨어지는가	飛來飛去落誰家 비래비거낙수가
깊은 규방의 아가씨 아쉬운 얼굴빛을 하고	幽閨兒女惜顔色 유규아녀석안색
앉아서 떨어지는 꽃잎을 보며 길게 탄식하네	坐見落花長嘆息 좌견낙화장탄식
올해도 꽃잎이 떨어지면 얼굴빛이 변하고	今年花落顔色改 금년화락안색개
내년에 꽃 피면 누가 다시 있으리	明年花開復誰在 명년화개부수재
이미 소나무 잣나무는 부서져 땔나무가 된 것을 보았고	已見松柏摧爲薪 이견송백최위신
다시 뽕나무밭이 변하여 바다가 됐다는 말 들었네	更聞桑田變成海 갱문상전변성해

28. 秋高馬肥 추고마비

"가을 하늘이 높으니 요새의 말이 살진다"는 구절은 당나라 군대의 승리에 의한 평화를 구가謳歌하고 있으며, 가을철의 날씨가 좋음을 비유하고 있다. 그런데 현재 우리나라에서는 천고마비天高馬肥만이 사용되고 있다.

■ **두심언**杜審言(648~708)

당나라 하남河南 공현 사람으로 자는 필간必簡이다. 진晉나라 명장이자 학자인 두예杜預의 자손이며, 두보의 할아버지이다. 5언시를 잘 지었고 서한에도 능했으며 유능하다는 평을 들었다. 이교·최융·소미도와 함께 '문장사우文章四友'로 불린다. 『당시선』에 실려 있는 「증소미도贈蘇味道」는 두심언이 친구 소미도가 흉노족을 토벌하기 위해서 삭북에 있을 때 하루 빨리 장안으로 돌아오길 기원하며 지은 시이다.

소미도에게 드림	贈蘇味道 증 소 미 도
구름이 깨끗하니 요사한 별 떨어지고	雲淨妖星落 운 정 요 성 락
가을 하늘이 높으니 요새의 말이 살진다	秋高塞馬肥 추 고 새 마 비
안장에 의지하여 보검을 휘두르며	據鞍雄劍動 거 안 웅 검 동
붓을 움직여 격문을 띄우리	搖筆羽書飛 요 필 우 서 비

29. 平地起波瀾 평지기파란

이 말은 평지에 풍파를 일으켜 일을 어렵게 만든다는 뜻이다. 또는 사람들 사이에 끼어들어 분쟁을 일으키는 것을 표현하는 것이다.

■ **유우석**劉禹錫(772~842)

당唐나라 시인, 자는 몽득夢得, 혁신파 관료인 왕숙문·유종원 등과 정치개혁을 기도했으나, 좌천되어 지방관으로 있으면서 농민의 생활 감정을 노래한 『竹枝詞죽지사』 펴냈다.

죽지사 竹枝詞
죽지사

구당은 시끄러이 열두 여울인데   瞿塘嘈嘈十二灘
구 당 조 조 십 이 탄
사람들은 말하네, 도로는 예로부터 어지럽다고   人言道路古來難
인 언 도 로 고 래 난
길게 한하는 사람의 마음은 물과 같지 않아서   長恨人心不如水
장 한 인 심 불 여 수
쉽게도 평지에 파란을 일으키네   等閑平地起波瀾
등 한 평 지 기 파 란

30. 靑雲之志 청운지지

■ 장구령 張九齡(678~740)

당나라 현종玄宗 때 조정의 재상으로 활약하였으나, 이임보의 참언으로 하야下野하였다. 강직한 충신이었던 그는 사퇴할 때의 감회를 「조경견백발照鏡見白髮」에서 토로하였다. 현재에는 입신출세에 대한 야망을 "청운靑雲"이라고 한다. 장구령은 일찍이 안녹산을 제거해야 한다고 주장했는데, 나중에 현종이 그의 선견지명을 칭찬했다고 한다. 문학사에서도 진자앙을 계승하여 시의 복고에 힘을 기울였다.

거울에 백발을 비춰보다   照鏡見白髮
조 경 견 백 발
옛날에는 청운의 뜻 지녔었는데   宿昔靑雲志
숙 석 청 운 지
시기를 놓쳐 흰 머리 나이네   蹉跎白髮年
차 타 백 발 년
누가 알랴 밝은 거울 속에   誰知明鏡裏
수 지 명 경 리
나와 내 그림자 서로 가련히 여길 줄을   形影自相憐
형 영 자 상 련

31. 靑天霹靂 청천벽력

맑게 개인 하늘에 갑자기 일어나는 우레를 말하며, 뜻밖의 사고, 돌발 상황, 급격한 변화의 발생 등을 비유하는 말이다. 이 말은 남송南宋의 대시인 육유陸游의 「구월사일계미명기작九月四日鷄未鳴起作」이라는 시에 나온다.

■ 육유陸游(1125~1210)

자는 무관務觀, 호는 방옹放翁, 많은 산문과 1만여 편의 시를 남겼다. 간단하고 솔직한 표현, 사실주의적인 묘사로 당시 유행하던 강서시파의 고상高尚하고 암시적暗示的인 시풍과는 다른 시를 써서 명성을 얻었다. 그는 시에서 뜨거운 애국심을 표현하여 애국시인으로 불린다.

9월 4일 닭 울기 전에 지음	九月四日鷄未鳴起作 구 월 사 일 계 미 명 기 작
방옹은 병으로 가을을 지내고	放翁病過秋 방 옹 병 과 추
홀연히 일어나 술 취해 글을 쓴다	忽起作醉墨 홀 기 작 취 묵
정히 오랫동안 칩거한 용과 같이	正如久蟄龍 정 여 구 칩 룡
푸른 하늘에 벽력을 날린다	青天飛霹靂 청 천 비 벽 력
비록 기괴하게 떨어졌다고 말들 하지만	雖云墮怪奇 수 운 타 괴 기
상심하여 침묵하는 것보다 나으리	要勝常憫默 요 승 상 민 묵
하루 아침에 이 늙은이 죽으면	一朝此翁死 일 조 차 옹 사
천금으로 구해도 얻지 못한다	千金求不得 천 금 구 부 득

32. 破鏡重圓 파경중원

원래는 서덕언 부부의 아름다운 재회를 표현한 것으로 살아서 이별한 부부가 다시 만나게 되는 것을 뜻한다. 그러나 현대에는 부부의 이혼을 가리켜 '파경破鏡'이라고 한다.

■ 서덕언徐德言

서기 589년 수隋나라 침공을 받은 진陳나라는 풍전등화風前燈火의 위기 상황이었는데, 태사자인 서덕언은 자신의 아내를 불러 청동거울을 반으로 쪼개 나눠가지고 내년 정월 대보름에 다시 만날 것을 기약한다. 자신의 아내는 진나라 임금의 여동생 낙창공주樂昌公主이다. 결국 수나라는 진나라를 멸망시켰고 진나라 여자들은 전리품戰利品과 함께 분배가 되었는데 서덕언의 아내는 미모와 범절이 출중出衆하여 수나라 중신 양소의 집에 보내졌다. 1년 뒤 서덕언은 거지행색을 하고 장안으로 향해 가서 깨진 거울을 찾았으나 거울을 파는 사람은 아내가 아니었다. 서덕언은 거울 뒷면에 애틋한 심정을 시로 적었다. 거울을 팔던 상인은 아내에게 시를 전달하였고 이 사연을 전해들은 양소는 부부의 애틋한 인연에 감동하여 공주를 서덕언에게 돌려보냈다. 거울을 깨뜨렸을 때는 파국을 맞았지만, 그 거울이 붙으면 헤어진 부부가 다시 만나게 되었다. 이 때부터 이별한 부부가 다시 만나는 것을 파경중원破鏡重圓, 파경중국破鏡重國이라 불렀다.

거울은 사람과 함께 갔는데	鏡與人俱去 경 여 인 구 거
거울은 돌아와도 사람은 돌아오지 못하네	鏡歸人不歸 경 귀 인 불 귀
항아의 그림자는 다시 만날 수 없고	無復姮娥影 무 부 항 아 영
공연히 밝은 달빛만 비추는 구나	空留明月輝 공 류 명 월 휘

33. 紅一點홍일점

바라보는 많은 푸른 잎들 가운데 붉은 석류꽃 한 송이가 피어 있다. 유일한 이채異彩를 드러내는 것, 남자들만 모여 있는 가운데 한 사람의 여자가 있는 것을 말한다.

■ 왕안석王安石(1021~1086)

석류시	詠石榴詩 영 석 류 시
만 가지 푸르른 떨기 가운데 붉은꽃 한 송이 피었네	萬綠叢中紅一點 만 록 총 중 홍 일 점
사람을 들뜨게 하는 봄빛이 그리 많을 필요가 있나	動人春色不須多 동 인 춘 색 불 수 다